AF253081

FACULTÉ DE DROIT DE PARIS

DE LA RESPONSABILITÉ DES MUNICIPES

EN DROIT ROMAIN

DE LA
RESPONSABILITÉ DES COMMUNES

EN DROIT FRANÇAIS

THÈSE POUR LE DOCTORAT

PAR

René de REDON de COLOMBíER

Avocat à la Cour d'appel.

PARIS

IMPRIMERIE MOQUET

11, RUE DES FOSSÉS-SAINT-JACQUES, 11

1887

DE LA RESPONSABILITÉ DES MUNICIPES

EN DROIT ROMAIN

DE LA
RESPONSABILITÉ DES COMMUNES

EN DROIT FRANÇAIS

THÈSE POUR LE DOCTORAT

Soutenue le Mercredi 6 juillet 1887, à 3 heures

PAR

René DE REDON DE COLOMBIER

Avocat à la Cour d'appel.

Président : M. DUCROCQ, Professeur

SUFFRAGANTS
MM. GÉRARDIN
BOISTEL   PROFESSEURS
ESMEIN   AGRÉGÉ

PARIS

IMPRIMERIE MOQUET

11, RUE DES FOSSÉS-SAINT-JACQUES, 11

1887

A MON PÈRE

A MA MÈRE

DROIT ROMAIN

DE LA RESPONSABILITÉ DES MUNICIPES

« *Municipium*, dit Festus (1), *id genus hominum dicitur, qui quum Romam venissent, neque cives romani essent, participes tamen fuerunt omnium rerum ad munus fungendum una cum romanis civibus, præterquam de suffragio ferendo, aut magistratu capiendo, sicut fuerunt Fundani, Formiani, Cumani, Acerrani, Lanuvini, Tusculani, qui post aliquot annos cives romani effecti sunt. Alio modo, quum id genus hominum definitur, quorum civitas universa in civitatem romanam venit, ut Aricini, Cerites, Anagnini. Tertio, quum id genus hominum definitur, qui ad civitatem romanam ita venerunt, uti municipia essent sua cujusque civitatis et coloniæ, ut Tiburtes, Prænestini, etc.... »*

(1) Festus, *Epit.*, v° *Municipium*, p. 127.

Dans ce texte, Festus nous indique les acceptions diverses accumulées sur le mot *municipium* par l'évolution historique. Il n'entre pas dans le cadre de notre étude de suivre le développement des institutions municipales ; plaçons-nous à l'époque classique et envisageons le municipe dans sa période de prospérité. La différence entre la colonie et le municipe s'est effacée. La colonie *civium romanorum* et le *municipium* sont devenus des communes jouissant d'une organisation uniforme. Le municipe est la cité dont les habitants ont reçu collectivement du peuple romain la *civitas romana*.

Sans entrer dans les détails d'organisation, disons que la constitution municipale comprend trois éléments : le peuple, la curie, les magistrats, et hâtons-nous d'arriver au sujet qui doit nous occuper, la responsabilité des municipes.

CHAPITRE PREMIER

NOTIONS GÉNÉRALES

Le mot *municipes* qui, à l'origine, désigne exclusivement des personnes jouissant de certains droits, finit par s'appliquer à des cités; il n'y a d'abord que des *municipes*, plus tard il y a des *municipia*. Ces villes, quelle que soit leur importance ou l'étendue de leur territoire, ne sont pas de simples agglomérations d'habitations et d'habitants. Les lois romaines considèrent les municipes comme des personnes civiles : « *personæ vice fungitur municipium* », dit Florentinus (1). Les municipes sont des *universitates*, personnes morales qui peuvent être propriétaires créancières ou débitrices. Cependant, cette idée de personnalité ne s'est formée que progressivement et assez tard. Ainsi, nous verrons dans les textes des jurisconsultes de l'époque classique, une certaine hésitation sur l'étendue véritable des droits des municipes. Néanmoins, il n'est pas douteux que, même sous la république, les cités aient

(1) Florentinus, L. 22, D., *De fidejus.*, 46, 1.

été dotées de la personnalité civile qui, du reste, pouvait être restreinte dans les limites déterminées par l'acte qui la conférait ; car, chez les Romains, la création d'une personne morale quelconque était soumise à la nécessité d'une autorisation, sous peine d'être considérée comme association illicite. Cette autorisation était donnée par une loi ou un sénatus-consulte sous la république, par une constitution impériale sous les empereurs : « *Nam et legibus et senatus-consultis et principalibus constitutionalibus ea res coercetur* (1). » La personnalité civile pouvait être enlevée par la même voie (2).

Le municipe est une personne morale ayant une existence indépendante de celle des habitants qui le composent, possédant un patrimoine propre, susceptible de devenir créancier et débiteur. Mais, ainsi que nous l'avons fait remarquer, cette personnalité n'est qu'une concession faite par la loi qui, en donnant la vie au municipe, peut déterminer les conditions de son existence. Aussi, ne faut-il pas s'étonner de l'incertitude que l'on rencontre dans les textes relativement aux droits des *municipia*. A l'origine, on doute que la possession puisse s'appliquer aux municipes (L. 1, § 22, *De adquir. vel amit. poss.*, 41, 2) ; plus tard ce droit leur est reconnu. Puis, ils peuvent rece-

(1) Gaius, L. 1, pr., D., *Quod cujusc. univ.*, 3, 4.
(2) Marcien, L. 3, pr. D., *De collegiis et corporibus*, 47, 22.

voir des successions, celles de leurs esclaves; ils ont la faculté de demander la *bonorum possessio*, de recevoir des legs et des fidéicommis. Capables de s'obliger par contrat, ils ont le droit de figurer en justice comme les particuliers dont ils se rapprochent sans cesse.

Faut-il pousser plus loin cette assimilation et décider que les municipes peuvent être tenus d'obligations *ex delicto* ou *quasi ex delicto*? C'est la question que nous allons examiner.

L'homme n'est responsable, au point de vue pénal, comme au point de vue civil, que du fait illicite qu'il a matériellement commis et qui peut lui être imputé. Cette règle fondamentale a toujours été respectée par les Romains : « *Peccata suos teneant auctores : nec ulterius progrediatur metus, quam reperiatur delictum* (1). » Cependant, quelques exceptions y ont été apportées; les Institutes de Justinien (liv. IV, tit. V, §§ 1 et 3) les énumèrent d'une manière précise. Ces dérogations confirment le principe que nous énoncions précédemment, à savoir que les faits illicites obligent seulement ceux qui les ont commis. S'il en est ainsi, de quelle responsabilité les municipes peuvent-ils être tenus, puisqu'ils ne constituent que des personnes morales, c'est-à-dire des êtres fictifs qui n'ont pas de vie naturelle. Les personnes civiles n'ont ni volonté propre, ni activité personnelle; une abstraction n'agit pas, et

_____

(1) Loi 22, C., *De pœnis*, 9, 47.

pour qu'elle manifeste sa vie, le concours d'une ou de plusieurs personnes réelles lui est nécessaire. Il semble donc impossible qu'un municipe puisse encourir une responsabilité qui suppose un fait personnel. Cependant, lorsqu'on examine les exceptions que les Instituts de Justinien apportent au principe de l'imputabilité des fautes, on peut remarquer qu'elles se ramènent presque toutes à une idée de propriété ou de mandat; or, en raison même de sa personnalité qui lui confère le droit de devenir propriétaire, le municipe doit supporter les charges qui sont inhérentes à ce droit, il doit aussi être obligé par les actes de ses représentants. Nous allons examiner les cas dans lesquels un municipe est responsable et l'étendue de son obligation, en nous plaçant successivement au point de vue du droit pénal et au point de vue du droit civil.

CHAPITRE II

RESPONSABILITÉ PÉNALE DES MUNICIPES

Pour qu'un fait soit imputable à une personne, qu'elle en soit pénalement responsable, il faut qu'elle l'ait accompli elle-même, et qu'elle ait une intelligence suffisante pour discerner le bien du mal, le juste de l'injuste ; il faut encore que cette personne soit libre, c'est-à-dire capable de préférer le bien au mal, le juste à l'injuste. Or, quand il s'agit des personnes morales, notamment des municipes, on ne rencontre pas ces caractères qui sont les conditions indispensables de la responsabilité ; ils n'ont pas de volonté propre, ils n'agissent pas eux-mêmes, comment les déclarer responsables d'infractions qu'ils ne peuvent pas commettre? « Tous les délits sont personnels, a dit Loysel, en crimes il n'y a pas de garants. »

Cependant, des auteurs soutiennent que les municipes peuvent encourir une certaine responsabilité pénale. Ils partent de ce principe qu'une personne juridique a une capacité absolue de droit et d'action, et

que cette liberté ne reçoit aucune restriction ; cette
personne morale agit par l'intermédiaire de ses représentants, et ce qui est fait par eux est considéré comme
émanant d'elle-même ; elle doit donc répondre des crimes et délits qu'ils commettent. Ces auteurs reconnaissent qu'il y a des délits dont les municipes ne peuvent pas être responsables, des peines qu'ils ne doivent
pas encourir ; ainsi, personne ne songera à accuser un
municipe d'adultère ou de bigamie, on ne lui infligera
pas la peine du bannissement ou de l'emprisonnement.
Mais ces exceptions ne laissent pas moins subsister le
principe de responsabilité et l'application des règles
du droit pénal.

La question est générale ; elle se amène au point
de savoir si la création d'une personne civile a pour
but de lui donner une aptitude restreinte à certains
droits, limitativement déterminés par l'acte constitutif
de la personnalité, ou, si, en créant cet être fictif, la
loi, le sénatus-consulte ou la constitution impériale a
donné naissance à une personne capable d'acquérir
tous les droits, susceptible de toutes obligations, et
assimilée, au point de vue juridique, aux personnes
réelles.

Il n'est pas douteux que les municipes aient eu la
personnalité civile, les textes l'affirment : *personæ vice
fungitur municipium*, dit Florentinus (L. 22, D., *De
fidejus.*, 46, 1). Cependant, il n'est pas moins vrai qu'il
y a eu à l'origine une grande incertitude sur leur ca-

— 13 —

pacité juridique; leurs droits étaient mal définis, ils ne
l'étaient peut-être pas. Nous nous proposons d'exposer
en quelques mots les progrès que fit successivement
l'idée de représentation et de prouver que les municipes ne se sont pas contentés de restreindre leur action dans les limites qui leur avaient été tracées, si
toutefois des bornes avaient été fixées à leur activité.
Nous montrerons par quelques exemples que leurs efforts constants ont eu pour résultat de les rapprocher
des personnes réelles, et que cette prétention de certains auteurs de pousser l'idée de personnalité jusqu'à
la culpabilité et la pénalité n'a rien d'exagéré.

Toutes les fois que le droit de cité était concédé à
une ville, une *lex municipalis* déterminait la condition
qui lui était faite, l'étendue de ses droits, ses devoirs
vis-à-vis de Rome, sa patrie d'adoption. Il nous serait
difficile d'indiquer avec précision quels ont été, à l'origine, ces droits et ces obligations; l'étude dans laquelle nous allons nous engager suffira à prouver la té-
mérité d'une affirmation sur ce point. A l'époque du
Bas-Empire, les municipes étaient capables d'acquérir
des droits réels, de recevoir une hérédité, de demander
et d'obtenir la *bonorum possessio*, d'accepter des legs et
des fidéicommis. Mais, dans les premières années de
leur création, ces droits leur étaient contestés.

En ce qui concerne la possession, le jurisconsulte
Paul (L. 1, § 22, D., *De adquir. poss.*, 41, 2) nous
apprend que les municipes ne pouvaient pas l'acqué-

rir : « *Municipes per se nihil possidere possunt. Forum autem et basilicam, hisque similia non possident, sed promiscue his utuntur* ». La possession, en effet, implique deux éléments, la détention réelle de la chose (*corpus*) et l'intention de se comporter à l'égard de cette chose comme son véritable propriétaire (*animus domini*). Or, quand il s'agit d'une personne morale, ces deux conditions ne peuvent pas être remplies, car l'appréhension matérielle suppose une certaine activité et l'*animus domini* ne peut exister que chez un être doué de volonté, apte à *consentire*. Le municipe, incapable de réunir ces deux conditions, ne pouvait pas avoir la possession. Cependant, on se relâcha de cette observation rigoureuse des principes juridiques, et on finit par décider que les municipes pourraient acquérir la possession par l'intermédiaire de leurs esclaves ou de personnes libres. Ulpien nous l'apprend (L. 2, D., *De adquir. vel amit. poss.*, 41, 2): « *Sed hoc jure utimur, ut et possidere, et usucapere municipes possint : idque eis et per servum, et per liberam personam adquiratur.* »

Les municipes purent aussi acquérir des servitudes et des droits d'usufruit. Lorsqu'ils reçurent le droit d'affranchir leurs esclaves, sous le règne de Trajan, ils recueillirent leurs successions. Plus tard, on leur reconnut la faculté de demander et d'obtenir la *bonorum possessio* qui leur avait été refusée « *quod consentire non possunt* (Ulpien, L. 1, § 1. D., *De libertis univers.*, 38, 3) *sed per alium possunt petita bonorum pos-*

sessione ipsi adquirere ». La *bonorum possessio* devait
être demandée au nom des municipes par leurs esclaves
ou leurs représentants libres. Enfin, citons le sénatus-
consulte Apronien, rendu probablement sous Trajan,
qui leur donna le droit de recevoir des successions par
voie de fidéicommis.

Ce qui ressort de cet examen, c'est que l'ensemble
des droits qui appartenaient aux municipes au IIIe et au
IVe siècle de notre ère ne leur avait été concédé que
tardivement. La personnalité civile ne fut pas brus-
quement établie dans les cités avec son cortège de
charges et de privilèges ; elle se forma insensiblement
et on peut dire qu'elle fût l'œuvre du temps plus que
de la loi. Confuse, à l'origine, cette idée se dégagea
peu à peu des liens qui l'entouraient primitivement,
elle étendit son domaine par les conquêtes successives
que nous avons indiquées, et on finit par reconnaître
à ces personnes morales des droits aussi étendus que
ceux des personnes physiques. Ce fut un progrès de
plusieurs siècles ; mais, en le constatant, nous devons
aussi remarquer l'extension de la notion de personnalité des municipes et la marche qu'elle a suivie. Les
municipes étaient devenus des personnes juridiques,
ayant une capacité absolue de droit et d'action qui les
rapprochait sans cesse des personnes réelles jusqu'à
les confondre avec elles : incapables d'agir par eux-
mêmes, ils étaient représentés à des titres divers par
des agents qui pouvaient leur faire acquérir des droits

et les grever de certaines obligations. Les rapports qui unissaient les municipes à leurs représentants étaient étroits et les actes de ces derniers étaient considérés comme émanant des cités elles-mêmes. C'est l'idée que nous avons rencontrée dans plusieurs textes. « *Sed hoc jure utimur*, dit Ulpien, *ut et possidere, et usucapere municipes possint : idque eis et per servum, et per liberam personam adquiratur.* » Cette *libera persona* qui vise le texte était incontestablement un représentant de la cité. La condition même du municipe s'opposait à ce qu'il pût avoir l'*animus domini* et le *corpus*, éléments nécessaires de la possession ; la loi venait alors à son secours, elle l'identifiait avec ses représentants et lui permettait ainsi d'acquérir par leur intermédiaire la possession à laquelle elle eût dû rester étrangère. La même pensée se dégage d'un texte de Paul (L. 27 pr., D., *Ad senatus consult. Trebellianum*, 36, 1) : « *Ita tamen, ut hi, quibus restituetur hereditas, actorem eligant, et ad agendum, et ad excipiendas actiones.* » Lorsqu'un municipe était gratifié d'un fidéicommis, il devait désigner un représentant chargé d'exercer l'action héréditaire ; ce qui était fait par cet agent était censé l'avoir été par le municipe lui-même. Cette représentation, contestée dans le début, était devenue chaque jour plus intime, car elle était une des conditions d'existence des municipes ; nous avons vu jusqu'à quel point on pouvait la pousser (1).

(1) Nous rencontrons cette idée dans les œuvres de plu-

Cet examen rapide nous permet de conclure que les cités n'avaient pas seulement certains droits limitativement déterminés par les actes qui leur conféraient la personnalité, mais qu'elles constituaient des personnes morales qui, au point de vue de leur capacité juridique et de l'étendue de leurs droits, pouvaient être assimilées aux personnes réelles. S'il en est ainsi, si cette identification entre les municipes et leurs représentants est exacte, ne peut-on pas rendre les premiers responsables des crimes et délits commis par les seconds ? Cette idée qui semble choquante, quand on la présente sous une autre forme, nous apparaît ici comme une conséquence de la personnalité des cités dont nous avons suivi les progrès pas à pas : aussi n'y a-t-il pas lieu de s'étonner de ce que certains auteurs aient admis le principe de la responsabilité pénale des municipes.

Les partisans du système que nous présentons sont nombreux ; leur autorité mérite de retenir notre attention. Le premier qui l'exprime d'une manière formelle et précise est Accurse (1). Ce savant jurisconsulte formule son opinion en commentant un texte que nous

sieurs jurisconsultes. Conrad Brunus, *De seditiosis (tractatus tractatuum*, t. XI, p. 137) : « *Adeo autem per regentes et consilia_ rios repræsentatur universitas, ut quæ ab ipsis gesta fuerint, ea ab ipsa universitate gesta esse intelligantur* ». Bohier (*tract. tract.*, t. XI, p. 95).

(1) *Pandectarum juris civilis tomus primus,* p. 482, Paris, 1559.

2

allons rencontrer bien souvent, car il sert de base à
cette théorie : c'est la loi 9, § 1, D., *Quod metus causa*,
4, 2 qu'on invoque le plus fréquemment pour justifier
le principe de responsabilité pénale des personnes morales. « *Universitas metum committere potest*, dit Accures,
ergo et dolum »; et il cite, à l'appui de cette dernière idée,
la loi 14, § 13, *Quod metus causa*, qui est ainsi conçue :
« *Eum, qui metum fecit, et de dolo teneri certum est et ita
Pomponius.* » Le jurisconsulte n'insiste pas davantage
sur cette idée : elle lui apparaît comme une conséquence naturelle des principes du droit romain.

Barthole (1) nous donne sur ce sujet de plus longs
détails : son attention a été éveillée et il ne veut laisser
aucun doute sur sa pensée. « Ista quæstio, dit-il, est
« multum subtilis judicio meo, nam primo est viden-
« dum an universitas possit delinquere. Secundo es
« videndum, an possit puniri. » Après avoir admis le
principe de l'imputation des délits aux personnes morales, il distingue « inter delicta quæ committuntur ali-
« quid faciendo et inter ea quæ committuntur omit-
« tendo ». La personne juridique est tenue de certaines obligations, et si ses représentants ne les exécu-
tent pas, elle est responsable de leur négligence. Quant
aux délits de la première catégorie, Barthole introduit
une distinction « inter ea delicta, quæ unico actu com-

(1) Barthole, *In secundam digesti novi partem commentaria*,
p. 242, Turin, 1589.

« mittuntur, ut homicidium, violentia et similia, et
« inter ea quæ tractu temporis, et iteratis vicibus, ut
« facere statuta, dare jurisdictionem, imponere collec-
« tas, rebellio, seditio et similia. » Le jurisconsulte
examine ensuite la question qui se pose naturellement,
celle du châtiment, et il se demande si la personne
morale peut encourir une condamnation pénale ou si
elle n'est que civilement responsable. Pour conclure à
la responsabilité pénale, Barthole invoque une constitution d'Arcadius et d'Honorius (L. 5, § 1, C. *Ad legem
juliam majestatis*, 9 ,8) d'où il résulte que le crime commis par une personne peut rejaillir sur ses enfants.
Pourquoi une personne morale ne répondrait-elle pas
également des crimes et délits de ses magistrats et de
ses habitants, dans ce cas et dans ceux qu'il a déterminés ? L'exemple de Carthage, celui de la ville de
Brescia qu'Henri VII avait condamnée à disparaître et
qui ne dut son salut qu'à la miséricorde de ce prince,
ne sont-ils pas probants ?

L'autorité de ces deux grands jurisconsultes est d'un
grand poids, car l'opinion qu'ils expriment sur cette
question se fonde sur les textes du droit romain. Elle a
d'autant plus de portée qu'Accurse et Barthole se sont
consacrés à l'étude de la législation romaine, et qu'il
n'est pas possible de leur adresser le reproche que l'on
pourrait formuler à l'égard des auteurs du xvie et du
xviie siècle qui, trouvant dans le droit de leur époque
le principe de responsabilité collective, se sont bornés

à en rechercher les origines. Accurse et Barthole exa-
minent une question de droit romain, et, pour la résoudre, ils invoquent le témoignage des jurisconsultes
romains.

Nicolas de Bohier (1) aborde le même sujet dans son
traité *De seditiosis*. Son argumentation ne diffère pas
de celle de Barthole. A l'exemple de Carthage et de
Brescia il ajoute celui de Troie, qu'il emprunte à
la grande glose.

Conrad Brunus (2) soutient la même doctrine, et
ajoute aux arguments des autres jurisconsultes plusieurs fragments du *Corpus juris civilis* qui la fortifient.
La personne juridique est représentée par ses magistrats et ses assemblées, et les actes qu'ils accomplissent
sont considérés comme émanant de la personne juridique elle-même. Les délits de ses représentants peuvent lui être imputés, elle peut encourir une condamnation pénale et être tenue de réparations civiles.
« Criminaliter, dit Brunus, ut si solo adæquetur civitas
« aut imperiali banno subjiciatur »; et il invoque, à
l'appui de cette idée, un texte de Modestin (L. 21, D.,
Quibus modis ususf. vel usus amit., 7, 4), et une constitution de l'empereur Frédéric II, *Item nulla communitas* (L. 2, C., *De episcopis et clericis*, 1, 3), que nous
rencontrerons bientôt. Le fragment de Modestin est

(1) Bohier, *De seditiosis, tractatus tractatuum*, t. XI, p. 95.
(2) Brunus, *De seditiosis, tractatus tractatuum*, t. XI, p. 137.

ainsi conçu ; « *Si ususfructus civitati legetur, et aratrum in eam inducatur, civitas esse desinit, ut possa est Carthago : ideoque, quasi morte desinit habere usumfructum.* » Une cité peut donc perdre ce caractère, et, bien que le jurisconsulte romain ne cite qu'un exemple, il envisage l'hypothèse comme d'une application sinon fréquente, du moins possible. Ces deux pénalités que Brunus a indiquées ne sont pas les seules qui puissent atteindre les cités ; lui-même en ajoute une autre : « Civitates, « dit-il, propter rebellionem condemnatæ, civitatem « amittunt : propter quod et dimittere eam, et cum « omnibus suis bonis ad aliam se transferre coguntur » (L. 4, G., *De jure fisci*, 10, 1).

Ce jurisconsulte, comme le précédent, suit la doctrine de Barthole ; il trouve dans la législation romaine un principe qui se justifie par les textes et qui n'a pas encore de contradicteurs.

Lauterbach (1), dans ses *Dissertationes juridicæ*, n'est pas moins précis : « Proprie delinquit universitas, nec « distinguimus inter delicta commissionis et omis- « sionis : nam quod etiam committendo delinquere pos- « sit, probat (L. 9, § 1, D., *Quod metus causa*) et auth. « Item nulla communitas (C., *De episcopis et clericis*). « Nec inter delicta quæ tantum possunt fieri per uni- « versitatem, ut facere statuta, dare jurisdictionem, « imponere collectas et similia, et ea quæ etiam a sin-

____

(1) Lauterbach, *Dissertationes juridicæ*, t. III, p. 824.

« gulari persona perpetrari possunt, ut committere
« homicidium, inferre vim et hujus generis alia. Nam
« quod etiam hæc delicta in universitem cadant. »
Lauterbach refuse de suivre Barthole dans les distinctions qu'il propose entre les diverses catégories de délits. N'insistons pas sur cette différence qui n'a pas
grand intérêt dans l'examen auquel nous nous livrons :
retenons seulement le principe, la responsabilité pénale des personnes morales.

Si nous cherchons encore parmi les jurisconsultes
ceux qui ont traité de notre sujet, nous rencontrons
en France Boniface (1) qui examine la question de
responsabilité des communautés d'habitants, en fondant
ses décisions sur les textes du droit romain. Dans ses
Arrêts notables du Parlement de Provence, cet auteur admet que les délits commis par les habitants
d'une commune puissent être imputés à cette commune, et il cite à l'appui de sa thèse, outre les textes
qui sont généralement invoqués, un fragment d'Ulpien
(L. 4, D., *Vi bonorum raptorum*, 47, 8), sur lequel
nous reviendrons ultérieurement.

Ce qui est remarquable, dans l'examen rapide que
nous venons de passer de l'état de la doctrine du
XII° siècle au XVIII°, ce n'est pas moins l'autorité des
auteurs que nous avons cités que l'harmonie de tous

______

(1) Boniface, *Arrêts notables du Parlement de Provence*, t. IV,
p. 798.

les systèmes sur la question de responsabilité des personnes morales. Tous l'admettent, et leur dissenti-
ment ne porte que sur un point, celui de savoir si « l'*u-
niversitas civiliter et criminaliter puniri potest* ». Le
principe de responsabilité lui-même n'est pas contesté;
tous le reconnaissent en lui assignant des limites va-
riables, mais sans hésitation, et ils trouvent dans le
droit romain la garantie de leur décision. Il nous faut
arriver au xixe siècle pour rencontrer un contradicteur
sérieux : de Savigny refuse d'admettre le principe de
responsabilité des personnes juridiques. Avant d'aborder l'examen des objections qu'il présente, citons encore quelques auteurs modernes dont l'autorité don-
nera encore plus de consistance à la théorie que nous
avons exposée.

Voici les termes dans lesquels Mühlenbruch (1) s'exprime sur ce sujet : « **Ex quo intelligitur, nec delicto-**
« **rum causam nec pœnarum rationem prorsus esse**
« **eamdem in universitatibus, atque est in singulis ho-**
« **minibus, licet de eo quidem, quin delinqui et ab**
« **universitate et adversus eamdem possit, non est,**
« **quod dubitemus. In privatis quidem causis, universi-**
« **tatum par plerumque est et jurium acquirendorum, et**
« **obligationum contrahendarum, et actionum instituen-**
« **darum facultas, quæ singulorum.** » Cet auteur cite
à l'appui de sa thèse un texte d'Ulpien (L. 9, § 1, D ,

____

(1) Mühlenbruch, *Doctrina pandectarum*, § 197.

Quod metus causa, 4, 2), que nous rencontrerons bientôt, et n'invoque pas d'autre argument ; il se borne à dire que les personnes civiles peuvent commettre des crimes ou des délits comme les personnes réelles auxquelles elles sont assimilées à tous les autres points de vue.

Stieber (1) avait déjà posé la même question : « Utrum « delicta et pœnæ in universitatem, an in singulos « tantum cadant », et l'avait résolue dans le même sens. Sans doute, il est certains délits et certaines peines qui ne trouvent pas d'application ici : ainsi, les municipes ne sauraient être accusés d'assassinat, d'adultère ou de bigamie ; mais ils pouvaient exciter au crime, pousser par des conseils à commettre des délits, et, dès lors, ils devaient être considérés comme auteurs ou complices. Personne ne contestera la puissance qu'exerce la décision d'un corps entier sur certains esprits ignorants et sans confiance en eux-mêmes ; l'effet en est fatal sur les individus qui sont portés au mal par nature et qui ne résisteront pas à cette excitation. « Eadem ratione, dit Stieber, nec homicidii alio- « rumque complurium criminum, sed consilii, decreti, « mandati facinorosi universitas rea fieri potest ». D'autre part, si on ne pouvait pas condamner les municipes aux fers, au bannissement ou à l'emprisonne-

(1) Stieber, dans Haubold, *Opuscula academica, præfatio*, p. 73.

ment, il y avait certaines peines qui pouvaient leur être appliquées : la peine capitale qui avait pour résultat d'entraîner la suppression de la personnalité, la perte des privilèges et des distinctions honorifiques, les amendes qui étaient prélevées non sur les biens des particuliers, mais sur le patrimoine commun (Ulpien, L. 7, § 1, D., *Quod cujuscumque univers.*, 3, 4); on pouvait encore imposer à titre de peine la direction ou la surveillance d'un magistrat, une limitation des droits des cités.

Pütman (1) n'est pas moins précis : « Rea, dit-il, « criminis etiam potest integra universitas, quod si « accidit, ea aut jure civitatis et commerciorum privi- « legiisque privatur, aut tributorum vectigaliumque « augmento aliisve incommodis, in singulos simul re- « dundantibus, coercetur ».

Des objections nombreuses ont été faites contre ce système. Certains auteurs, parmi lesquels nous cite- rons Haubold (2) et Fuerbach (3), reconnaissent que les personnes morales ont une certaine puissance de volonté, mais ils ajoutent que des limites, variant sui- vant leur but, leur ont toujours été tracées; toutes les fois qu'elles sortent du cercle de leurs attributions, elles cessent d'être des personnes juridiques et ne peu- vent plus être punies comme telles. A ceci Stieber ré-

(1) Pütman, *Elementa juris criminalis*, § 227, p. 109.
(2) Haubold, *Opuscula academica*, t. II, p. 604.
(3) Fuerbach, *Lehrbuch des peinlichen Rechts*, §§ 27 et 138.

pond justement que les hommes qui commettent des délits ne cessent pas d'être des hommes et d'avoir une volonté, pourquoi en serait-il autrement des personnes civiles? Si on reconnaît aux municipes une capacité d'action et de volonté au même titre qu'aux personnes physiques, on doit admettre que cette action et cette volonté subsistent même si elles sont employées au mal. Et de Savigny (1) fait observer avec non moins de raison que l'étranger qui s'établit dans un pays, en jurant obéissance aux lois, ne perd pas sa personnalité quand il commet des crimes ou des délits. Il ajoute qu'une personne juridique ne devrait pas figurer comme défenderesse dans un procès, car toute demande en justice suppose dans la personne du défendeur une violation de droit, qui dans cette hypothèse serait contraire au privilège constitutif de la personne juridique.

De Savigny fait à cette théorie des reproches qui sont plus graves. « L'erreur, dit-il, de ceux qui croient les délits imputables aux personnes juridiques, tient à deux causes. D'abord, ils attribuent aux personnes juridiques une capacité absolue de pouvoir qu'elles n'ont réellement pas. Cette capacité fictive n'excède pas l'objet de leur institution, qui est de les faire participer au droit des biens ». Il fait encore remarquer que, si elles avaient une capacité absolue du droit et de la

____

(1) De Savigny, *Traité de droit romain*, trad. de Guenoux, t. II, § 94.

volonté, elles seraient également capables des rapports de famille. Nous opposerons à cette idée l'examen que nous avons présenté des développements successifs de la notion de personnalité des municipes : il est tout aussi difficile de dire quels ont été leurs droits à l'origine de leur création, que de fixer, avec précision, le degré qu'ils ont atteint à l'époque de leur prospérité. Que l'objet de l'institution des municipes ait été de les faire participer au droit des biens, c'est un point fort contestable et sur lequel plane une grande incertitude. Mais, en supposant vraie cette proposition, elle n'aurait pour effet que d'exclure les municipes, et d'une façon générale toutes les personnes morales, de la jouissance et de l'exercice des autres droits civils, tels que les droits de famille, mais non pas de les soustraire aux rigueurs du droit criminel ; de Savigny ne l'établit nullement.

La seconde cause d'erreur, d'après ce même auteur, vient de ce que l'on confond la personne juridique avec ses membres. C'est là un reproche qu'on ne peut pas nous adresser, si l'on tient compte des termes dans lesquels nous avons posé la question. Le municipe est une personne civile dont la volonté et l'action sont purement fictives ; sa pensée et son action sont celles de ses administrateurs qui représentent la population tout entière ; ce que veulent ces administrateurs, c'est ce que l'on considère comme la volonté du municipe ; il y a une sorte d'identification entre ces agents et la cité. S'il en est ainsi, n'est-il pas naturel de déclarer cette dernière responsable, même pénalement, des actes de ceux qui tiennent à elle d'une manière si intime ? Allons plus loin, et admettons, avec Barthole, Bohier, Mühlenbruch, Stieber, Pütman et les autres jurisconsultes que nous avons cités, qu'un municipe soit responsable des actes commis par ses habitants ; ne peut-on pas le reconnaître sans tomber dans la confusion contre laquelle de Savigny nous met en garde ? Le municipe n'est pas seulement une circonscription territoriale, une réunion d'habitations, c'est surtout une agglomération de personnes, groupées par des intérêts communs et profitant, individuellement, des avantages accordés à la cité entière. Si la cité vient à perdre ses privilèges, il ne reste plus qu'une réunion d'habitations ; c'est ce qui est arrivé pour Capoue qui abandonna Rome et s'allia aux Carthaginois pendant la seconde guerre punique : « *Ceterum habitari tantum, tanquam urbem, Capuam, frequentarique placuit : corpus nullum civitatis, nec senatus, nec plebis concilium, nec magistratus esse.* La ville ne fut plus qu'un assemblage de maisons, sans corps municipal, sans sénat, sans conseil public, sans magistrats » (1). Le municipe n'est donc qu'une réunion de personnes, et on peut ne pas les confondre avec ses membres, sans pourtant les séparer radicalement, car, si cette sépara-

(1) Tite-Live, liv. XXVI, § 16.

tion est conforme à la notion théorique de la personnalité, elle se heurte à la conception même que nous sommes amenés à nous en faire, lorsque nous ne sortons pas du domaine de la pratique. Il est bien difficile de considérer cet être fictif d'une manière absolue, et, quand on parle du municipe, au point de vue de ses droits et de ses obligations, on conçoit, en pensée, des droits qui doivent profiter à l'ensemble de ses habitants, des obligations qui doivent rester à leur charge ; quand il s'agit d'une punition, c'est par la population entière qu'elle est subie. Nous le voyons dans la répression exercée contre la ville de Capoue ; on lui retire ses institutions municipales, châtiment infligé à ses habitants, mais on ne s'attaque pas au municipe lui-même, considéré comme être matériel, comme assemblage de maisons : « *non sævitum incendiis ruinis-* « *que in tecta innoxia murosque* ; on n'employa pas le « fer et le feu contre des maisons, contre des murs « innocents du crime des Campaniens ». Sans doute, la personne juridique est distincte des individus considérés *ut singuli*, mais elle n'est pas autre chose que leur réunion.

Quant au rapprochement que fait de Savigny entre les impubères et les personnes morales, il nous semble tout au moins exagéré. « Si un tuteur commet un vol ou une fraude dans l'intérêt de son pupille, personne que je sache, dit-il, n'a soutenu la possibilité d'un délit par représentant, et néanmoins établir, à cet égard, une distinction entre la personne juridique et le pupille, est une inconséquence évidente. » L'inconséquence serait évidente, s'il y avait entre le pupille et le municipe autre chose qu'une analogie fort restreinte. En principe, on ne doit comparer que des choses semblables ; or, il y a entre la condition d'un pupille et celle d'un municipe des différences très importantes qui permettent d'appliquer des règles diverses à ces deux catégories de personnes, l'une physique, l'autre morale (1). De Savigny dit que les impubères ont, comme les personnes juridiques la capacité du droit sans la capacité naturelle d'agir. Ceci n'est pas tout à fait exact : l'impubère a lui-même la jouissance de ses droits, il peut les exercer dans une certaine mesure, car il n'est pas absolument incapable ; il a dans certains cas une capacité imparfaite que son tuteur vient compléter en lui donnant son *auctoritas*. Ce n'est que lorsque le tuteur administre d'une manière exclusive les biens du pupille (*negotia gerere*) qu'il peut être comparé aux représentants d'un municipe. Même dans cette hypothèse, le rapprochement n'est pas exact, car si le municipe a la jouissance et l'exercice de certains droits, ce sont là deux fictions ; en réalité ce sont ses habitants qui jouissent de ces droits, ce sont leurs représentants qui les exercent. Quand il s'agit du muni=

____

(1) Glose, *proconsul* (L. 1, § 2, D., *Quod cujusc. univers.*) *Civitas in quibusdam non est similis pupillo.*

cipe, la représentation est absolue, car ses intérêts et
ceux de l'ensemble des habitants sont les mêmes; pour le pupille, la représentation n'est que relative, elle est limitée comme les attributions mêmes du tuteur que la loi détermine avec précision.

Les partisans de l'opinion contraire à celle que nous avons exposée nous font une objection de nature à nous laisser dans l'incertitude sur la question que nous agitons : ils cherchent dans les principes supérieurs du droit criminel combinés avec les caractères essentiels de la personne juridique un fondement à leur théorie. Le droit criminel, disent-ils, considère l'homme naturel, c'est-à-dire, un être libre, intelligent et sensible; pour être imputable à quelqu'un, une infraction doit avoir sa cause dans une volonté raisonnable et réfléchie, il ne peut pas y avoir de coupable sans cette condition. Le municipe est une personne civile, c'est-à-dire un être abstrait, dépourvu de toute individualité, privé de liberté, d'intelligence et de sensibilité, et que le droit criminel ne saurait atteindre. « La réalité de son existence, dit de Savigny (§ 94), se fonde sur les déterminations d'un certain nombre de représentants qui, en vertu d'une fiction, sont considérés comme ses déterminations propres. Une semblable représentation, qui exclut la volonté proprement dite, peut avoir ses effets quant au droit civil, jamais quant au droit criminel. » Et cette idée n'est pas contredite par ce fait qu'un municipe, comme toute autre personne mo-

rale, peut être actionné en justice et que toute action
suppose une violation de droit de la part du défendeur,
car, en sa qualité de propriétaire, il doit être assimilé
aux personnes réelles. Les délits, dit-on encore, qu'on
attribue aux personnes morales, sont toujours commis
par leurs membres ou leurs représentants, c'est-à-dire
par des personnes naturelles. Déclarer les municipes
pénalement responsables de ces méfaits, c'est méconnaître le grand principe du droit pénal qui exige l'iden-
tité du délinquant et du condamné.

Cet argument est d'un grand poids ; cependant il
n'est pas irréfutable. De nos jours, c'est un principe
certain de droit criminel que l'infraction doit avoir sa
cause dans une volonté intelligente et libre ; mais en
a-t-il toujours été ainsi ? La question est fort douteuse.
Durant les premiers siècles de la fondation de Rome, le
droit criminel ne repose pas sur des règles bien précises ; on ne rencontre dans les textes que des dispositions vagues qui laissent voir que cette partie du droit
ne s'est formée que peu à peu et ce principe qu'on invoque n'a probablement jamais été formulé. N'en a-t-il
pas été de même dans toutes les sociétés dont nous
pouvons connaître les origines ? A la peine du talion et
à la vengeance privée, on substitue le système des
compositions pécuniaires qu'on rend obligatoires,
sans s'occuper du caractère de la personne qui a commis le crime ou le délit, de son âge, du point de savoir
s'il y a eu discernement suffisant pour entraîner la cul-

pabilité. Puis, les principes s'établissent, les distinctions s'introduisent et on arrive à l'époque classique (1) et à Justinien qui se demande si l'impubère qui détourne la chose d'autrui commet un vol ; à quoi il répond : « *Et placet, quia furtum ex affectu consistit, ita demum obligari eo crimine impuberem, si proximus pubertati sit, et ob id intelligat se delinquere.* Et on admet que comme le vol suppose l'intention, l'impubère n'est tenu à ce titre qu'autant qu'il est voisin de la puberté et qu'en conséquence il a conscience de commettre un délit » (Inst., liv., IV, t. I, § 18. Gaius, III, § 208). Mais, c'est là le dernier état du droit romain, sorti des premiers tâtonnements qui accompagnent la formation de toute législation ; on finit par admettre que la culpabilité suppose la liberté et le discernement. Le texte des Instituts de Justinien que nous avons cité, nous permet de croire qu'il n'en a pas été ainsi de tout temps ; il pose une règle de droit et la forme sous laquelle il la présente, prouve qu'elle n'a pas toujours existé.

Enfin nous ne méconnaissons pas que les actes que nous imputons aux municipes ont toujours été commis par leurs membres ou leurs représentants qui en sont personnellement responsables. Cette idée est incontestable ; mais, en reconnaissant que ces personnes

____

(1) Ulpien (L. 13, § 1, D., *De dolo malo*, 4, 3) : « *Ex suo dolo conveniendum, si proximus pubertati est.* »

sont obligées par les actes illicites qu'elles ont commis, nous admettons aussi la responsabilité pénale des municipes. Ils peuvent encourir certaines peines qui sont compatibles avec leur nature, telles que la perte de leurs institutions, la suppression de leurs privilèges et distinctions honorifiques. L'histoire romaine nous offre des exemples de villes qui furent soumises à un traitement rigoureux motivé par leur conduite à l'égard de Rome. L'exemple le plus curieux est celui de Capoue qui abandonna Rome pour s'allier aux Carthaginois pendant la seconde guerre punique. Lorsque Capoue retomba sous la domination romaine, soixante-dix sénateurs furent exécutés, trois cents nobles Campaniens furent jetés dans les fers, d'autres, emprisonnés dans les différentes villes de l'Italie y moururent misérablement ; la cité perdit sa constitution municipale (1). Le châtiment des coupables ne fut pas un obstacle au traitement rigoureux imposé au municipe lui-même. La ville de Cumes subit le même sort que Capoue ; elle fut privée du droit d'élire ses duumvirs et réduite à l'état de préfecture.

Cependant, certains auteurs nous contestent le droit d'invoquer ces exemples à l'appui de notre opinion. « Ce châtiment, dit de Savigny (2), et tous ceux du même genre que l'on pourrait citer, était évidemment

(1) Tite-Live, liv. XXVI, § 16.
(2) De Savigny, § 95.

un acte politique, et non l'application du droit criminel par le pouvoir judiciaire ». Nous ne contestons pas le caractère politique de ces actes qui émanaient du souverain et non du juge ; mais, nous ajoutons que, de tout temps, les crimes spéciaux ont été punis par des peines spéciales, et que des juges exceptionnels ont toujours connu des causes exceptionnelles. Étant donné le système judiciaire de Rome, était-il possible de concevoir qu'un crime commis par un corps aussi important qu'un municipe, et qui mettait en péril l'existence même de l'empire romain, fût livré aux juridictions ordinaires ? Quel eût été, du reste, le juge compétent ? L'observation de Savigny n'est pas juste ; il y a bien, dans les violences exercées à l'égard de Capoue, les caractères de l'une de ces peines que les municipes peuvent encourir, ainsi que le dit Stieber, d'une pénalité infligée par un juge extraordinaire dont l'intervention se justifie par les circonstances particulières dans lesquelles le crime a été commis.

Nous concluons donc que le municipe, n'ayant ni volonté propre, ni action, ne peut commettre par lui-même un acte illicite qui lui fasse encourir une peine ; mais rien ne s'oppose à ce qu'il soit déclaré pénalement responsable des méfaits de ses représentants ou de ses habitants. Nous croyons qu'il en a été certainement ainsi dans les premiers siècles de l'histoire romaine ; l'exemple de la répression dont la ville de Capoue fut l'objet en est une preuve manifeste. Nous ne sau-

rions dire d'une manière précise jusqu'à quelle époque
cette vérité peut être affirmée ; nous pensons seulement que l'idée ne serait plus exacte sous Justinien ;
les principes du droit criminel étaient dès lors fixés,
ainsi que l'établit le texte que nous citions précédemment. Mais, à cette époque, on n'avait plus à se poser
la question de la responsabilité pénale des municipes ;
de ces anciennes institutions qui avaient fait la gran-
deur de l'empire romain, il ne restait plus qu'un vestige
qui tendait à disparaître ; ces cités riches et puissantes
étaient tombées, elles n'étaient plus qu'une source où
l'empire venait puiser des subsides, supprimant les
dernières traces de l'indépendance locale par l'intervention de ses agents. Les municipes n'existaient plus
depuis longtemps, lorsque la novelle de Léon le Philo-
sophe vint confirmer leur disparition (nov. 46). Si nous
insistons sur cette idée, c'est pour réfuter un argument
que nous n'avons pas relevé dans les ouvrages, mais
qui a son importance. A l'époque du Bas-Empire,
presque toutes les attributions des magistrats municipaux étaient passées au *curator reipublicæ*, fonctionnaire nommé par le pouvoir central ; les décurions
étaient les seuls représentants du municipe. Comme
ces derniers étaient responsables du recouvrement des
impôts qui devenaient sans cesse plus lourds et moins
faciles à percevoir, leurs intérêts étaient absolument
contraires à ceux du municipe qui devait ces contributions : pouvait-on dès lors admettre cette représen-

tation intime que nous invoquions au début de cette partie de notre étude pour établir la responsabilité pénale du municipe? Nous ne le croyons pas; mais, répétons-le, à cette époque le municipe n'existait plus que de nom.

Nous pensons donc que le principe de responsabilité des municipes n'est pas contraire aux règles du droit romain. C'est, du reste, le système qui a été admis dans notre ancien droit qui étendait la personnification des villes et, en général, de toutes les corporations, jusqu'au fait de la pénalité. « Frapper la communauté « d'amende à titre de peine, dit Ortolan (1), lui impo- « ser quelque assujettissement, quelque marque, « quelque monument d'humiliation, abattre ses « murailles, forteresses, lieux ou édifices distingués, « faire passer la charrue dessus, y semer du sel ou en « jeter les cendres aux vents : il y avait à la fois dans « toutes ces choses personnification plus vive de l'être « collectif, vengeance satisfaite, spectacle matériel et « symbolique pour les sens. » Outre les poursuites contre l'être collectif, le procès était fait aussi « aux principaux auteurs du crime et à leurs complices » (art. 5 du titre XXI de l'ordon. de 1670). Ce qui est remarquable, et c'est le motif pour lequel nous insistons sur ce point, c'est que les jurisconsultes de cette époque invoquaient des textes du droit romain à l'appui

(1) Ortolan et Desjardins, *Droit pénal*, t. Iᵉʳ, § 495.

de cette théorie qu'ils présentaient comme d'origine romaine.

Ces mêmes principes ont été consacrés par une loi de l'empereur Frédéric II, qui décide que toute commune coupable d'exactions envers une église restituera le triple de la valeur des dommages causés et sera mise au ban de l'église; si ce ban n'était pas révoqué dans l'année, elle était mise au ban impérial (1). Une autre constitution du même empereur réduisit la peine au double de la valeur des exactions dont les cités se seraient rendues coupables envers les églises (2).

Jusqu'à présent, nous avons essayé d'établir le principe de responsabilité pénale des municipes à l'aide des principes généraux : après avoir fait justice des objections principales que cette théorie a soulevées, il

(1) Code (L. 2, *De episcopis et clericis*, 1, 3, auth.) : *Item nulla communitas, vel persona publica, vel privata collectas, vel exactiones, angarias vel parangarias, Ecclesiis, vel aliis piis locis, aut ecclesiasticis personis imponere, aut invadere ecclesiastica bona præsumant : quod si fecerint, et requisiti ab Ecclesia vel imperio, emendare contempserint, triplum refundant, et nihilominus bona imperiali banno subjaceant; quod absque satisfactione debita nullatenus remittatur*

L. 13, *De episcopis* : *Item quæcumque communitas vel persona, quæ annum in excommunicatione propter libertatem Ecclesiæ fractam et violatam perseveraverit, ipso jure imperiali banno subjaceat : a quo nullatenus extrahatur, nisi prius ab Ecclesia beneficio absolutionis obtento.*

(2) *Illicitas exactiones maxime ab Ecclesiis per civitates et castella omnino condemnamus et prohibemus : et si factæ fuerint, in duplum reddantur (Feud. lib. II, t. LIII, § 2, in fine).*

nous reste à examiner si elle n'est pas contredite par les lois romaines. Les textes que nous pouvons invoquer en faveur de notre opinion ne sont pas nombreux : l'intérêt pratique de la question que nous discutons ne s'était pas révélé aux jurisconsultes romains, ou peut-être la considéraient-ils comme certaine. Cependant, nous allons voir que cette supposition est bien hasardée. Le premier texte que nous puissions citer est un fragment d'Ulpien (L. 9, § 1, D., *Quod metus causa* 4, 2) : « *Animadvertendum autem, quod prætor hoc edicto generaliter et in rem loquitur, nec adjicit, a quo gestum : et ideo sive singularis sit persona, quæ metum intulit, vel populus, vel curia, vel collegium, vel corpus, huic edicto locus erit.* » L'action *quod metus causa* est celle qui résulte du préjudice qu'une personne se cause à elle-même en agissant sous l'impression d'une crainte inspirée par un tiers (1) : peu importe que l'auteur de la crainte recoure à des voies de fait ou se borne à de simples menaces ; peu importe, ajoute Ulpien, que ce soit une personne physique ou morale. Cette opinion n'a pas été émise à la légère ; l'insistance du jurisconsulte est digne de remarque. Il donne plusieurs exemples de personnes morales qui peuvent *metum inferre, populus, vel curia, vel collegium, vel corpus,* pour ne laisser aucun doute sur sa pensée que la grande glose vient confirmer en vous disant, avec plus de précision

---

(1) Accarias, *Précis de droit romain*, t. II, n° 844.

encore : « *Universitas dolum et metum committere potest* ». Or, la personne juridique, n'ayant pas de volonté
propre, n'agit pas par elle-même, et ne peut pas commettre personnellement un acte de nature à inspirer
une crainte à un tiers : Ulpien a visé incontestablement
les violences exercées par les membres ou les représentants de la personne juridique.

De Savigny (1) explique ce texte d'une manière toute
différente. « L'action *quod metus causa*, dit-il, est évidemment dirigée contre la corporation elle-même ; et
cela vient de ce que cette action peut être intentée
non seulement contre l'auteur de la violence, mais
contre les tiers en position de réparer le dommage »
(L. 9, § 8, D., *Quod metus causa*, 4, 2). Et M. Houdoy (2),
exprimant la même idée sous une autre forme, admet
cette interprétation : « L'action *quod metus causa* est
donnée, de droit commun, contre toute personne qui
a profité de la violence, alors même que ce n'est pas
elle qui en est l'auteur. » Cet argument prouve simplement, ce que nous admettons, du reste, sans difficulté,
qu'une personne juridique peut être civilement responsable du préjudice causé à un tiers par ses membres
ou ses représentants, lorsqu'elle en a retiré un profit ;
mais, il ne contredit pas l'idée que nous avons dégagée
du texte d'Ulpien. Le jurisconsulte, dans le fragment

(1) De Savigny, § 95.
(2) Houdoy, *Droit municipal*, p. 148.

que nous avons cité, ne s'occupe pas du point de savoir
contre qui l'action *quod metus causa* peut être exercée;
il recherche quel est l'auteur de la crainte, et il admet
qu'elle est imputable même à une personne morale :
persona quæ metum intulit, dit-il, *vel populus, vel curia,
vel collegium, vel corpus*.

Il n'est pas sans intérêt de rechercher quel est le
sens et la portée qui ont été donnés à ces textes par
les principaux commentateurs du droit romain. Cependant, nous devons reconnaître que, en dehors des jurisconsultes qui ont exprimé une opinion formelle sur la
question de responsabilité des personnes juridiques,
et qui tous se basent sur la loi 9, §1, *Quod metus causa*,
la doctrine est sobre de détails sur ce texte et sur
d'autres que nous aurons l'occasion d'analyser. Cujas (1)
ne donne aucun développement sur ce fragment d'Ulpien ; il se borne à dire que l'action *quod metus
causa* est personnelle par sa nature, réelle par sa formule, et il ajoute : « Res notatur non persona. Ideoque
« Ulpianus ait nihil referre a quo metus inferatur, a
« singulari homine, an ab universitate, quod tamen in
« actione de dolo diligentius exquiritur, propterea quod
« ejus actionis et vis et scriptura in personam est,
« alioquin famosa ea actio non esset. » Quelle est au
juste la pensée de Cujas? Il n'est pas facile de la préciser. Si l'on tient compte des termes qu'il emploie, « a

(1) Cujas, t. Ier, p. 962, Naples, 1722.

quo metus inferatur », il faut décider que le municipe comme toute autre personne juridique peut se rendre coupable d'un acte de violence. Si l'on s'attache à l'idée qu'il poursuit, il ne semble pas plus contraire à notre interprétation. Qu'importe le nom de l'auteur de la violence, veut-il dire ; l'*intentio* de la formule de l'action *quod metus causa* ne contient pas le nom du défendeur ; au contraire, dans l'action de dol, il est nécessaire d'indiquer le nom du défendeur, on ne peut pas le négliger. Quant à la question qui nous occupe, Cujas n'y fait pas allusion.

Doneau (1) ne s'explique pas davantage. « Non enim « ait prætor, dit-il, quod metus causa gestum erit, « adversus eum qui metum adhibuerit, ratum non « habebo, aut actionem dabo : sed generaliter et de « re gesta duntaxat. Quod metus causa gestum erit, « ratum non habebo, de eo judicium dabo, ni resti- « tuatur », et il cite la loi 9, § 1, IN PRINC., D., *Quod metus causa*. Doneau se place au même point de vue que Cujas ; notre question de responsabilité des personnes juridiques est effleurée, et l'on pourrait croire que le jurisconsulte craint de l'aborder. Ce qui nous conduit à cette pensée, c'est l'interprétation qu'il donne d'un texte qui devra arrêter longtemps notre attention, la loi 15, § 1, D., *De dolo malo*, 4, 3.

Le deuxième texte que nous invoquerons est un

____

(1) Doneau, t. IV, liv. XV, ch. XXXIX, n° 31. Macerata, 1830.

fragment de Scævola (L. 19, D., *Ad municipalem*, 50, 1) : « *Quod major pars curiæ effecit, pro eo habetur, ac si omnes egerint.* » On ne lui donne généralement pas une grande importance. Ortolan (1), parlant de ce texte et de celui que nous venons d'expliquer, se borne à dire que rien n'indique qu'ils se réfèrent à la pénalité. Le fragment de Scævola n'établit certainement pas d'une manière aussi directe que celui d'Ulpien l'imputation possible d'un acte illicite à une personne juridique, mais il jette la lumière sur une question que nous avons posée et résolue ; savoir, l'identification du municipe, personne morale, et de ses représentants. Ce qui est fait par la majorité de la curie, nous dit le jurisconsulte, est réputé fait par tous ses membres, c'est-à-dire par la curie elle-même, car la curie, en tant que personne juridique, n'est pas autre que l'ensemble de ses membres. Cette règle que pose Scævola doit-elle être restreinte à l'hypothèse qu'il prévoit : n'y a-t-il pas plutôt là l'application particulière d'un principe plus général de droit romain ? Nous croyons qu'on peut étendre cette disposition et dire que ce qui est fait par la majorité des habitants ou par les administrateurs du municipe est réputé fait par le municipe lui-même. Nous y sommes autorisés par deux textes, la loi 14, D., *Ad municipalem.* 50, 1, de Papinien, et la loi 160, § 1, D., *De diversis regulis juris*, 50, 17. Le

---

(1) Ortolan, *Droit pénal*, t. Ier, n° 495.

premier de ces deux fragments applique aux municipes la règle posée par Scævola : « *Municipes intelliguntur scire, quod sciant hi, quibus summa reipublicæ commissa est.* » Le second résout la même question dans des termes plus généraux encore : *Refertur ad universos, quod publice fit per majorem partem* (Ulpien).

Il est un texte que nous avons déjà mentionné et sur l'interprétation duquel les auteurs ne s'accordent pas : c'est une constitution de Théodose et de Valentinien (L. 8, C., *De naviculariis*, 11, 1) : *Judices, qui in partibus* (1) *diœceseos suæ onusta navigia, cum prosperior flatus invitat, sub prætextu hyemis immorari permiserint : una cum municipibus et corporatis ejusdem loci fortunarum propriarum feriantur dispendiis.* » Ce texte semble établir d'une manière formelle la responsabilité des municipes. Cependant, cette solution peut être contestée, elle dépend du sens que l'on donne au mot *municipes*. Si nous consultons les textes avant de rechercher l'avis des commentateurs sur ce point, nous rencontrons divers fragments dans lesquels le mot *municipes* désigne le municipe plutôt que ses habitants ou ses magistrats. Citons-en un, la loi 2, D., *Quod cujuscumque univers.*, 3, 4 : « *Si municipes, vel aliqua universitas ad agendum det actorem.* » Le municipe est la personne juridique elle-même.

---

(1) *In portubus, Codex theodosianus* de Godefroy, t. V et VI, p. 97. Leipzig, 1741.

Godefroy (1), dans le commentaire dont il accompagne cette constitution (L. 8, C., 11, 1), traduit *municipes* par *decuriones* : « Pœna severissima, dit-il, « proposita judicibus, *decurionibus* et corporatis lo- « corum..... » Ainsi compris, ce texte n'est d'aucun poids en faveur de l'opinion que nous soutenons. Mais, tous les auteurs ne l'interprètent pas de la même manière, et nous devons avouer que la traduction de Godefroy nous surprend. Le mot *municipes* peut désigner la cité elle-même ou ses habitants : nous ne connaissons pas de texte dans lequel il s'applique aux magistrats.

Accurse ne s'explique pas sur ce point : « Si judices « patiuntur, dit-il, tempore ratæ navigationis nau- « cleros in suo territorio commorari, puniuntur, et « ipsi et municipes. » Mais Barthole est plus précis. Pour lui, *municipes* est pris dans son sens ordinaire; c'est la cité ou l'ensemble de ses habitants. « Propter « delictum judicis puniuntur omnes cives civitatis. » Nicolas de Bohier tranche la question dans le même sens.

Nous avons réservé en dernier lieu un texte sur l'interprétation duquel il nous est permis d'hésiter, c'est la loi 4, D., *Vi bonorum raptorum*, 47, 8. Nous l'avons déjà rencontré; Boniface l'invoque pour justifier le principe de responsabilité des personnes juridiques.

(1) Godefroy, *Codex theodosianus*, t. V et VI, p. 98.

Dans ce fragment, Ulpien décide qu'une personne est tenue de l'action *vi bonorum raptorum* non seulement lorsqu'elle a causé préjudice à autrui dans un attroupement, mais aussi lorsqu'elle a donné l'ordre à un tiers de commettre le dommage, bien qu'elle ne fût pas présente sur le lieu du méfait (L. 4, § 4 : « *Hoc autem edicto tenetur non solus, qui damnum turba dedit, sed et is, qui dolo malo fecerit, ut in turba damni quid daretur : sive illo vencrit, sive non fuerit præsens : dolus enim malus etiam absentis esse potest* ». Boniface étend la portée de ce texte et décide que lorsque les dommages ont été causés dans l'intérêt d'une commune par ses habitants, la commune doit être responsable. Nous ne nous attacherons pas à cette idée, elle nous semble fort contestable.

Ce sont là les dispositions principales du droit romain que nous pouvons invoquer pour justifier le principe de responsabilité pénale des municipes.

Cependant, nous devons reconnaître qu'il existe d'autres textes dont se prévalent nos adversaires, et qui sont de nature à faire mettre en doute la solution que nous proposons. Le plus important de ceux qu'on invoque est un fragment d'Ulpien, de ce même jurisconsulte auquel nous avons demandé par deux fois la confirmation de notre système ; c'est la loi 15 , § 1, D., *De dolo malo*, 4, 3 : « *Sed an in municipes de dolo detur actio, dubitatur. Et puto, ex suo quidem dolo non posse dari : quid enim municipes dolo facere possunt? Sed si*

*quid ad eos pervenit ex dolo eorum, qui res eorum admi-
nistrant : puto dandam. De dolo autem decurionum in
ipsos decuriones dabitur de dolo actio* ». Ce texte n'est
pas sans nous causer un certain embarras, surtout
quand on le rapproche de celui que nous avons rencontré précédemment. Avant d'aborder l'analyse de
cette disposition, nous ferons observer que cette anti-
nomie que nous trouvons entre la loi 9, § 1, *Quod metus cuusa* et la loi 15, § 1 du titre suivant est créée par
nous, par l'extension que nous avons faite de la loi 9,
§ 1 qui ne parle pas des municipes ; mais, les expressions dont se sert le jurisconsulte sont générales, et en
désignant les personnes morales il a certainement compris les municipes. Cela dit, nous nous trouvons en
présence d'une véritable difficulté. Tout d'abord, il
faut remarquer qu'Ulpien présente la question de savoir si l'action de dol peut être donnée contre un municipe comme douteuse (*dubitatur*), et il la résout dans le
sens de la négative. La même solution n'était donc pas
donnée par tous les jurisconsultes de son époque. Puis,
abordant le point important, Ulpien déclare qu'un municipe étant incapable de commettre un dol, on ne
peut pas le poursuivre par *l'action de dolo*. Cette décision est absolument contraire à celle que nous avons
rencontrée dans la loi 9, § 1, *Quod metus causa* : voyons
si la contradiction est bien réelle.

Dans le commentaire qu'elle donne de ce texte, la
grande glose s'exprime dans les termes suivants : « *Quia*

*nec consentire facile possunt, sed tamen possunt cum dif-
ficultate, quia videbuntur omnes facere quod consilium
facit vel major pars, et metum inferunt et possessionem
apprehendunt.* » En nous disant que les municipes peuvent *consentire cum difficultate*, elle nous renvoie à deux
textes, la loi 17, § 6, D., *De receptis*, 4, 8, et la loi 1,
D., *De libertis univer.*, 38, 5. Dans le second de ces
fragments, elle nous montre le municipe incapable
de demander la *bonorum possessio* parce qu'il ne peut
pas *consentire*; puis ce droit lui est reconnu, loi 1, D.,
De libertis univers., 38, 3, et loi 3, § 4, D., *De bon. pos.*,
37, 1 : « *A municipibus..... bonorum possessio adgnosci
potest.* Ce qui fait obstacle à la faculté pour le municipe de demander la *bonorum possessio*, et ce qui l'empêche de commettre un dol, c'est l'impossibilité dans
laquelle il se trouve de *consentire*; plus tard les jurisconsultes ne considèrent plus ce défaut comme de nature à s'opposer à ce qu'un municipe obtienne la *bonorum possessio*, peut-il constituer un obstacle à ce que
le municipe commette un dol? Ce raisonnement par
analogie n'explique pas la disposition de la loi 15, § 1,
De dolo malo.

La lecture de ce texte nous suggère deux observations. Nous remarquerons d'abord qu'il ne se réfère
pas à la pénalité. L'action de dol n'est accordée à la
partie lésée que pour lui permettre d'obtenir la réparation du préjudice qu'elle a souffert; la preuve en est
dans les termes mêmes dont se sert le jurisconsulte; il

donne l'action de dol contre le municipe après avoir reconnu que cette personne juridique ne peut pas se rendre coupable d'un acte de cette nature. Aussi, croyons-nous que ce texte n'est pas contraire à notre opinion. Voici quelle est, à notre sens, la pensée d'Ulpien. Après s'être posé la question de savoir si l'action de dol peut être donnée contre un municipe, il la résout négativement, parce que cet être fictif n'a ni volonté, ni action, et ne peut commettre aucun délit, *ex suo quidem dolo non posse dari*. Mais, s'il reconnaît, ce dont nous devons tous convenir, que le municipe est incapable de l'un de ces actes, le jurisconsulte ne dit pas que le dol de ses administrateurs ne puisse pas lui être imputé, lorsqu'ils ont agi dans son intérêt, comme ses représentants. Qu'on ne nous oppose pas les termes de la loi 15, § 1 : « *Sed si quid ad eos pervenit ex dolo eorum, qui res eorum administrant : puto dandam* », car ce texte suppose qu'un municipe a tiré un profit indirect du dol commis par ses administrateurs dans leur intérêt personnel. L'avantage qui en est résulté pour le municipe est peut-être le fait du hasard, et comme ce gain est illicite et immoral, le jurisconsulte donne l'action de dol contre lui. Mais, nous ne croyons pas qu'il ait prévu dans ce fragment un dol commis par les administrateurs du municipe dans son intérêt exclusif; il ne le dit, ni le suppose, car il présente cet avantage comme hypothétique, *sed si quid ad eos pervenit ex dolo eorum*. Or, si le dol avait été commis dans l'intérêt seul du municipe, ce bénéfice serait certain ou à peu près, car le but de ses administrateurs eût été de lui en faire tirer un profit. Et ce qui confirme pleinement notre opinion, ce sont les derniers mots du § 1 : « *de dolo autem decurionum in ipsos decuriones dabitur de dolo actio.* » En donnant l'action de dol contre les décurions eux-mêmes, Ulpien consacre l'interprétation que nous proposons de la loi 15, § 1, savoir qu'elle ne vise que le dol commis par les administrateurs du municipe dans leur intérêt et dont ce dernier a retiré un profit indirect. L'action *de dolo* tend bien moins à punir l'auteur du dol qu'à l'empêcher de s'enrichir et à indemniser la personne lésée (L. 1, pr., D., *De dolo malo*, 4, 3) : « *ne vel illis malitia sua sit lucrosa, vel istis simplicitas damnosa.* » Si les représentants du municipe avaient commis ce dol dans son intérêt exclusif, ils n'en auraient retiré aucun profit et l'action n'aurait pu être exercée que contre le municipe. Dans notre hypothèse, l'action est donnée contre le municipe et les décurions ; n'est-il pas logique de supposer que dans l'esprit d'Ulpien, lorsqu'il écrivait la loi 15, § 1, *De dolo malo*, il ne s'agissait que d'un dol commis par les décurions et dont le municipe aurait retiré un avantage.

Cependant, on pourrait nous faire une objection. Sans doute, les textes établissent que l'action de dol tend à indemniser le demandeur sans l'enrichir ; mais encore, faut-il qu'il soit indemnisé. Comme il ne peut agir *de dolo* contre un municipe que jusqu'à concurrence du profit que celui-ci a retiré, si le préjudice éprouvé est supérieur à ce profit, il est naturel de lui donner l'action de dol contre les administrateurs, et la loi 15, § 1, trouve ainsi une juste explication. Cette remarque suffirait à renverser toute notre argumentation, si elle était fondée ou plutôt, si elle avait dicté la décision du jurisconsulte; nous ne le croyons pas. En général, une personne qui se livre à des manœuvres frauduleuses, de nature à causer un préjudice à un tiers, en retire un profit au moins équivalent à la perte éprouvée par ce tiers; par conséquent, le bénéfice du municipe résultant du dol de ses administrateurs sera ordinairement égal à la perte éprouvée par la partie lésée. Exceptionnellement, il peut arriver que le gain réalisé soit moindre que le dommage subi; dans ce cas, l'action de dol a le caractère pénal *a parte rei tantum*, elle appauvrit le défendeur sans enrichir le demandeur. Dans l'hypothèse qui nous occupe, comme le municipe n'a pas pu commettre le dol, il ne doit compte que de son enrichissement; pour le surplus l'action sera exercée contre les administrateurs. Mais c'est là l'exception; il n'est pas probable que ce soit le cas qu'a prévu le jurisconsulte, il aurait donné à sa pensée une autre forme.

La lecture du texte d'Ulpien nous suggère une seconde observation. Admettons un instant l'interprétation que nos adversaires proposent de la loi 15, § 1 et décidons avec eux qu'elle se réfère à la pénalité. Que nous dit le jurisconsulte ? Il déclare que le municipe n'est pas pénalement responsable du dol de ses décurions. Mais, décide-t-il que si le dol ou tout autre méfait a été commis par les habitants du municipe, il ne pourra pas être imputé à ce dernier ? Nullement. Ce texte ne contredirait donc qu'en partie le système que nous proposons ; son but serait d'établir l'irresponsabilité du municipe à raison des actes de ses magistrats. Même ainsi restreint, l'argument n'a aucune portée, car il se heurte à l'opinion exprimée par Ulpien lui-même dans un fragment que nous citions précédemment, la loi 14, *Ad municipalem* (50, 1) : « *Municipes intelliguntur scire, quod sciant hi, quibus summa reipublicæ commissa est.* » Les magistrats représentent le municipe ; ils sont aussi les représentants des habitants, et si ces derniers peuvent rendre la cité pénalement responsable, les magistrats ont le même pouvoir.

Cujas ne nous donne aucune indication sur ce texte (1). Dans son commentaire sur le titre *De dolo malo*, il ne mentionne même pas la loi 15. Ce silence est volontaire. En effet, ce fragment n'est pas seulement relatif au dol que nous voulons imputer aux municipes ; il s'occupe aussi du dol dont un tuteur peut se rendre coupable, et il en examine les conséquences à l'égard du mineur. A plusieurs reprises, Cujas traite

(1) Cujas, t. I, p. 982. Naples, 1722.

cette dernière question (*in lib. XX, quæst. Papin.*,
t. IV, p. 579; *Emundi Merilli dissertatio*, t. III, p. 860);
par deux fois il cite la loi 15, § 1, D., *De dolo*, mais il
ne l'étudie pas.

Doneau (1) ne résout pas plus la question qui nous
occupe. Voici les termes dans lesquels il s'exprime :
« Datur hæc actio adversus eum, cujus dolo factum est
« id, de quo agitur, non ut actio quod metus causa ad-
« versus alium. Itaque non est hic anxie quærendum,
« deturne hæc actio adversus municipes, decuriones,
« pupillum. Solum hoc videndum, in quo sit dolus, in
« quo non sit. Si quis doli capax est, et dolum admisit,
« hac actione tenetur, quisquis is erit ». La question
importante pour Doneau n'est pas de savoir si l'action
de dol peut être exercée contre un municipe, une curie,
un pupille ; elle réside uniquement dans la recherche
de l'auteur du dol. Cette personne peut-elle se rendre
coupable de dol, c'est un point secondaire que le jurisconsulte n'examine pas.

Le second texte que l'on puisse nous opposer est
une novelle de Majorien : « *Nunquam curiæ a provin-
ciarum rectoribus generali condemnatione mulctentur,
cum utique hoc et æquitas suadeat, et regula juris antiqui, ut noxa tantum caput sequatur, ne propter unius fortasse delictum alii dispendiis affligantur* (2). » Cette no-

(1) Doneau, t. IV, liv. XV, chap. xli, n° 35. Macerata, 1830
(2) Hugo, *Jus civile antejust.*, p. 1386, § 11.

velle est sans importance pour la solution de la question que nous examinons, à raison de l'époque à laquelle elle a été rendue (458). A cette date, les institutions municipales étaient tombées ; la curie était devenue une prison dont chacun cherchait à s'échapper, car elle était responsable du recouvrement des impôts. Dans cette période où les intérêts des curiales étaient si manifestement contraires à ceux de la curie, pouvait-on songer à rendre celle-ci responsable des actes de quelques-uns de ses membres. La curie n'était plus un corps régulier et solidaire et l'on conçoit que Majorien décide : « *ut noxa tantum caput sequatur, ne propter unius fortasse delictum alii dispendiis affligantur.* »

Nous concluons sur ce point en décidant que si la raison s'oppose à ce qu'un municipe commette par lui-même un crime ou un délit, il n'est contraire ni aux textes ni à la logique d'admettre qu'il peut être déclaré pénalement responsable de certains actes de ses administrateurs ou de ses habitants, au moins jusqu'à une époque assez avancée du Bas-Empire.

CHAPITRE III

RESPONSABILITÉ CIVILE DES MUNICIPES

En reconnaissant à la charge des municipes un principe de responsabilité pénale, nous lui avons assigné les limites qu'il comportait à notre avis. Nous avons restreint aux actes de leurs administrateurs et de leurs habitants les manifestations qui peuvent avoir pour conséquence de les obliger. Mais, outre la répression qui se traduit sous des formes diverses, les crimes et les délits peuvent donner lieu à des réparations pécuniaires. Les municipes sont-ils tenus du payement de ces indemnités? C'est la question que nous allons examiner en suivant le même ordre que dans le chapitre précédent :

1° Responsabilité civile des municipes résultant des crimes ou délits commis par leurs magistrats ;

2° Responsabilité civile des municipes à raison des dommages causés par leurs habitants.

Dans un appendice, nous rechercherons quelle est l'étendue de l'obligation qui peut être imposée aux municipes à l'occasion du préjudice causé par ceux de leurs représentants qui ne sont pas des magistrats, par les êtres animés ou les choses dont ils ont la propriété.

§ 1. *Responsabilité civile des municipes résultant des crimes ou délits commis par leurs magistrats.* — Parmi les faits illicites dont une personne peut se rendre coupable, il en est certains qui forment l'objet du droit pénal et qui donnent lieu à des peines corporelles ou autres, mais dont la partie lésée ne profite pas, ce sont les *crimina* (1). Les actes de cette nature obligent ceux qui les commettent; nous avons indiqué la mesure dans laquelle les municipes pouvaient en être déclarés responsables. A côté de ces *crimina*, les lois romaines déterminent certains actes qui donnent aux personnes qui en sont victimes le droit d'exiger une certaine somme d'argent, ce sont les délits et les quasi-délits.

En admettant le principe de responsabilité pénale des municipes, nous avons indiqué les restrictions qu'il comportait. La nature de ces personnes juridiques s'oppose à ce que certains crimes puissent leur être imputés, à ce qu'elles encourent certaines peines. Les crimes dont elles sont responsables doivent présenter des caractères d'une gravité exceptionnelle, tels

(1) Accarias, *Précis de droit romain*, t. II, n° 665.

que la trahison de Capoue, et qui répugnent à l'application d'autres pénalités que celles qui furent infligées à la capitale de la Campanie. Ces actes ne peuvent pas donner lieu à une réparation civile.

Mais, outre ces *crimina*, les magistrats du municipe peuvent se rendre coupables de ces délits privés auxquels nous faisions allusion, il n'y a qu'un instant, et qui n'entraînent que des condamnations pécuniaires. Nous croyons que le municipe doit en assumer la responsabilité, quel que soit le profit qu'il en ait retiré, lorsque ses administrateurs, agissant en cette qualité, ont commis ces actes dans son intérêt : c'est contre lui que l'action en réparation doit être dirigée.

Cependant, cette idée semble contredite par deux textes d'Ulpien, la loi 15, § 1, D., *De dolo*, 4. 3, et la loi 4, D., *De viet de vi armata*, 43, 16. Nous avons analysé le premier de ces deux fragments dans la section précédente. Le jurisconsulte se demande si l'action de dol peut être exercée contre un municipe, et il répond : « *Sed si quid ad eos pervenit ex dolo eorum, qui res eorum administrant : puto dandam. De dolo autem decurionum in ipsos decuriones dabitur de dolo actio.* » Ulpien paraît dire que le municipe n'est civilement responsable du dol de ses administrateurs, que si les résultats en ont tourné à son profit, et jusqu'à concurrence du profit qu'il en a retiré; pour le surplus, la partie lésée a une action de dol contre les décurions. Nous avons vu, par l'explication que nous avons don-

née de ce texte, que cette interprétation était fort contestable. Nous croyons avoir suffisamment établi que
l'hypothèse prévue par ce texte est différente de celle
qui nous occupe ; le jurisconsulte suppose un dol commis par les administrateurs du municipe dans leur intérêt personnel, et dont la cité a retiré un avantage
indirect. S'il en est ainsi, il est naturel que le municipe
doive compte du bénéfice qui est résulté pour lui de ce
dol, car il serait injuste qu'il pût s'enrichir au détriment d'autrui. Mais, ce n'est pas là l'hypothèse que
nous prévoyons ; nous supposons que les magistrats
ont agi en leur seule qualité de représentants du municipe et, dans ce cas, nous admettons la responsabilité
civile exclusive de cette personne juridique ; c'est à
elle que la partie lésée doit demander compte du dol
de ses administrateurs, quel que soit le profit qu'elle en
ait retiré ; c'est une conséquence de la personnalité.

. Le second texte que l'on puisse opposer à notre
théorie est conçu dans des termes d'où se dégage la
même idée, c'est la loi 4, D., *De vi et de vi armata*, 43,
16 : « *Si vi me dejecerit quis nomine municipum, in municipes mihi interdictum reddendum, Pomponius scribit,
si quid ad eos pervenit.* » Le possesseur d'un immeuble
dépossédé violemment au nom d'un municipe peut obtenir contre lui l'interdit *unde vi*, s'il a tiré profit de la
dépossession et détient tout ou partie de l'immeuble.
Ce texte, qui semble contredire notre opinion d'une
manière formelle, n'est pas plus probant que le précé-

dent. Ulpien ne nous dit pas que la dépossession a été faite par un magistrat, comme représentant du municipe; il suppose qu'elle est l'œuvre d'une personne quelconque, *quis*, qui a agi au nom du municipe, mais non pas comme l'un de ses administrateurs. Le jurisconsulte ne déclare nullement que le *dejiciens* est le représentant légal du municipe, il n'y pense même pas; s'il avait eu en vue ce cas, présenterait-il comme hypothétique la possession du municipe, *si quid ad eos pervenit?* Si le *dejiciens* avait agi comme représentant et dans l'intérêt de la cité, celle-ci aurait certainement la possession de l'immeuble enlevé violemment. Par conséquent, si Ulpien ne donne l'interdit *unde vi* contre le municipe que s'il a tiré profit de la dépossession, il ne suppose pas une représentation régulière.

Nous croyons donc que le municipe est civilement responsable des actes de ses magistrats, toutes les fois qu'ils ont agi en cette qualité, et dans son intérêt exclusif. Nous n'avons, à l'appui de notre opinion, d'autres textes à citer que ceux que nous venons d'expliquer. En prouvant qu'ils n'étaient d'aucun poids en faveur du système contraire à celui que nous soutenons, nous avons montré qu'ils servaient d'appui à notre théorie. Si l'action de dol et l'interdit *unde vi* sont donnés contre un municipe, lorsque le dol et la dépossession n'ont pas eu lieu pour son compte, il est logique d'admettre que ces actions pourront être dirigées contre lui lorsqu'il sera seul à tirer profit du dol et de la dépossession. La responsabilité des municipes est une conséquence de leur personnalité ; il nous suffisait de démontrer qu'elle n'est pas démentie par les textes.

Le municipe responsable ne supporte pas définitivement la charge qui résulte pour lui des actes de ses administrateurs. Les magistrats sont tenus à l'égard de la cité du dommage qu'ils lui ont causé par leur fraude ou leur négligence : « *Magistratus reipublicæ non dolum solummodo, sed et latam negligentiam, et hoc amplius etiam diligentiam debent* (1) ». La loi de Malaga nous apprend que, pour assurer le recours du municipe contre ses administrateurs on exigeait d'eux certaines garanties ; les personnes qui se présentaient pour remplir les fonctions de duumvir et de questeur devaient, avant les élections, donner caution pour la gestion des deniers dont ils auraient le maniement. Après le dépouillement, et avant d'entrer en fonctions, les magistrats élus prêtaient le serment de se conformer aux lois du municipe et d'agir dans l'intérêt commun des habitants. Ils devaient rendre des comptes à la curie ou à trois commissaires nommés par elle ; ils pouvaient encourir des peines pécuniaires à raison de leur dol ou de leurs fautes.

Aucune disposition n'établit en termes précis le re-

_____

(1) Ulpien, L. 6, D., *De adminis. rerum ad civitates pertinentium*, 50, 8.

cours du municipe déclaré responsable des délits de
ses administrateurs. Mais, en lui permettant d'agir
contre eux pour le dol et les fautes qu'ils ont pu commettre dans leur gestion, les textes ne lui accordent-
ils pas implicitement un recours à raison des actes
dommageables dont ils se rendent coupables à l'égard
des tiers et dont les conséquences sont supportées par
le municipe? S'il ne s'agit pas dans les deux cas d'actes de même nature, il n'en est pas moins vrai que les
résultats sont les mêmes pour le municipe, et il nous
semble logique de lui accorder, dans le second cas,
l'action que les lois romaines lui accordent d'une manière formelle dans le premier cas.

§ 2. *Responsabilité civile des municipes à raison des
dommages causés par leurs habitants.* — En rendant les
municipes civilement responsables des délits privés
commis par leurs administrateurs, nous avons obéi à
une considération sur laquelle nous avons insisté dans
le chapitre précédent ; cette obligation a sa raison d'ê-
tre dans les rapports qui existent entre les cités et leurs
représentants. Mais, il ne nous est pas possible de nous
prévaloir de la même idée, quand il s'agit de délits
commis par leurs habitants. C'est ici surtout qu'il est
utile de dire avec Stieber (1) : « Deinde nec dissimulari

(1) Stieber, dans Haubold, *Opuscula academica*, t. II, *præfatio*, p. 73.

« debet, quemadmodum pœnarum, ita etiam delicto-
« rum quædam genera esse, quæ in universitatem
« ipsam pro singulari ejus natura sane nulla ratione
« cadant ». Les municipes ne sont responsables que
des crimes qui ont un caractère collectif, comme ceux
que cite Barthole, *seditio*, *rebellio*; l'histoire nous permet d'ajouter l'exemple de la trahison de Capoue.
Quant aux délits privés, la pensée se refuse à concevoir qu'ils puissent être imputés à la personne juridique; il faut appliquer la règle : « *Peccata igitur suos*
« *teneant auctores; nec ulterius progrediatur metus,*
« *quam reperiatur delictum* » (L. 22, C., *De pœnis*, 9,
47).

Cependant, si les principes du droit commun con-
duisent à cette solution, nous devons nous demander
si, par exception, les municipes ne peuvent pas être
tenus des conséquences des actes dommageables commis par leurs habitants, et si les lois romaines ne con-
tiennent pas de règles analogues à celles que nous
rencontrons dans notre ancien droit dès l'époque la
plus reculée et qui ont été consacrées par le droit intermédiaire et la législation moderne.

La question ne peut se poser qu'autant qu'il s'agit
d'attentats commis par des attroupements, car les faits
isolés dont les particuliers se rendent coupables leur
sont imputables, tant au point de vue pénal qu'au point
de vue civil. Cependant si le municipe avait tiré profit
de l'un de ces actes, il en devrait compte à la partie

lésée. C'est, croyons-nous, l'hypothèse prévue par Ulpien dans la loi 4, D., *De vi et de vi armata*, 43, 16 : « *Si vi me dejecerit quis nomine municipum, in municipes mihi interdictum reddendum, Pomponius scribit, si quid ad eos pervenit.* » Ulpien et Pomponius pensent que le municipe est tenu jusqu'à concurrence du profit qu'il a tiré de la dépossession. Cette décision est conforme aux principes généraux du droit, personne ne doit s'enrichir injustement au détriment d'autrui.

En dehors de cette hypothèse, peut-on dire que la loi romaine ait imposé au municipe l'obligation de réparer les dommages causés par ses habitants, la garantie des délits qui ont un caractère collectif et public? Aucun texte n'établit d'une manière précise cette responsabilité civile des municipes ; toutefois, il semble qu'elle soit reconnue dans une certaine mesure lorsque les résultats des délits commis par les habitants ont tourné au profit du municipe et jusqu'à concurrence de l'avantage qu'il en a retiré. Par exemple, si des habitants dépouillent violemment une personne de la possession d'un immeuble au profit de la cité. Ulpien, dans un texte que nous avons déjà cité, la loi 9, §§ 1 et 3, D., *Quod metus causa*, 4, 2, décide que l'action *quod metus causa* doit être donnée contre le municipe, lorsque ses membres se sont rendus coupables de violence, et il cite l'exemple suivant : les habitants de Capoue avaient arraché à un individu une promesse écrite (*cautio pollicitationis*) ; en conséquence celui-ci

avait à son choix une action ou une exception contre
la ville (1). C'était l'application des règles ordinaires
du droit en cette matière : la personne lésée peut agir
non seulement contre l'auteur même de la violence,
mais aussi contre le tiers qui en a simplement béné-
ficié (L. 14, §§ 3 et 5, D., *Quod metus causa*, 4, 2);
dans l'espèce, la ville de Capoue était ce tiers, et c'était
contre elle que l'action *quod metus causa* devait être
exercée, car elle avait, en vertu de cette pollicitation,
une créance contre la personne violentée.

Ulpien ne détermine pas, dans ce texte, dans quelle
mesure la cité est obligée, lorsqu'elle est poursuivie en
vertu d'une action *quod metus causa* : ne sera-t-elle,
dans tous les cas, tenue que jusqu'à concurrence de
son enrichissement, ou bien faudra-t-il appliquer les
règles générales relatives à l'action *quod metus causa*?
Cette action, lorsqu'elle est dirigée contre les tiers qui
ont profité de l'acte fait *metu*, entraîne une condamnation égale au quadruple du profit réalisé ; mais, comme
elle est arbitraire, le tiers bénéficiaire est absous s'il
fait la restitution ordonnée par le juge. Si le municipe
est tenu de l'action *quod metus causa*, ses représentants devront fournir la *satisfactio* fixée par le juge ;
à défaut de cette restitution le municipe est condamné
au quadruple. C'est là que réside tout l'intérêt de la
question que nous avons soulevée. Ulpien ne l'a pas

____

(1) De Savigny, t. II, § 95.

résolue ; il n'avait pas à le faire dans l'hypothèse qu'il examinait. Il s'agissait d'une promesse écrite arrachée par les habitants de Capoue à un individu ; le jurisconsulte ne pouvait pas faire consister la réparation du préjudice causé à cette personne dans une restitution ou une condamnation au quadruple, il devait seulement déclarer la nullité de la dette.

Du reste, il ne faudrait pas exagérer la portée de ce texte : Ulpien n'a eu qu'un but en l'écrivant, établir que la victime de la violence commise par les habitants de Capoue avait deux moyens de défense, une exception pour repousser l'action de la ville et une action pour faire prononcer la nullité de sa dette. Dans le § 1, le jurisconsulte décide qu'une personne juridique peut être déclarée responsable d'un acte de violence ; puis, il démontre que, *dans tous les cas*, la partie lésée a une action et une exception, contrairement à l'opinion de Pomponius qui n'accorde les deux moyens de défense que lorsqu'il s'agit de *negotia perfecta*, et il invoque, à l'appui de son système, une décision rendue en sa présence dans une affaire concernant la ville de Capoue dont les habitants avaient arraché une promesse écrite à un individu. Bien qu'il n'y eût là qu'un *negotium imperfectum*, le préteur avait décidé que la victime avait l'action et l'exception.

Nous croyons donc que les municipes ne sont pas civilement responsables des délits commis par leurs habitants, lorsqu'ils n'en ont tiré aucun profit. Aucun texte, à notre connaissance, ne peut être invoqué en faveur de cette thèse. Nous pourrions citer différents passages du Digeste dans lesquels il est fait allusion à des délits commis par plusieurs personnes ; aucun d'eux ne met en cause le municipe dont ces personnes font partie ; c'est seulement contre les auteurs des actes dommageables que le recours peut être exercé. Il n'est pas probable que le droit romain ait consacré le principe de responsabilité civile des municipes à raison des crimes ou délits commis par leurs habitants. Ce principe n'est pas nouveau dans notre droit ; il a été consacré par notre ancienne législation. Mais, cette responsabilité n'est pas basée sur les règles du droit commun ; à toutes les époques où elle a été reconnue, il a fallu qu'une disposition formelle de la loi vînt mettre à la charge des communautés d'habitants la réparation d'actes qu'elles étaient en faute d'avoir favorisés ou de ne pas avoir empêchés. Pour imposer cette obligation aux municipes, un texte spécial eût été nécessaire et nous n'en connaissons pas.

Cependant, dans le chapitre précédent, sans y attacher plus d'importance qu'ils ne comportaient, nous avons cité deux fragments, l'un de Scævola, la loi 19 D., *Ad municipalem* (50, 1) et l'autre d'Ulpien, la loi 160 § 1, D., *De diversis regulis juris antiqui* (50, 17). Le second de ces textes soulève une difficulté que nous allons essayer d'aplanir : « *Refertur ad universos, quòd publice fit per majorem partem.* » Il y a dans cette disposition l'expression d'une règle générale que nous avons invoquée pour établir la responsabilité pénale des municipes, mais nous ne pouvons pas pousser plus loin l'application. Sans aucun doute, Ulpien veut dire que lorsqu'il s'agit des affaires publiques, les décisions prises par la majorité dans une réunion du peuple s'imposent à tous. Il suppose une résolution régulièrement prise : si elle est criminelle, le municipe lui-même en subira les conséquences. Quand il s'agit de délits, la pensée n'arrive pas à concevoir qu'ils puissent être commis de cette manière : leur nature s'y oppose. Aucun texte n'établit donc la responsabilité des municipes à raison des dommages causés par leurs habitants. Toutefois, s'ils ont tiré profit des délits commis par leurs membres, ils en sont débiteurs : l'action *de in rem verso* peut être dirigée contre lui à raison de son enrichissement, car le principe de cette action, d'abord restreint au père de famille et aux personnes sous sa puissance, a été généralisé par la suite et appliqué à toute *in rem versio*, même entre personnes qui ne sont liées par aucune puissance, *liberæ personæ* (Papinien, L. 31, pr. D., *De negotiis gestis*, 3, 5; Dioclétien et Maximien, L. 7, § 1, C., *Quod cum eo*, 4, 26) (1).

(1) Maynz, *Traité des obligations*, p. 226.

APPENDICE

RESPONSABILITÉ CIVILE DES MUNICIPES A RAISON DES
DOMMAGES CAUSÉS PAR CEUX DE LEURS REPRÉSEN-
TANTS QUI NE SONT PAS DES MAGISTRATS, PAR LES
ÊTRES ANIMÉS OU LES CHOSES DONT ILS ONT LA
PROPRIÉTÉ.

Nous savons que le municipe est une personne morale apte à avoir des droits ou des obligations : les textes nous le montrent comme propriétaire, créancier, débiteur. Aucune limitation n'est apportée à son droit de propriété; le municipe peut acquérir des esclaves, des animaux, des biens mobiliers ou immobiliers. Il est aussi libre dans l'administration de son patrimoine. Le plus souvent, il loue les immeubles; mais rien ne s'oppose à ce qu'il les exploite lui-même, ainsi que le constate Pline (*Epist.*, liv. VII, XVIII), qui fait cependant prévaloir les avantages de la location. Quant aux propriétés mobilières, il en détermine également le mode de jouissance.

Lorsqu'un municipe exploite ses propriétés, et se réserve la jouissance directe de ses biens, il doit avoir recours à l'entremise de certaines personnes qui sont ses représentants, mais non ses magistrats. Sa situation à l'égard de ces préposés est la même que celle de tout propriétaire ; il peut donc encourir la même responsabilité. Or, toute personne est tenue des conséquences des délits dont se rendent coupables les agents qu'elle emploie ; c'est ce qu'établit Gaius (L. 5, § 6, D., *De oblig. et action.*, 44, 7) : « *Item exercitor navis, aut cauponæ, aut stabuli, de damno aut furto, quod in nave, aut caupona, aut stabulo factum sit, quasi ex maleficio teneri videtur ; si modo ipsius nullum est maleficium, sed alicujus eorum, quorum opera navem, aut cauponam, aut stabulum exerceret : cum enim neque ex contractu sit adversus eum constituta hæc actio, et aliquatenus culpæ reus est, quod opera malorum hominum uteretur : ideo quasi ex maleficio teneri videtur* ». Ce texte impose à l'*exercitor navis* ou au propriétaire de l'auberge, une obligation qui a sa cause dans le choix qu'elle a fait de son représentant ; car on n'est pas sans reproche ni exempt de faute lorsqu'on emploie des hommes maladroits, imprudents ou méchants à des fonctions dans lesquelles ou à l'occasion desquelles ils peuvent causer des dommages à autrui. Le municipe, comme tout propriétaire, est responsable des délits commis par ses préposés.

Nous avons vu, dans le cours de notre étude, que la notion de personnalité des municipes ne s'était dégagée qu'insensiblement des concessions successives qui leur avaient été faites. Toutefois, le droit de posséder des esclaves semble leur avoir été reconnu de tout temps ; les textes ne laissent aucun doute à cet égard, et Marcien n'en parle que pour dire que le *servus communis civitatis* est l'esclave de la cité et non pas de chacun de ses membres (L. 6, § 1, D., *De divis. rerum*, 1, 8). Les esclaves jouent un rôle important dans la vie civile du municipe : ils lui permettent d'acquérir la possession, la propriété ; ils demandent pour lui la *bonorum possessio*. Les droits de la cité sur ses esclaves sont les mêmes que ceux de tout autre propriétaire ; toutes les acquisitions qu'ils réalisent lui profitent ; ils peuvent la rendre propriétaire ou créancière ; ont-ils le pouvoir de l'obliger ? D'après les règles du droit civil romain, l'esclave ne pouvait pas obliger son maître par ses actes (L. 133, D., *De regulis juris*, 50, 17 ; L. 12, § 1, C., *De acquir. et retin. poss.*, 7, 32). Cette règle était particulièrement nécessaire à l'égard des esclaves, que l'indifférence ou la haine eussent aisément portés à compromettre un patrimoine sur lequel ils n'avaient ni droits, ni espérances (1). Quant aux contrats et aux quasi-contrats qui pouvaient être passés par les esclaves, la législation prétorienne apporta plusieurs exceptions au principe rigoureux du droit civil et permit aux personnes qui avaient traité avec les individus en

____

(1) Accarias, *Précis de droit romain*, t. II, n° 876.

puissance de recourir contre le chef de famille; de là les actions *quod jussu, exercitoria, institoria, tributoria, de peculio* et *de in rem verso*. Rien ne s'opposait à ce que l'une de ces actions fût exercée contre le municipe.

En ce qui concerne les délits commis par les esclaves, ils pouvaient obliger leurs maîtres; mais ces derniers échappaient aux conséquences de ces délits en abandonnant leurs auteurs aux parties lésées. En effet, l'esclave n'ayant aucun bien, on ne pouvait pas lui réclamer la réparation du préjudice causé. D'autre part, l'intérêt social exigeait qu'un délit ne restât pas impuni, ou plutôt que la victime ne supportât pas les conséquences de cet acte préjudiciable, quel qu'en fût l'auteur. De bonne heure on reconnut la nécessité de cette satisfaction, et déjà, dans la loi des Douze Tables, nous voyons apparaître le principe de l'abandon noxal, c'est-à-dire l'obligation pour le maître d'abandonner son esclave à la partie lésée, à moins qu'il ne préfère payer le montant de l'estimation du litige. « Cet abandon, dit Bonjean (1), est l'application d'une idée générale que les Romains paraissent avoir considérée comme essentielle à la propriété, à savoir, que le propriétaire ne doit pas éprouver, par les choses qui lui appartiennent, un dommage supérieur à la perte des choses elles-mêmes. »

L'action noxale a sa cause dans un délit commis par

(1) Bonjean, *Traité des actions*, t. II, p. 285.

l'esclave et qui fait naître à sa charge une obligation
personnelle ; elle n'est pas fondée sur le principe que
le maître doit surveiller son esclave, car elle se donne
toujours contre le propriétaire actuel de l'esclave, et
non contre celui qui en avait la propriété au moment
où le délit a été commis Le maître n'est tenu que
propter rem ; de là la maxime *noxa caput sequitur* (L. 2,
pr., D., *Si ex noxali causa agatur*, 2, 9), ou *noxalis
actio caput sequitur* (Inst., liv. IV, t. VIII, § 5). La formule de l'action est délivrée *cum noxæ deditione*, c'est-
à-dire avec une clause qui, même après la condamnation, laisse maître de l'esclave le choix entre le
payement de la *litis æstimatio*, peine infligée au délit,
et l'abandon noxal.

Nous avons supposé jusqu'ici que l'esclave avait agi
spontanément. Il pourrait se faire que son maître lui
eût donné l'ordre formel de commettre un délit, ou
qu'il s'en fût rendu coupable *domino sciente et non prohibente* ; dans ce cas, le maître serait seul obligé
comme s'il était l'auteur du délit. Cependant, si le fait
ordonné présentait *atrocitatem sceleris aut facinoris*, le
maître serait tenu de deux actions, l'une directe fondée
sur sa propre obligation, l'autre noxale fondée sur l'o-
bligation de l'esclave. Mais, il faut remarquer que la
partie lésée ne peut pas cumuler ces deux actions ; elle
a le droit de choisir entre ces deux voies de recours.

Les actions noxales ne supposent pas une violation
de droit de la part des personnes contre lesquelles

elles sont dirigées ; elles ne sont pas fondées sur le principe que le maître doit surveiller son esclave, car, ainsi que nous le constations précédemment, elles ne sont pas données contre celui qui était propriétaire de l'esclave lors du délit, mais contre celui qui le possède actuellement. Ces actions peuvent donc être exercées contre les municipes, comme contre tout autre propriétaire.

Cependant, il est une question qui doit arrêter notre attention. Nous avons dit qu'un esclave avait pu commettre un délit sur l'ordre formel de son maître, ou même, *domino sciente et non prohibente*, et nous avons ajouté que, dans ce cas, la partie lésée avait deux actions, l'une directe fondée sur l'obligation du *dominus*, l'autre noxale fondée sur l'obligation de l'esclave. Or, quand il s'agit d'un municipe, c'est-à-dire d'un être fictif dépourvu de volonté propre, l'ordre de commettre un délit ne peut émaner que de ses représentants : contre qui l'action directe sera-t elle exercée, contre le municipe en sa qualité de propriétaire, ou contre ses représentants ?

Nous avons admis que le municipe était civilement responsable des délits commis par ses magistrats ; mais, ce principe n'est exact qu'autant qu'ils ont agi dans l'intérêt et comme représentants de la cité. En est-il ainsi dans l'hypothèse que nous examinons ? Nullement ; le plus souvent, il n'y aura dans l'intervention de ces magistrats que la satisfaction d'une vengeance ;

il serait injuste qu'ils pussent en faire subir toutes les conséquences au municipe qu'ils sont chargés d'administrer. Lorsqu'un magistrat a donné à un esclave de la cité l'ordre de commettre un délit, il y a deux coupables au lieu d'un ; la partie lésée peut agir contre ce magistrat et contre la cité.

Responsabilité des municipes à raison des dommages causés par les animaux qui leur appartiennent. — Le propriétaire d'un animal est responsable du dommage qu'il a causé. La loi des Douze Tables donnait à la partie lésée une action *de pauperie*, action noxale en vertu de laquelle le maître de la bête devait en faire l'abandon ou payer le montant de la *litis æstimatio*. Le principe de cette action est le même que celui que nous avons rencontré dans l'action noxale exercée à l'occasion du délit commis par un esclave ; à savoir, que les dommages causés par notre chose, sans notre propre fait, nous soumettent à une obligation qui a cette chose pour tout gage. Le défendeur se libère en abandonnant l'animal (Inst., liv. IV, t. IX, pr.). Cette action *de pauperie* peut être dirigée contre un municipe ; rien ne s'oppose à ce qu'il soit déclaré responsable des divagations des animaux qui lui appartiennent, *si quidem lascivia aut fervore, aut feritate pauperiem fecerint.*

Ce n'étaient pas là les seules charges que les lois romaines imposaient aux propriétaires. D'après le droit civil, le propriétaire, menacé par l'écroulement d'une maison contiguë à son fonds, ou par tout autre accident de cette nature, ne pouvait pas obliger son voisin à prendre des mesures préventives contre ce danger ; si la maison tombait, il n'avait pas le droit d'exiger l'enlèvement des décombres. Cette décision était injuste. Aussi, le préteur vint-il au secours du propriétaire menacé et n'admit pas que son voisin pût se refuser à prévenir les dommages que sa chose pouvait occasionner. Considérant sa négligence comme une faute, il l'obligea à fournir une *cautio damni infecti* par laquelle il s'engageait à réparer le préjudice causé par son immeuble : cette *cautio damni infecti* consistait dans une simple promesse.

Faut-il appliquer ces règles aux municipes ? Nous le croyons. Remarquons bien, en effet, que la *cautio damni infecti* a un caractère particulier ; c'est la seule garantie qui soit donnée contre le propriétaire insouciant ; en affranchir les municipes, ce serait les soustraire à une obligation qui a sa source dans une cause légitime et leur faire une situation plus favorable qu'aux autres propriétaires. Du reste, nous pouvons citer, à l'appui de notre opinion un texte d'Ulpien, la loi 15, § 27, D., *De damno infecto*, 39, 2 : « *Sed in vectigali prædio ; si municipes non caverint ; dicendum est, dominium per longum tempus adquiri.* »

Cette promesse doit être faite par l'*actor* ou *syndicus* au nom du municipe.

Nous disions précédemment que la *cautio damni infecti* consistait dans une simple promesse : ceci n'est

vrai que lorsque la *cautio* est fournie par le propriétaire ; elle implique *satisdatio* lorsque le promettant y
figure *alieno nomine*. Quand il s'agit d'un municipe, on
peut se demander si cette *satisdatio* est nécessaire. Nous
croyons que cette obligation doit être imposée au *syndicus*, bien que le rapport qui existe entre le municipe
et lui soit plus intime que celui qui unit un mandataire
à son mandant, car la loi romaine le considère comme
agissant *alieno nomine* et le met dans la nécessité de
fournir la *cautio de rato* s'il est demandeur, la *cautio ju-
dicatum solvi* s'il est défendeur, toutes les fois qu'il
exerce une action au nom de la cité.

DROIT FRANÇAIS

DE LA RESPONSABILITÉ DES COMMUNES

La commune est la circonscription placée au degré inférieur de la hiérarchie administrative ; mais elle n'est pas seulement une circonscription et une unité administratives, elle est aussi une personne civile, c'est là son caractère le plus ancien que nous avons rencontré en droit romain, et que le législateur moderne a consacré. Personne morale susceptible de la plupart des actes de la vie civile, la commune a une existence propre et un patrimoine distinct du patrimoine individuel de chacun de ses membres ; elle peut comparaître en justice, acquérir ou aliéner, contracter des obligations et encourir une responsabilité. La commune peut être soumise aux mêmes poursuites que les particuliers, à raison des faits préjudiciables

aux droits et intérêts d'autrui. Sans doute, son caractère fictif s'oppose à ce qu'elle commette personnellement des délits ou des quasi-délits, mais elle est re présentée par des administrateurs désignés par le choix de ses habitants et d'autres préposés qui peuvent engager sa responsabilité. En outre, si loin que l'on pousse l'idée de personnalité, la pensée n'arrive pas à séparer la commune de ceux qui la composent, car ce sont eux qui profitent des droits de la commune et qui supportent les charges qui la grèvent ; aussi s'explique-t-on que le législateur ait pu rendre la commune responsable des actes illicites commis par ses habitants ; ceux-là mêmes qui ont commis les délits en subissent les conséquences.

C'est à ces deux points de vue que nous nous placerons successivement ; nous examinerons : 1° la responsabilité que peuvent faire encourir à la commune les actes de ses administrateurs, par application des dispositions du Code civil, ou, plus brièvement, la responsabilité de droit commun ; 2° la responsabilité que la loi fait peser sur elle dans des cas particuliers, notamment à raison des dégâts et dommages causés par des attroupements.

PREMIÈRE PARTIE

———

RESPONSABILITÉ DE DROIT COMMUN

———

Les communes sont soumises au droit commun en matière de responsabilité, les art. 1382, 1383, 1384, 1385, 1386 du Code civil leur sont applicables ; mais comme elles sont incapables d'accomplir par elles-mêmes des actes qui portent préjudice à autrui, elles ne peuvent que répondre du fait et de la négligence des personnes préposées à leur administration. C'est l'art. 1384-3° qui s'applique plus particulièrement ; il est ainsi conçu :
« Les maîtres et les commettants (sont responsables)
« du dommage causé par leurs domestiques et prépo-
« sés dans les fonctions auxquelles ils les ont em-
« ployés. »

Cependant, on a soutenu que les communes ne pouvaient pas être obligées par les délits ou quasi-délits de leurs représentants parce que, du moment où ceux-ci commettent des actes de cette nature, ils excèdent 'eur mandat et ne sont plus les représentants des communes. Si cette idée est vraie quand il s'agit des rapports de la commune et de ses administrateurs, elle doit l'être dans les relations d'un commettant quelconque et de ses préposés; or, le texte de l'art. 1384-3°, sa place et son esprit ne permettent aucun doute sur ce point. Quel serait le sens de cette disposition, placée dans le chapitre des délits et des quasi-délits, si elle n'avait pour but de rendre le commettant responsable des actes de cette nature dont ses préposés ont pu se rendre coupables? Puisque la responsabilité des maîtres et commettants repose sur une présomption de faute, il est naturel de supposer que le préposé a dépassé les limites de son mandat, qu'il a excédé ses pouvoirs. Quel serait le but de l'art. 1384-3°, si la responsabilité des commettants n'existait que dans les termes d'un mandat rigoureusement tracé? Cette solution ne saurait être contestée, la jurisprudence l'a consacrée à diverses époques ; il a été jugé qu'il suffisait, pour que le commettant fût responsable du dommage causé par son préposé; que l'acte répréhensible de celui-ci se rattachât à l'objet de son mandat. « En ce qui touche l'objection, dit un arrêt de la Cour d'Orléans du 21 décembre 1854 (1), tirée de ce que X... et X..., s'ils ont commis les actes qu'on leur reproche,

(1) S., 55, 2, 661.

auraient agi contrairement à leurs instructions formelles, et que la Compagnie de l'Aigle ne saurait être
responsable de ce qu'ont fait ses agents en dehors de
leur mandat ; considérant qu'il suffit que les actes répréhensibles des préposés se rattachent à l'objet de
leur mandat et aient eu lieu à l'occasion de son exécution, pour qu'aux termes de l'art. 1384, leurs commettants soient responsables ; que, si les commettants
avaient participé aux dits actes répréhensibles par les
instructions qu'ils auraient données à leurs préposés,
ce ne serait plus seulement un cas de responsabilité,
mais bien un cas de complicité ».

Il a encore été jugé que, lorsqu'un préposé de l'octroi a été condamné pour crime à une peine corporelle et à une somme à titre de dommages-intérêts,
l'administration de l'octroi ne peut se soustraire à la
responsabilité civile de ces dommages, sous le prétexte
qu'une administration n'est pas responsable d'un crime
pour lequel elle n'a pas donné de mandat (trib. de Marseille, 10 février 1824 ; Aix, 18 août 1824 ; Cass., Req.,
19 juillet 1826) (1). Cette solution, admise par la jurisprudence lorsqu'il s'agit d'un commettant ordinaire et
de l'administration de l'octroi, doit être étendue à la
commune.

Cependant certains auteurs contestent cette idée.

(1) S., 1827, 1, 232.

M. Laferrière (1), sans s'expliquer d'une manière formelle sur ce point, semble rejeter l'application de l'art. 1384 aux communes : ce savant auteur, en effet, après avoir démontré que l'art. 1384 ne s'applique pas à l'Etat, et en avoir conclu que la compétence est administrative dans les cas où l'Etat peut être obligé, dit que les actions en responsabilité dirigées contre les communes sont soumises aux mêmes règles de compétence que les actions dirigées contre l'Etat. Il invo_ que la jurisprudence du tribunal des conflits qui repose uniquement sur cette considération que les rapports des administrations publiques avec les fonctionnaires qui les représentent ne sont pas des rapports de commettant à préposé, régis par l'art. 1384 du Code civil, mais des rapports d'ordre administratif, et il généralise cette considération, en l'étendant aux rapports des administrations locales avec la plupart de leurs représentants et agents. M. Laferrière en tire cette conséquence, c'est que les tribunaux judiciaires sont incompétents pour connaître des actions en responsabilité exercées contre une commune, à raison des fautes commises par ses agents; or, s'il admet le bien fondé de la conséquence, il doit reconnaître le principe dont elle découle, c'est-à-dire que l'art. 1384 est inapplicable aux communes. Quoique M. Laferrière n'admette cette solution que comme une conséquence ou plutôt

(1) Laferrière, *Traité de la jurisp. adm. et des recours contentieux*, liv. III, ch. ix, n° 2, p. 634.

comme une extension de la théorie qu'il établit et qu'une jurisprudence générale a consacrée pour l'Etat, nous ne pouvons pas, sans sortir du cadre de notre étude, discuter les arguments qui sont invoqués à l'appui de cette thèse; notre tâche est plus restreinte, nous nous bornerons à démontrer que l'art. 1384 est applicable aux communes.

Les décisions du tribunal des conflits et du Conseil d'Etat semblent manifestement contraires à notre opinion, car, bien qu'elles aient été rendues à propos d'actions dirigées contre l'Etat, les termes généraux qu'elles emploient ne répugnent nullement à une extension. « La responsabilité qui peut incomber à l'Etat, « dit une décision du tribunal des conflits, du 8 février « 1873 (aff. Blanco), pour dommages causés aux par- « ticuliers par le fait des personnes qu'il emploie dans « le service public, n'est pas régie par les principes « établis par le Code civil pour les *rapports entre par-* « *ticuliers*; elle a ses règles spéciales qui varient sui- « vant les besoins du service et la nécessité de conci- « lier les droits de l'Etat avec les droits privés. » Divers arrêts du Conseil d'Etat établissent, d'une manière aussi précise, que les principes du Code civil ne concernent que les rapports de particulier à particulier (1). Malgré les termes de ces arrêts, qui semblent formels, on peut se demander si la conséquence qu'on en tire,

(1) Conseil d'Etat, 6 décembre 1855 (Rothschild) ; 1er juin 1861 (Baudry) : 7 mai 1862 (Vincent).

relativement aux communes, est exacte. Il est certain que le tribunal des conflits et le Conseil d'Etat n'admettent pas l'application de l'art. 1384 quand il s'agit de l'Etat ; mais, quand on lit les décisions rendues sur ce point, on peut constater que la question dominante vers laquelle convergent tous les arguments, c'est la question de compétence, et l'on n'arrive à admettre la compétence administrative qu'en excluant l'application de l'art. 1384. Ce dernier point est subsidiaire, il n'est qu'un moyen d'arriver à un autre but, et il est permis de se demander si on peut se prévaloir de la généralité des termes employés dans ces divers arrêts, pour les étendre à une hypothèse qu'ils n'ont pas prévue. La réponse ne semble pas douteuse ; toutes les décisions que nous avons rencontrées établissent d'une manière certaine que l'art. 1384 ne régit que les rapports de particulier à particulier, par conséquent il n'est pas plus applicable aux communes qu'à l'Etat. Cependant nous croyons que le tribunal des conflits et le Conseil d'Etat n'ont pas voulu aller si loin ; leur pensée se trouve contenue tout entière dans le rapport du commissaire du gouvernement, M. David, relativement à l'affaire Blanco (8 février 1873). Il faut distinguer les actions dirigées contre l'Etat, en tant que personne civile, et celles qui sont exercées contre l'Etat, à raison de faits accomplis dans l'exercice de la puissance publique. Au premier cas, l'Etat doit être considéré comme un particulier ; au contraire, lorsqu'il s'agit d'actions dirigées contre l'Etat, puissance publique, l'art. 1384 ne s'applique pas, si des fautes, négligences ou erreurs ont été commises par ses agents. Quoique cette distinction soit contestée, elle a été implicitement consacrée par la jurisprudence administrative, ainsi que le constate Laurent (1); c'est également la théorie de Larombière (2). Si tel est bien l'esprit qui se dégage de ces décisions, on peut hésiter à les étendre de l'Etat aux communes. En effet, nous verrons, en nous occupant de la responsabilité que les actes des officiers municipaux font encourir à la commune, que les attributions d'ordre administratif du maire se divisent en trois catégories : 1° attributions du maire comme délégué du pouvoir central; 2° attributions exercées par le maire comme préposé à la police municipale et à la police rurale; 3° attributions dont il est investi comme chef de l'association communale. Lorsqu'il exerce les premières fonctions, le maire, agissant en qualité de représentant de l'Etat, détient une partie de la puissance publique, et, à ce titre, on peut concevoir que ses actes n'engagent pas la commune; mais, lorsqu'il agit en sa qualité d'administrateur et de préposé à la police locale, la commune doit subir les conséquences de ses actions. Ce système, qui est en harmonie avec la jurisprudence administrative, est admis

(1) Laurent, *Principes de droit civil*, t. XX, p. 634.
(2) Larombière, *Des obligations*, t. VII, p. 617.

par la majorité des auteurs : M. Ducrocq, dans son
Cours de droit administratif (1), reconnaît l'application
de l'art. 1384 du Code civil aux communes, quand il
s'agit de leurs employés, préposés et domestiques.
Larombière (2) l'admet relativement aux actes accomplis par les maires, en leur qualité d'*administrateurs* de
la propriété communale. Pour Demolombe (3), « la
commune est responsable des actes faits par son maire
en sa qualité d'*administrateur*. Or, Larombière et Demolombe écrivaient sous l'empire de la législation
antérieure à la loi du 5 avril 1884, et, d'après les lois
du 14 décembre 1789 et du 18 juillet 1837, les attributions de police du maire étaient comprises parmi
ses attributions comme chef de l'association communale, c'est-à-dire comme *administrateur* du patrimoine
de la commune; par conséquent, la pensée bien évidente de ces auteurs est de ne soustraire la commune
à l'application de l'art. 1384 du Code civil que lorsqu'il
s'agit d'actes accomplis par le maire, en qualité de délégué du pouvoir central. C'est le système que nous
avons admis en le déduisant des décisions mêmes du
tribunal des conflits et du Conseil d'Etat.

Cependant la théorie contraire compte des adhérents :

(1) Ducrocq, *Cours de droit administratif*, t. II, n° 1484,
éd. 1881.
(2) Larombière, *Des obligations*, t. VII, p. 615.
(3) Demolombe, t. XXXI, n° 637.

Merlin (1), au sujet d'un arrêt de la Cour de Pau du 22 juillet 1812, rendu contre une commune déclarée responsable des méfaits de ses officiers municipaux, dit : « Mais où a-t-on vu que le délit d'un administra-« teur ou d'un nombre plus ou moins considérable de « membres d'un corps, peut être imputé au corps « même? » Trolley (2), sans rejeter complètement le principe de responsabilité, le restreint ; il reconnaît la responsabilité de la commune, lorsque le maire a pris la mesure dont on se plaint, en qualité de mandataire et de représentant des intérêts communaux. « Si donc dans « des mesures de police ou de voirie, il commettait des « excès de pouvoir et lésait des droits légitimes, il se-« rait souverainement injuste d'en reporter la respon-« sabilité sur la commune. » Les explications que nous avons données précédemment, en ce qui touche la nature des attributions de police du maire sous l'empire des lois de 1789 et de 1837, suffisent à montrer l'erreur commise par Trolley (3) et la contradiction évidente qu'il y a à admettre la responsabilité de la commune, lorsque le maire agit comme représentant

(1) Merlin, *Quest.*, v° *Resp. des communes*, § 3.

(2) Trolley, *Organis. et comp. administr.*, t. IV, n° 1949, p. 386.

(3) L'ouvrage de Trolley est de 1847 ; l'auteur se place donc sous la législation antérieure à la loi du 5 avril 1884, qui a donné aux attributions de police du maire un caractère nouveau que nous aurons l'occasion de constater.

de ses intérêts économiques, et à l'exclure, lorsque les actes du maire rentrent dans les attributions de police locale. Ajoutons que cet auteur rend la commune responsable aux termes de l'art. 1384, des délits et des quasi-délits que ses autres agents et préposés peuvent commettre dans l'exercice de leurs fonctions. L'autorité de ces deux jurisconsultes ne nous arrêtera donc pas ; nous croyons que l'art. 1384 du Code civil s'applique aux communes, avec la restriction que nous avons indiquée, en ce qui concerne les actes accomplis par le maire en sa qualité de délégué du pouvoir central.

Nous examinerons dans trois sections les questions suivantes :

Première section. — Quelles sont les personnes que l'on peut considérer comme préposés dans le sens de l'art. 1384-3°.

Deuxième section. — Dans quels cas et à quelles conditions la commune est responsable de leurs actes.

Troisième section. — Quelle est l'étendue de la responsabilité de la commune.

PREMIÈRE SECTION. — *Quelles sont les personnes que l'on peut considérer comme les préposés de la commune dans le sens de l'art. 1384-3°.* — Sans entrer dans les détails de l'organisation municipale, nous devons dire, en quelques mots, ce qui constitue le mécanisme de la vie communale. La commune est une personne morale susceptible de droits et d'obligations, mais incapable d'agir et de s'administrer elle-même : aussi le législateur a-t-il dû déterminer les conditions de son existence. Tout acte relatif aux intérêts de la commune doit être en principe l'objet d'une délibération du conseil municipal, mais l'action est confiée au maire, seul représentant au point de vue de la commune. Le conseil municipal représente la commune dans la sphère de la délibération, le maire la représente dans la sphère de l'action : il exécute les décisions du conseil municipal et prend des mesures conservatoires ; c'est de lui que nous nous occuperons d'abord, en nous demandant s'il peut être considéré comme le préposé de la commune dans le sens de l'art. 1384-3°.

Le maire est investi de deux sortes de fonctions ; des fonctions d'ordre judiciaire et des fonctions d'ordre administratif. Parmi les attributions de la première catégorie, il en est une qui présente des caractères particuliers, celle dans laquelle le maire nous apparaît comme l'auxiliaire du ministère public, comme magistrat de l'ordre judiciaire. Les actes qu'il accomplit en cette qualité peuvent-ils engager la responsabilité de la commune? Nous ne le pensons pas ; cette opinion, admise par certains auteurs (1), s'appuie sur un arrêt de la Cour de Besançon (2) qui, assimilant

(1) Sourdat, *Traité de la responsabilité*, t. II, p. 496.
(2) Besançon, 23 juin 1873; D., 74, 2, 145. — Dijon, 21 mars 1835, Cass., 19 avril 1836; S., 37, 1, 163.

le maire, officier de police judiciaire, aux juges proprement dits, le fait participer ainsi à l'exercice de la puissance publique, et soustrait la commune aux conséquences de ses actes.

Les attributions d'ordre administratif du maire son de trois sortes : 1° Attributions du maire comme délégué du pouvoir central : 2° attributions dont le maire est chargé comme chef de l'association communale ; 3° attributions de police municipale et de police rurale. Cette division est reproduite du cours (1) de notre savant professeur, M. Ducrocq, qui l'a fait ressortir très clairement de la discussion, du texte et de l'esprit de la loi du 5 avril 1884. L'art. 49 de la loi du 14 décembre 1789 divisait les fonctions des corps municipaux en deux classes, les unes propres au conseil municipal les autres déléguées ; la loi du 18 juillet 1837 s'est placée au même point de vue. Bien que la circulaire du ministre de l'intérieur, du 15 mai 1884, continue à distinguer les attributions du maire en deux catégories, nous croyons, avec M. Ducrocq, que la loi de 1884 a apporté un changement dans l'ancienne division, en opérant une scission des attributions « propres aux municipalités ». Tandis que les lois de 1789 et de 1837 rangeaient les attributions de police du maire parmi ses attributions comme chef de l'association communale, le législateur de 1884 a consi-

(1) Cours de M. Ducrocq, année scolaire 1885-1886.

déré, qu'en cette matière, le maire agissait comme préposé à la gestion des intérêts communs et comme agent du gouvernement. Il n'est pas douteux que les rédacteurs de la loi nouvelle ont vu dans les fonctions de police du maire des caractères particuliers, et leur intention d'en faire une classe à part ne saurait être contestée,

1ᵉ *Attributions du maire comme délégué du pouvoir central.* — Lorsque nous avons discuté le principe de l'application de l'art. 1384 du Code civil aux communes, nous avons indiqué le tempérament qu'il convenait d'apporter à la solution que nous proposions; nous avons admis que les communes étaient soumises aux règles du droit commun, en matière de responsabilité, et que les actes de leurs maires pouvaient les engager, mais nous avons montré que la tendance de la jurisprudence administrative, appuyée par l'opinion de la majorité des auteurs, était de les soustraire à l'application de l'art. 1384, quand il s'agissait d'actes accomplis par les maires en qualité de délégués du pouvoir central. Dans ce cas, en effet, le maire n'est plus le représentant de la commune, mais celui de l'Etat. Ainsi, un maire, en exécution des ordres d'un préfet, se rend coupable de séquestration arbitraire, ou bien dans les opérations de recrutement ou dans les autres fonctions spéciales qui lui sont attribuées par les lois, il commet un acte qui peut donner lieu à des dommages-intérêts, la commune est à l'abri de tout recours.

2° *Attributions du maire comme chef de l'association communale.* — L'art. 90 de la loi du 5 avril 1884 donne l'énumération de ces attributions. Le maire est avant tout l'agent de la commune, préposé à la gestion de ses biens, chargé de la représenter en justice et dans les différents actes de la vie civile qu'elle peut accomplir dans les conditions déterminées par la loi. Dans l'accomplissement de ces actes, le maire peut causer un dommage à autrui, l'équité exige qu'une réparation soit accordée; le maire répondra-t-il personnellement des conséquences de ses délits, ou bien la commune en subira-t-elle la charge? Lorsqu'il agit comme représentant de la commune, le maire est surtout l'exécuteur des délibérations du conseil municipal; il n'a d'initiative qu'en ce qui concerne les mesures conservatoires à prendre dans l'intérêt de la commune. Nous verrons, dans la section suivante, en déterminant les conditions de responsabilité de la commune, qu'elle ne peut être engagée que lorsque le maire s'est renfermé dans le cercle de ses attributions; par conséquent, il faut supposer qu'il a agi en vertu d'une délibération du conseil municipal. Les délibérations des conseils municipaux sont de trois sortes : les unes sont réglementaires, c'est-à-dire qu'elles ne sont pas soumises à la nécessité de l'autorisation administrative, d'autres sont soumises à cette autorisation, d'autres enfin sont entièrement subordonnées; ce sont celles qui représentent les affaires dans lesquelles les conseils municipaux n'ont aucune initiative. Lorsque, dans l'exécution de l'une quelconque de ces délibérations, le maire commet un acte qui cause un préjudice à autrui, la commune est tenue de le réparer. Les attributions du maire, comme préposé à la gestion des intérêts communaux sont nombreuses; aussi nombreux sont les cas dans lesquels le maire peut engager la commune, dont il peut être considéré comme le mandataire. Cette idée ne saurait être contestée, la jurisprudence des Cours d'appel et de la Cour de cassation l'a toujours consacrée. Il a été jugé qu'une commune était responsable du dommage causé par le maire, en exécutant une délibération du conseil municipal (Toulouse, 1ᵉʳ juin 1827) (1). La même décision a été admise, relativement aux mesures conservatoires prises par le maire : la Cour d'appel de Dijon (2), contrairement à un jugement du tribunal de la même ville, a décidé qu'un maire, en dressant un procès-verbal à raison d'extraction irrégulière de pierres dans une carrière communale, agissait, non pas comme officier de police judiciaire, mais comme administrateur des biens de la commune, et a accueilli favorablement une demande en dommages-intérêts formée contre la commune par la partie lésée; la Cour de cassation a rejeté le pourvoi formé contre cet arrêt (3).

(1) Toulouse, 1ᵉʳ juin 1827; S., **27**, 2, 205.
(2) Dijon, 21 mars 1835; S., **37**, 1, 163.
(3) Cass. req., 19 avril 1836; S., **37**, 1, 163.

Les dommages que le maire peut causer dans l'exercice de cet ordre de fonctions sont aussi variés que ces fonctions elles-mêmes ; la jurisprudence en donne des exemples multiples. Aux termes de l'art. 90, n° 4 de la loi du 5 avril 1884, le maire est chargé, sous le contrôle du conseil municipal et la surveillance de l'administration supérieure, de diriger les travaux communaux. Les travaux de création, de suppression ou de redressement des voies de communication, les constructions d'égouts, les plantations et les travaux de canalisation des eaux rentrent dans les attributions du maire ; toute omission ou négligence de sa part qui serait préjudiciable à autrui, engagerait la responsabilité de la commune. Ainsi, il a été décidé que les héritiers d'une personne tuée par la chute, sur la voie publique, d'un arbre appartenant à la commune, et dont le maire avait ordonné l'abatage en vertu d'une délibération du conseil municipal, étaient fondés à réclamer des dommages-intérêts contre la commune à raison de cet accident. « Attendu, porte un arrêt de la « Cour de Toulouse (1), que le maire à qui est confiée « la direction des travaux communaux agissait en cette « circonstance comme représentant de la commune, « dont la responsabilité était par conséquent enga- « gée par les actes émanés de son mandataire lé- « gal... »

(1) Toulouse, 8 mai 1863 ; S., 63, 2, 232.

Ce n'est pas seulement dans la jurisprudence que nous trouvons des applications de cette idée; la loi elle-même a réglé certains cas de responsabilité des communes. En effet, aux termes de l'art. 41 de la loi du 28 septembre 1791, les communes sont tenues, sous leur responsabilité, de veiller à ce que les chemins vicinaux soient en bon état. Tout voyageur qui enlève la clôture d'un champ, pour s'y frayer un passage, doit être condamné à payer le dommage fait au propriétaire, et à une amende de la valeur de trois journées de travail, à moins que le juge de paix ne décide que le chemin public était impraticable, et alors le dommage et les frais de clôture sont à la charge de la commune.

Nous disions précédemment que le maire était surtout l'exécuteur des délibérations du conseil municipal, et que son initiative était restreinte aux mesures conservatoires qu'il devait prendre dans l'intérêt de la commune; mais, il n'a jamais été dans notre pensée de limiter la responsabilité de la commune au cas où le conseil municipal aurait donné au maire le mandat spécial de commettre un acte dommageable. Nous supposons que le maire, agissant en vertu d'une délibération régulière, a excédé ses pouvoirs, en se rendant coupable d'un méfait qu'on n'avait pas prévu, et nous décidons que la commune doit en subir les conséquences. Cependant, un système contraire a été ad-

mis par quelques auteurs : Trolley (1), notamment,
s'exprime en ces termes : « Il faut qu'il (le maire) ait
« été autorisé à faire ce qu'il a fait au nom de l'asso-
« ciation municipale. C'est une restriction de l'ar-
« ticle 1384 du Code civil. En thèse ordinaire, en ef-
« fet, le maître est responsable, bien qu'il n'ait pas
« autorisé le délit ou quasi-délit, si d'ailleurs, il a été
« commis par ses préposés dans l'exercice des fonc-
« tions qu'il leur a confiées. Pourquoi? Parce qu'il
« doit se reprocher un mauvais choix et un mandat
« imprudent. Mais ce n'est pas la commune qui choi-
« sit son maire ; il est nommé par le pouvoir exécutif.
« La commune ne répond que des *faits* qu'elle auto-
« rise. » A l'appui de son opinion, Trolley invoque
un arrêt de la Cour de Toulouse (2) et un arrêt de la
Cour de cassation (3). Le premier de ces arrêts dit
simplement que la commune est responsable des dommages qui résultent des mesures prises par le maire,
sur l'invitation formelle du conseil municipal ; c'est la
même idée qui se dégage de l'arrêt de la Cour de cassation. Mais, aucun d'eux ne restreint la responsabilité
de la commune au cas où le maire a agi en vertu d'une
délibération expresse du conseil municipal. Du reste,
l'argument invoqué par Trolley avait sa valeur à
l'époque où cet auteur écrivait ; on ne saurait s'en pré-

(1) Trolley, *Organis. et comp. admin.*, t. IV, n° 1949.
(2) Toulouse, 1er juin 1827 ; S., 27, 2, 205.
(3) Cass., 19 avril 1836 ; S., 37, 1, 163.

valoir sous l'empire de la loi du 5 avril 1884 qui laisse aux électeurs le libre choix de leurs représentants.

Aux termes de l'art. 85 de la loi du 5 avril 1884, dans le cas où le maire refuserait ou négligerait de faire un des actes qui lui sont prescrits par la loi, le préfet peut, après l'en avoir requis, y procéder d'office, par lui-même ou par un délégué spécial. Lorsque le préfet substitue son action à celle du maire, peut-il engager la responsabilité de la commune? Nous discuterons ici la question d'une manière complète et nous citerons un arrêt qui se rapporte plutôt aux attributions de police du maire pour ne pas avoir à revenir sur ce point.

Nous avons divisé les délibérations des conseils municipaux en trois catégories; les unes sont réglementaires, d'autres sont dites non réglementaires, celles de la troisième catégorie sont appelées délibérations entièrement subordonnées. L'art. 90-10°, chargeant le maire d'exécuter les décisions du conseil municipal, s'il refuse ou néglige de le faire, il manque à l'un des devoirs qui lui sont prescrits par la loi et le préfet peut agir à sa place. Dans ce cas les conséquences des actes du préfet doivent être mises à la charge de la commune. La question n'est pas douteuse, lorsqu'il s'agit des deux premières classes de délibérations; nous hésitons davantage en ce qui concerne les délibérations entièrement subordonnées. Ainsi, un créancier, porteur d'un titre exécutoire, demande au maire l'inscription de sa créance au budget, et le conseil municipal refuse de faire droit à sa réclamation, parce qu'il n'a pas d'argent : l'autorité supérieure inscrira d'office le montant de la créance au budget, et, si la commune n'a pas de fonds, un décret du président de la République pourra autoriser la vente d'un bien mobilier ou immobilier lui appartenant (1). Si le maire refuse d'agir, en exécution de ce décret, le préfet le remplacera. Dans cette opération, le préfet commet un méfait qui peut donner lieu à des dommages-intérêts, est-il logique d'en rendre la commune responsable, de lui faire supporter les conséquences d'un acte auquel on l'a contrainte malgré son refus formel. Même dans cette hypothèse, nous croyons que la commune ne saurait se soustraire à cette charge, qui est le résultat de la faute que son conseil municipal et son maire ont commise, en refusant d'obéir aux prescriptions de la loi.

Toutefois, cette solution semble contredite par un arrêt de la Cour d'appel d'Amiens dont nous placerons ici l'examen, quoiqu'il ait trait plutôt aux attributions de police du maire, afin de n'avoir plus à revenir sur ce sujet. Au mois d'octobre 1870, un certain nombre d'habitants de la ville de Saint-Quentin, dans le but de concourir à la défense de la ville menacée par l'ennemi, avaient envahi le magasin d'un armurier et enlevé les armes et les munitions qui s'y trouvaient ; le tribunal de Saint-Quentin, saisi d'une demande en in-

(1) Art. 110 et 149 de la loi du 5 avril 1884.

demnité, formée par l'armurier contre la commune, se déclara incompétent parce que, l'ordre de se défendre ayant été donné par le préfet de l'Aisne, il s'agissait d'un acte de l'autorité administrative dont il ne pouvait pas connaître. La Cour d'Amiens, devant laquelle l'appel fut porté, condamna la ville de Saint-Quentin : « Considérant, dit l'arrêt du 29 juin 1874, que, quant aux pleins pouvoirs que, comme préfet, il tenait du Gouvernement de la Défense nationale, ils ne pouvaient aller jusqu'à lui permettre de se substituer à l'autorité municipale (ajoutons, en dehors des cas dans lesquels l'art. 15 de la loi du 18 juillet 1837 lui donnait ce droit) ; que dans la circonstance, du reste, le préfet de l'Aisne n'avait usé de son autorité que pour suspendre le maire et le conseil municipal de Saint-Quentin et leur substituer une commission administrative, laquelle était en fonctions et dans la plénitude de ses attributions....., condamne la ville de Saint-Quentin..... » (1). Il résulte de cet arrêt que si le préfet avait substitué son action à celle de la municipalité, la commune de Saint-Quentin n'aurait pas été déclarée responsable. Mais ce n'est là qu'une induction à laquelle il ne nous est pas permis d'attacher l'importance d'une opinion nettement formulée ; bornons-nous à constater la tendance de l'arrêt de la Cour d'Amiens.

3° *Attributions de police municipale et de police rurale.*

(1) Amiens, 29 juin 1874; S., 74, 2, 343.

-— Avant la loi du 5 avril 1884, on avait soutenu que la commune n'était pas responsable des actes accomplis par le maire en sa qualité de chef de la police munici- pale et de la police rurale. Dalloz (1) prétendait qu'il n'était pas possible d'admettre que la commune fût en- gagée dans ce cas, parce que le maire agissait comme fonctionnaire public placé sous la surveillance de l'au- torité supérieure; la commune n'avait dès lors aucun pouvoir de direction sur lui. Si cet argument devait avoir une portée, il faudrait décider que la commune ne répond d'aucun des actes accomplis par son maire, car ils le sont tous sous la surveillance de l'autorité su- périeure; en effet, l'art. 10 de la loi du 18 juillet 1837 et l'art. 90 de la loi de 1884, relatifs aux attributions du maire comme chef de l'association communale, pla- çant le maire sous la surveillance de l'administration supérieure, on serait conduit à affranchir la commune de toute responsabilité. M. Sourdat (2) admettait égale- ment que la commune n'était pas engagée par les mesures et les décisions prises par le maire comme exerçant l'administration locale, en ce qui concernait la police et la salubrité. Cette décision était contraire à l'art. 50 de la loi du 14 décembre 1789 qui rangeait les attributions de police locale parmi les attributions propres au pouvoir municipal et à l'art. 10 de la loi du

(1) Dalloz, *Rép.*, v° *Responsabilité*, n° 669.
(2) Sourdat, *Traité général de la responsabilité*, t. II, p. 496.

18 juillet 1837 qui leur reconnaissait le même caractère.

Cependant, malgré ces textes formels, l'opinion de
ces auteurs avait trouvé un écho dans la jurisprudence.
Dans le courant de l'année 1838, les adjudicataires des
immondices de la ville de Bordeaux furent sommés
d'enlever, pour cause de salubrité publique, le dépôt
des immondices du lieu où ils avaient d'abord été autorisés à le placer ; à défaut d'avoir accompli cet enlèvement, la vente du dépôt fut ordonnée, avec ordre à
l'acquéreur d'en verser le prix entre les mains du commissaire de police. Le commissaire détourna la somme
et fut destitué. Les adjudicataires formèrent contre la
ville de Bordeaux une demande en payement de cette
somme, comme étant responsable des conséquences
des mesures ordonnées par le maire. Le tribunal de
Bordeaux (1) n'ayant pas accueilli la demande, l'affaire
fut portée devant la Cour d'appel qui la trancha dans
le même sens. « Attendu, dit l'arrêt du 18 mai 1841 (2),
qu'il n'a pas agi au nom de la commune, mais comme
magistrat de police chargé de veiller à la salubrité publique ; que, sous ce rapport, il est seulement morale-
ment responsable, et que l'action intentée contre la
ville de Bordeaux est mal fondée... » Il était utile de
reproduire le texte de cet arrêt pour faire ressortir la

(1) Tribunal de Bordeaux, 17 février 1840 ; S., 41, 2, 436.
(2) Cour de Bordeaux, 18 mai 1841 ; S., 41, 2, 436.

contradiction qu'il présente avec les lois de 1789 et de 1837.

Mais ce n'est là qu'une décision de jurisprudence isolée ; la Cour de Rouen (1), par un arrêt du 23 mars 1864, a jugé qu'une commune est responsable des mesures de police prises par le maire ou ses agents en cas d'incendie, lorsqu'il en résulte des dommages pour les propriétés autres que celles menacées par le feu. Cette solution se justifie en raison : le maire, en prenant ces mesures de police, agit dans l'intérêt de la commune qui, dans l'espèce, est intéressée à ce que toutes ses maisons ne soient pas la proie des flammes. C'est ce qu'a admis la Cour de cassation, par un arrêt du 15 janvier 1866 (2), qui décide que les textes combinés des lois du 14 décembre 1789, des 16-24 août 1790 et du 18 juillet 1837 chargent les maires, non sous l'autorité, mais sous la simple surveillance du pouvoir central, de l'administration municipale, dans laquelle entre le soin de prévenir et de faire cesser les incendies par la distribution des secours nécessaires. C'était là la stricte application des textes, et l'on pouvait considérer la question comme résolue.

Sous l'empire de la loi du 5 avril 1884, la question se pose dans les mêmes termes, mais les éléments qui permettent de la résoudre sont différents : le caractère

(1) Rouen, 23 mars 1864 ; S., 64, 2, 177.
(2) Cass., 15 janvier 1866 ; S., 66, 1, 51.

des attributions de police dont le maire est investi a changé et l'on peut se demander si la commune est responsable des actes accomplis par le maire en cette qualité. Le maire, quand il fait des règlements de police, puise ses pouvoirs à deux sources, il est l'agent du gouvernement et le représentant de la commune ; il agit en deux qualités, l'une en vertu de laquelle il ne peut pas engager la commune, l'autre au contraire qui lui permet de la rendre responsable de ses actes. Cette idée est théoriquement exacte : cependant, lorsqu'on examine attentivement les dispositions de la loi de 1884, relativement aux pouvoirs de police du maire, on ne peut s'empêcher de reconnaître que l'intérêt seul de la commune est en jeu. C'est surtout par la lecture de l'art. 97 que cette idée se trouve mise en lumière : tout, dans cette disposition révèle une grande sollicitude de la part du législateur en faveur de la commune, et c'est dans son intérêt seul que la loi détermine les pouvoirs du maire. Si, malgré les précautions prises pour limiter son action, le maire commet un acte de nature à porter atteinte aux droits d'autrui, n'est-il pas naturel d'imposer à la commune l'obligation de réparer le préjudice causé ? Nous le croyons, car c'est le caractère de représentant des intérêts communaux qui nous apparaît comme dominant dans toutes les hypothèses prévues par la loi.

Cette opinion est consacrée par la jurisprudence:

un arrêt de la Cour de Riom (1) du 11 juin 1884, a déclaré la commune du Puy responsable de l'imprudence de ses agents, parce que en cas de réjouissances publiques avec feu d'artifice données par une ville, il était du devoir du maire de prendre les mesures de police et les précautions nécessaires pour éviter les accidents

Un arrêt plus récent de la Cour de Bordeaux (2), rendu sur une espèce analogue, affirme le même principe : « Attendu, dit cet arrêt, que l'accident doit être attribué à l'insuffisance des précautions prises par la ville de Bordeaux dans l'intérêt de la sécurité publique. »

Cette décision avait été rendue sur l'appel d'un jugement du tribunal civil de Bordeaux qui avait refusé de reconnaître dans cette hypothèse l'existence d'une cause de responsabilité à la charge de la commune. Notons toutefois que ces deux arrêts ont maintenu la jurisprudence ancienne de la Cour de cassation et des Cours d'appel, sans tenir compte du caractère nouveau que la loi de 1884 a donné aux attributions de police du maire.

Nous avons admis que la commune était responsable des actes du maire, agissant comme magistrat de police, soit qu'il eût négligé de prendre les mesures nécessaires pour prévenir les accidents, soit qu'il eût

(1) Riom, 11 juin 1884, *Journal du Palais*, 1884, p. 734.
(2) Bordeaux, 24 février 1886; S., 86, 2, 208. Trib. de la Seine, 8 février 1887.

employé des agents incapables; mais il ne faudrait pas
aller plus loin dans cet ordre d'idées. La responsabilité
de la commune ne serait pas engagée par une simple
autorisation accordée par le maire à des réjouissances
publiques, accompagnées d'un feu d'artifice, données
par une société ou des particuliers. Ainsi une commune n'est pas responsable de l'accident arrivé par le
fait d'un individu chargé de tirer un feu d'artifice à
l'occasion d'un comice agricole, alors que c'est le comice et non le maire qui a nommé l'individu chargé de
le tirer (1).

Nous avons examiné les différents cas dans lesquels
les actes accomplis par le maire, en vertu des fonctions
qui lui sont conférées par la loi, peuvent causer un
préjudice à autrui et engager la responsabilité de la
commune ; les règles que nous avons posées s'appliquent également aux adjoints qui n'ont pas de pouvoirs
propres et sont réduits au rôle éventuel de délégués
ou suppléants du maire. Mais les officiers municipaux
ne constituent pas tout le personnel administratif de la
commune; si le conseil municipal et le maire sont les
rouages principaux du mécanisme communal, ils ne
sont pas les seuls; à côté d'eux se trouvent des agents
dont le nombre et les aptitudes spéciales s'imposent;
ce sont des préposés de la commune, au sens de l'article 1384-3° du Code civil, qui peuvent l'engager par

(1) Angers, 27 mars 1878; S., 80, 2, 302.

leurs actes. Quels sont ces agents? Ce sont les employés choisis par l'autorité municipale, révocables par elle, payés par la commune pour exercer certaines fonctions sous la surveillance de cette même autorité, dans l'intérêt d'un service ou d'un établissement communal (1). Ce sont, avons-nous dit, les agents choisis par l'autorité municipale; en effet, puisque la responsabilité des commettants repose sur la faute qu'ils sont censés avoir commise en choisissant mal leurs préposés, il semble logique de ne rendre la commune responsable que si elle a choisi librement ses agents et si elle les a nommés elle-même; c'est la première condition de l'application de l'art. 1384-3° du Code civil. Cependant les principes contraires ont été consacrés par la jurisprudence; ainsi, la Cour d'Aix (2) a décidé qu'une commune était responsable des actes commis par des agents de police, bien que, dans certaines villes, ils fussent nommés par le préfet à l'époque à laquelle cette décision a été rendue. La Cour suprême a statué dans le même sens (3). Si une question de cette nature était soulevée, elle devrait être résolue de la même manière, mais les motifs sur lesquels reposerait cette décision seraient incontestables, à raison des dispositions nouvelles de la loi du 5 avril de 1884 qui, modifiant la législation antérieure sur ce point,

(1) Sourdat, *Traité général de la responsabilité*, t. II, p. 495.
(2) Aix, 24 février 1880; S., 80, 2, 300.
(3) Cass., 16 mars 1881; S., 81, 1, 260.

donne au maire (art. 103-3°) le droit de nomination de la plus grande partie du personnel de la police. Retenons ces deux arrêts qui peuvent avoir encore un certain intérêt en ce qui concerne les commissaires de police qui ne sont pas nommés par le maire. Nous n'avons pas rencontré dans la jurisprudence d'autre décision établissant, d'une manière aussi formelle, la responsabilité de la commune à raison d'actes accomplis par des agents à la nomination de l'administration supérieure, et nous maintenons le principe que nous avons posé, que l'application de l'art. 1384-3° du Code civil suppose le libre choix de l'administration municipale.

Pour désigner avec plus de précision les agents que nous considérons comme préposés de la commune, procédons par élimination et indiquons ceux qui n'entrent pas dans cette classe : ce sont d'abord les receveurs municipaux, nommés par le préfet ou par le Président de la République, qui répondent des actes relatifs à leur gestion sur le cautionnement ; les gardes forestiers communaux nommés par le préfet sur la présentation du conservateur des forêts ; les instituteurs, les commissaires de police, le préposé en chef de l'octroi et les autres préposés. La doctrine et la jurisprudence s'accordent sur ces différents points : il a été jugé (1) que les réparations civiles, dues par suite de

(1) Aix, 18 août 1824 ; S., 25, 2, 109. Cass., 19 juillet 1826 ; S., 27, 1, 232.

l'homicide commis par un préposé de l'octroi, sont à la charge de cette administration. Tous les autres préposés de la commune, rentrant dans les termes de la définition que nous avons donnée, peuvent engager sa responsabilité. Nous n'en ferons pas l'énumération, bornons nos développements à quelques indications sur les espèces principales qui ont fait l'objet des décisions de la jurisprudence.

Aux termes de l'art. 90-4° de la loi du 5 avril 1884, le maire est chargé de la direction des travaux communaux : il semble donc que la responsabilité qui peut résulter pour la commune des accidents survenus dans l'accomplissement de ces travaux ne doive pas être distincte de celle que le maire peut lui faire encourir en sa qualité d'administrateur. Ce point ne ferait aucun doute, si le maire avait la direction effective des travaux ; mais, dans le plus grand nombre des communes, ce service est confié à des architectes ou à des directeurs des travaux communaux qui sont des préposés dans le sens de l'art. 1384-3° ; c'est ce qui a été jugé à plusieurs reprises. Au mois de mars 1881, le préfet des Bouches-du-Rhône accorda l'autorisation de donner en spectacle des courses de taureaux à Marseille ; le préfet fit parvenir cette autorisation par l'intermédiaire du maire, qu'il invitait à vouloir bien au préalable faire visiter par un architecte, les estrades et barrières destinées à recevoir le public, afin de s'assurer de leur solidité. Le maire chargea de cette vérification l'architecte de la ville qui sous-délégua un inspecteur des bâtiments communaux : ce dernier fit un procès-verbal constatant que les arènes présentaient toutes les garanties désirables au point de vue de la sécurité publique, l'architecte le signa. Au premier jour où le public fut admis dans l'enceinte, les arènes s'écroulèrent entraînant dans leur chute un grand nombre de victimes ; un recours ayant été exercé contre la commune, le tribunal civil de Marseille, la Cour d'Aix et la Cour de cassation (1) se sont prononcés dans le sens de la responsabilité de la ville : « Attendu, porte l'un des considé-« rants de l'arrêt du 3 novembre 1885, qu'il est con-« staté par l'arrêt attaqué (Aix, 22 juillet 1884) que le « délit qui a motivé la condamnation de X... et X... « par le tribunal correctionnel de Marseille, a été « commis par eux en leur qualité de préposés commu-« naux de la ville de Marseille, à l'occasion de leurs « fonctions, et à l'occasion d'une mission que leur avait « confiée, à raison de leur qualité, le maire de cette « ville ». On avait soutenu, à l'appui du pourvoi, que le maire en ordonnant la visite des arènes, avait agi en qualité de chef de la police municipale, et que les mesures de police prises par le maire ne pouvaient engager la responsabilité de la commune. L'idée n'était pas exacte : non seulement ce moyen se heurtait à un arrêt

(1) Tribunal de Marseille, 10 février 1884. Aix, 22 juillet 1884. Cass., 3 novembre 1885 ; S., 86, 1, 249 ; D., 86, 1, 397. *Journ. du Pal.*, 1886, p. 610.

de la Cour de cassation du 16 mars 1881 (1), qui avait décidé qu'un acte de violence commis par un agent de police dans l'exercice de ses fonctions engageait la responsabilité civile de la ville pour la réparation du préjudice causé, mais il méconnaissait les principes que nous avons exposés précédemment sur les obligations que le maire peut faire supporter à la commune comme magistrat de police, et qui ont été consacrés par une jurisprudence constante antérieure et postérieure à la loi de 1884.

Une commune serait encore responsable des conséquences d'un accident résultant de la négligence du directeur des travaux : ainsi, lorsqu'un individu s'est blessé en faisant une chute pendant la nuit, dans une tranchée ouverte pour l'exécution d'un travail communal, la commune est tenue d'indemniser la victime de l'accident survenu par suite de la faute que son agent a commise en négligeant soit d'éclairer la tranchée, soit d'y placer une barrière (2).

Dans quelques cas, la loi a fait l'application expresse des règles générales qu'elle a posées en matière de responsabilité. Ainsi l'art. 72-3° du Code forestier rend les communes et sections de commune responsables des condamnations pécuniaires qui pourraient être prononcées contre les pâtres ou gardiens du troupeau

(1) Cass., 16 mars 1881 ; S., 81, 1, 260.
(2) Cass., 17 février 1868; S., 68, 1, 143.

commun, tant pour les délits et contraventions relatifs aux droits d'usage et de pâturage dans les bois de l'Etat, que pour tous autres délits forestiers commis par eux pendant le temps de leur service et dans les limites du parcours. Cette disposition est une application des règles que nous avons examinées ; c'est la mise en œuvre du principe contenu dans l'art. 72-1° et qui a été maintenu par l'art. 13 de la loi du 18 juillet 1837. Ce texte donne au maire la nomination du pâtre commun sous l'approbation du conseil municipal ; remarquons, toutefois, que depuis la loi de 1884, l'intervention du conseil municipal n'est plus nécessaire. Les habitants des communes usagères n'ont donc pas la liberté de faire conduire leurs bestiaux à garde séparée dans les bois de l'Etat ; tous les troupeaux d'une même commune doivent être réunis en un seul, sous la direction d'un ou de plusieurs pâtres choisis par l'autorité municipale, et la jurisprudence de la Cour de cassation a toujours consacré les décisions pénales rendues en cette matière (1). Le pâtre commun n'est pas le préposé des propriétaires des bestiaux, mais celui de la commune qui doit subir les conséquences de ses actes, conformément à l'art. 1384-3° du Code civil. C'est ce que constate Henrion de Pansey (2) : « Les pâtres du trou- « peau commun sont incontestablement les serviteurs

(1) Cass., 5 octobre 1838, Ch. crim. 2 décembre 1841, Ch. crim. Dalloz, *Rép.*, v° *Commune*, n° 814.

(2) Henrion de Pansey, *Compétence des juges de paix*, p. 170.

« des communes ; les communes sont donc responsa-
« bles des délits ruraux occasionnés par leur défaut de
« vigilance. »

Cependant, l'art. 199 du Code forestier fait naître
une difficulté : les condamnations prévues par cette
disparition doivent-elles être encourues par les propriétaires des animaux trouvés en délit dans les bois
de l'Etat mis en défends, ou ne peuvent-elles être prononcées que contre le pâtre et la commune responsable ? La Cour de cassation a décidé par plusieurs
arrêts, dont deux rendus en chambres réunies, que les
propriétaires des bestiaux faisant partie du troupeau
communal étaient toujours responsables (1). Ce système déroge sans doute aux principes ordinaires
en matière de responsabilité, mais il s'appuie sur le
texte de l'art. 199 du Code forestier qui établit sans
distinction une pénalité spéciale contre les propriétaires des animaux trouvés en délit dans les bois, et
qui fait résulter une des garanties essentielles de la
conservation des propriétés forestières de la punition
de celui qui profite du délit (2).

L'art. 82 du Code forestier rend les communes usa-

(1) Cass., 15 mai 1835 ; S., 35, 1, 735. Cass., 30 avril 1836 ;
S., 36, 1, 425. Cass., 13 juin et 11 sept. 1840 ; S., 40, 1, 983.
(2) Cass., 4 janvier 1849 ; S., 50, 1, 231.

gères garantes solidaires des condamnations prononc-
cées contre les entrepreneurs de l'exploitation des
coupes qui leur sont délivrées dans les bois de l'État.
Citons enfin une disposition qui n'a plus qu'un intérêt
historique, l'art. 58 de la loi du 13 juin 1851, sur la
garde nationale, maintenu par l'art. 12 du décret du
11 janvier 1852, aux termes « duquel, les communes
sont responsables, sauf leur recours contre les gardes
nationaux, des armes que le gouvernement a jugé nécessaire de leur délivrer ; ces armes restent la propriété
de l'État (1) ». Cette règle et la garantie spéciale de
l'art. 82 ne se rattachent pas aux principes réguliers
de la responsabilité.

DEUXIÈME SECTION. — *Dans quels cas et sous quelles
conditions les officiers municipaux et les autres préposés
peuvent-ils engager la responsabilité civile de la commune?* — Les développements que nous avons donnés
dans la section précédente, nous permettront de ne pas
nous étendre sur cette partie de notre étude. La commune est responsable toutes les fois qu'un dommage a
été causé par la faute de l'un de ses préposés dans
l'exercice de ses fonctions, et l'on doit considérer
comme préposés, les employés choisis par l'autorité

(1) La loi du 27 avril 1881 rend les communes de l'Algérie
non pourvues de garnisons, responsables des armes, munitions et effets qu'elles reçoivent.

municipale, révocables par elle, payés par la commune
pour exercer certaines fonctions sous la surveillance
de cette même autorité ; nous ajouterons les officiers
municipaux qui ne rentrent pas dans cette définition.

La condition essentielle de responsabilité de la commune, c'est que les faits dommageables aient été commis « dans l'exercice ou à l'occasion de l'exercice des
fonctions auxquelles le préposé était employé » (Aubry
et Rau) (1). Remarquons cependant que l'art. 1384-3°
ne décrète la responsabilité du commettant, que pour
les faits commis par le préposé *dans les fonctions* auxquelles il est employé ; par conséquent, nous croyons
qu'il n'y a place à l'application de l'art. 1384-3° du
Code civil, qu'autant qu'il s'agit d'un acte d'exercice de
la fonction, d'un fait de charge, comme le dit Demolombe (2). Et cette observation a son importance, car la
formule un peu générale de MM. Aubry et Rau serait de
nature à soulever des difficultés sur les limites exactes
de la responsabilité des commettants. Si la commune
était engagée par tous les actes de ses préposés faits à
l'occasion de leurs fonctions, on arriverait sans difficulté à lui faire supporter la charge des délits touchant
à la vie privée de ses agents. Il faut donc que les faits
dommageables dont les particuliers demandent réparation aient été commis dans l'exercice des fonctions ;

(1) Aubry et Rau, t. IV, § 447, p. 761.
(2) Demolombe, t. XXXI, n° 615, p. 535

la jurisprudence a fait plusieurs applications de cette idée. Rappelons un des considérants de l'arrêt du 3 novembre 1885 que nous citions précédemment : « Attendu que le délit... a été commis par eux en leur qualité de préposés communaux de la ville de Marseille, à cause de leurs fonctions et à l'occasion d'une mission que leur avait confiée, à raison de leur qualité, le maire de cette ville (1) ». Toutes les fois, au contraire, que cette condition fait défaut, la commune n'est pas engagée. Ainsi, il a été jugé que le maire qui fait arracher une haie pour élargir un chemin, est responsable envers le propriétaire de la haie (2). Il a encore été décidé que le maire est personnellement tenu de payer des dommages-intérêts à une femme de la commune qu'il a fait expulser, sous prétexte qu'elle avait une conduite répréhensible, sans qu'aucun procès-verbal de délit ni de contravention n'ait été dressé contre cette femme. C'est bien là l'application des principes que nous énoncions ; le maire est investi de fonctions diverses, mais si nombreuses et si variées que soient ses attributions de police, il ne pouvait pas puiser dans les textes un tel droit. Nous pourrions emprunter d'autres exemples à la jurisprudence (3), bornons nos explications sur ce point en indiquant la réserve que comporte

(1) Cass., 3 novembre 1885 ; S., 86, 1, 249. *Journ. du Pal.,* 1886, p. 610 ; D., 86, 1, 397.

(2) Bourges, 20 août 1828 ; D., 31, 2, 188.

(3) Bordeaux, 18 mai 1841 ; S., 41, 2, 436.

l'une des hypothèses dans lesquelles la loi fait l'application expresse des principes de droit commun en matière de responsabilité. L'art. 72 du Code forestier, qui met à la charge de la commune les conséquences des méfaits du pâtre commun, ne reçoit son application qu'autant qu'il s'agit d'actes dommageables commis par le pâtre dans l'exercice de ses fonctions, notamment, lorsque, contrevenant à l'art. 76 du même Code, il conduit le troupeau hors des cantons désignés : s'il commettait d'autres infractions, comme l'enlèvement de bois ou autres matériaux, s'il allumait du feu, la commune ne serait responsable que s'il avait contrevenu à ces défenses pendant qu'il gardait le troupeau commun (1).

TROISIÈME SECTION. — *Étendue de la responsabilité que la commune peut encourir.* — La commune, comme toute autre personne morale (2), peut encourir la responsabilité qui dérive pour les commettants de l'article 1384-3° du Code civil. Nous avons examiné les cas principaux et les conditions d'application de ce principe ; il nous reste, pour terminer sur ce sujet, à nous demander dans quelle mesure la commune est tenue des conséquences des délits commis par ses agents.

Tout préjudice causé exige une réparation : que la

(1) Code forestier, art. 72, *in fine.*
(2) Nous ferons exception pour l'État, suivant les distinctions que nous avons indiquées.

commune soit tenue de cette réparation, c'est ce qui
ne saurait être mis en doute ; mais, outre les dommages-intérêts, ces faits illicites peuvent donner lieu à
des condamnations pénales, la responsabilité de la
commune peut-elle être étendue à ces pénalités? Il
semble bien qu'une personne morale ne puisse pas subir les conséquences pénales d'un délit commis par ses
représentants ; ce serait contraire au principe de la
personnalité des fautes. Cependant, il est certaines
hypothèses dans lesquelles la commune peut encourir
des amendes ; mais, ce sont moins des peines que des
réparations pécuniaires qui revêtent cette forme particulière et que la loi permet de prononcer contre la
commune en qualité de propriétaire et d'être collectif,
bien plus qu'en qualité de commettant. C'est cette idée
qu'exprime M. Sourdat (1) : « A la vérité, l'on suppose
« difficilement que le corps lui-même puisse se rendre
« personnellement coupable d'un fait réprimé par la
« loi pénale, pour l'avoir, par exemple, commandé à
« l'agent d'une manière expresse. Mais, sans parler
« des crimes proprement dits, cette complicité ou co-
« opération se conçoit pour certains délits ou contra-
« ventions qui peuvent entraîner des peines pécuniai-
« res. Or, qui pourrait s'opposer à ce que la preuve de
« la complicité ou de la coopération fût faite, et la
« peine appliquée conformément à la loi. » C'est ainsi

(1) Sourdat, *Traité général de la responsabilité*, t. II, p. 417.

qu'une commune a pu être condamnée à l'amende,
pour avoir fait exécuter sans autorisation des travaux
en saillie sur le sol d'une route départementale. L'arrêté du conseil de préfecture qui l'avait prononcée fut
déféré au Conseil d'Etat pour ce fait que l'amende
ayant un caractère pénal, ne pouvait être encourue que
par des individus et non par une communauté d'habitants. Le ministre des travaux publics fit observer à ce
propos, que si l'on comprenait que les peines corporelles ne pussent pas atteindre les communes, on ne
s'expliquait pas que la même immunité les protégeât
contre les peines purement pécuniaires : le Conseil
d'Etat maintint l'amende (1).

De même, en matière forestière, la commune est
passible des pénalités édictées par les art. 72-3°, 77
et 199 du Code forestier contre les propriétaires d'animaux trouvés en délit ; des amendes peuvent être prononcées contre la commune, pour des infractions aux
dispositions qui lui sont imposées dans l'exercice de
ses droits d'usage et d'affouage (C. f., art. 73, 74, 75,
82, 83). C'est ainsi que la jurisprudence a fait application de cette idée : 1° dans le cas où le troupeau
communal, conduit par le pâtre commun, avait été trouvé
dans un bois de l'Etat où la commune n'avait aucun
droit (2) ; 2° en cas d'abatage d'arbres réservés et pour

(1) Conseil d'Etat, 14 juin 1851 (commune de Tournon).
(2) Cass., 18 septembre 1835. Dalloz, *Répert.*, v° *Forêts*,
n° 744.

délits commis à l'ouie de la cognée dans les ventes ex-
ploitées pour le compte de la commune (1). Dans ces
diverses hypothèses, la commune est considérée
comme un propriétaire ordinaire, elle encourt les
mêmes peines.

Mais, à côté de ces amendes qui participent du
caractère des dommages-intérêts, il en est d'autres
qui sont de nature exclusivement pénale, peuvent-elles
être prononcées contre la commune ? Nous ne le croyons
pas. Il est juste que la commune, qui a commis une
faute en choisissant mal ses agents, soit obligée de réparer le préjudice causé ; mais l'amende a un caractère
personnel ; elle s'adresse spécialement à l'auteur du
dommage, le plus souvent sans considération de la qualité en laquelle il a agi ; comment admettre qu'elle
puisse être mise à la charge de la commune ? Cependant, le doute est permis quand il s'agit de l'art. 72 du
Code forestier, qui déclare la commune responsable
des condamnations pécuniaires prononcées contre le
pâtre du troupeau commun. Cette responsabilité s'é-
tend-elle aux amendes que le pâtre peut encourir, par
application de l'art. 76 du Code forestier par exemple ?
La réponse à cette question semble certaine, en présence de la généralité des termes de l'art. 72, qui se
sert des expressions les plus larges « condamnations

_____

(1) Cass., 5 mai 1813. Dalloz, *Répert.*, v° *Forêts*, n°ˢ 317-4°
et 1168-3°. Cet arrêt a été rendu sous l'ordon. de 1669.

pécuniaires ». Ces mots désignent les dommages-intérêts et les amendes; c'est ce qui a conduit certaines Cours d'appel à se prononcer dans le sens de l'extension de la responsabilité des communes. Arrêtons notre attention sur l'une de ces décisions : « Attendu, porte un arrêt de la Cour de Toulouse du 8 février 1862 (1), que l'art. 206 dit que les maris, pères, mères et tuteurs (et en général tous les maîtres et commettants) sont civilement responsables; que l'art. 72 ne contient pas le mot civilement, voulant ainsi élargir la responsabilité qu'il prévoit; que l'art. 206 encore énonce que la responsabilité dont il s'occupe sera réglée conformément à l'art. 1384 du Code civil; que l'art. 72 ne contient pas ce renvoi, comme s'il entendait que la responsabilité qu'il fonde ne doit pas se plier à cette application et être restreinte par cet art. 1384; que l'art. 206 dit enfin que la responsabilité s'étendra aux restitutions, dommages-intérêts et frais, tandis que l'art. 72 veut que la responsabilité des communes s'étende aux condamnations pécuniaires, sans spécifier ces condamnations et paraissant ainsi les embrasser toutes et n'en accepter aucune, même les amendes. » La question ne pouvait faire aucun doute dans les termes où la Cour de Toulouse a eu à la résoudre; le pâtre d'un troupeau communal avait, en exécution d'un ordre de l'autorité municipale, introduit des bestiaux dans un bois âgé

(1) Toulouse, 8 février 1862 ; D., 62, 2, 97.

de moins de dix ans non reconnu défensable; il était naturel que l'amende prononcée contre le pâtre fût mise à la charge de la commune. Retenons cependant les arguments invoqués à l'appui de l'opinion de l'opinion présentée par la Cour de Toulouse; ils reposent sur la comparaison des art. 72 et 206 du Code forestier et ne nous semblent nullement justifiés. En effet, il résulte des travaux préparatoires du Code forestier que le sens de la disposition de l'art. 72 est le même que celui de l'art. 206; or, dans le projet du Code, l'art. 72 visait directement l'amende, et on a remplacé ce mot par les expressions « condamnations pécuniaires », termes généraux qui devaient se concilier avec tous les systèmes de responsabilité qui pourraient être établis par l'art. 206. Lorsqu'on discuta cet article, on fit disparaître de son texte le mot *amende*, et cette suppression dut nécessairement rétroagir sur le sens de l'art. 72, à raison même du lien qui existait entre ces deux dispositions. Il résulte donc de la suppression du mot *amende* votée par la Chambre, que si la responsabilité établie par l'art. 206 du Code forestier est purement civile, et ne s'étend pas aux condamnations qui ont le caractère d'une peine; l'interprétation que comporte l'art. 72 ne doit pas être plus large, c'est l'application du principe de la personnalité des fautes; nous en concluons que les amendes auxquelles peuvent donner lieu les délits commis par le pâtre doivent être prononcées contre lui et non contre la commune.

Nous avons démontré, en indiquant quelques restrictions, que l'art. 1384 - 3° était applicable aux communes; mais ce n'est pas la seule responsabilité qu'elles puissent encourir, elles sont encore soumises aux dispositions des art. 1385 et 1386 du Code civil. Aux termes de l'art. 1385, « le propriétaire d'un animal, ou celui qui s'en sert, pendant qu'il est à son usage, est responsable du dommage que l'animal a causé, soit que l'animal fût sous sa garde, soit qu'il fût égaré ou échappé ». La commune est certainement responsable des dommages causés par les animaux qui lui appartiennent; mais n'y aurait-il pas lieu de faire peser sur elle une certaine responsabilité, à raison de l'autorisation donnée par le maire à un dompteur de bêtes féroces de montrer ses élèves en public, si ces animaux sortaient de leur cage et faisaient des victimes au dehors? Cette question, en touchant à notre sujet, se rattache à celle que nous avons résolue précédemment, sur les obligations dont le maire peut grever la commune en sa qualité de chef de la police municipale. Nous n'hésitons pas à décider que la commune serait engagée, si le maire n'avait pas pris toutes les mesures nécessaires pour prévenir les accidents.

L'art. 1386 dispose que « le propriétaire d'un bâtiment est responsable du dommage causé par sa ruine, lorsqu'elle est arrivée par suite du défaut d'entretien ou par le vice de sa construction ». Le mot bâtiment doit être pris dans un sens large ; il ne désigne pas seulement une maison d'habitation, mais une construction quelconque ; sinon on sera conduit à décider que l'accident, survenu par l'écroulement d'un simple mur bordant la voie publique, n'engage pas la responsabilité de son propriétaire. L'art. 1386 s'applique aussi à une baraque en planches qui s'effondre sous le poids de la toiture ; de même encore, croyons-nous, que le dommage causé aux propriétaires riverains, par l'écroulement d'un barrage construit par la commune, donnerait lieu à une action en réparation. Alors même que la construction ne serait pas détruite, si les eaux minaient la rive, pour se frayer un passage, en causant un dommage aux propriétés voisines, la commune en serait tenue, car ce dégât n'aurait pas été causé, si elle avait laissé la rivière à son cours naturel. Ajoutons que la commune ne saurait être inquiétée de ce chef qu'autant que la partie lésée n'aurait aucune faute à se reprocher. Ainsi, la Cour de Paris (1) a décidé que le conducteur d'une voiture de roulage, sous laquelle un pont communal s'était écroulé, ne pouvait pas réclamer de dommages-intérêts à la commune, parce que, au lieu de suivre la grande route, il avait pris un che-

(1) Paris, 25 thermidor an XII. Devil, 1791-1830, t. I, 2 213.

min de traverse qui aboutissait à ce pont. Nous apporterons une autre restriction au principe de l'application de l'art. 1386 : une commune, propriétaire d'un édifice classé parmi les monuments historiques, n'est pas responsable du dommage causé par sa ruine, bien que l'accident soit la suite d'un défaut d'entretien ou d'un vice de construction, aucune présomption de faute ne pouvant peser sur elle, dès l'instant où elle a cessé d'avoir le droit de remédier aux vices de construction et d'exécuter les réparations ; en effet, ces monuments historiques sont placés sous la direction exclusive d'une commission spéciale et du Ministre des beaux-arts (Dijon, 21 janvier 1869) (1).

Dans ces différents cas de responsabilité communale, les tribunaux judiciaires sont compétents. Au début de cette partie de notre étude, nous avons signalé une opinion contraire reposant sur la non application aux communes de l'art. 1384-3° du Code civil ; en démontrant que cette disposition régissait non seulement les rapports des particuliers entre eux, mais aussi ceux des communes et des particuliers, nous avons prouvé qu'il n'était pas possible de nous écarter des règles ordinaires en matière de compétence. La question avait été mise en doute à l'occasion de l'action dirigée contre la ville de Marseille, responsable des accidents sur-

____

(1) Dijon, 21 janvier 1869 ; S., 70, 2, 74.

venus dans les arènes dressées pour les courses de
taureaux dans le courant de l'année 1881. La Cour de
cassation (1) a décidé que l'autorité judiciaire était
compétente pour connaître de l'action en responsabilité intentée, par un particulier contre une commune,
en réparation du préjudice qu'il a éprouvé par suite de
la faute de ses préposés. Observons toutefois, que si
le fait reproché à la commune avait un caractère administratif et s'il devait entraîner un contrôle ou une
interprétation, ce serait aux juges administratifs qu'il
appartiendrait d'examiner l'acte incriminé. Ainsi, les
tribunaux civils (2) sont incompétents pour connaître
d'une demande en dommages-intérêts formée contre
une commune, et fondée sur ce que l'insalubrité d'une
chambre de sûreté et la négligence des agents de la
police municipale ont causé la mort d'un individu dé-
tenu dans cette chambre de sûreté, la police des pri-
sons relevant exclusivement de l'autorité administrative. Nous apportons cependant un tempérament à
cette idée, c'est que les tribunaux de l'ordre judiciaire
sont compétents pour apprécier l'acte d'un maire que
l'on qualifie d'arrêté municipal, lorsque dans la réalité
cet acte ne présente aucun caractère administratif (3).

(1) Cass., req., 10 juin 1884 ; S., 85, 1, 165 ; D., 84, 1, 365.
Cass., 3 novembre 1885 ; S., 86, 1, 249 ; D., 86, 1, 397.
(2) Trib. de St-Nazaire, 31 mars 1882 ; D., 85, 3, 103.
(3) Cass., req., 2 août 1836 ; S., 37, 1, 166.

Jusqu'à présent, nous n'avons envisagé la commune que comme susceptible d'encourir une certaine responsabilité à l'égard des tiers, par suite des délits commis par ses préposés ; mais elle peut encore être engagée envers ceux de ses agents qu'elle renvoie sans indemnité. C'est un droit incontestable pour le chef ou pour le maître, qui engage un employé ou un serviteur pour un temps indéterminé, de le renvoyer quand il le juge à propos ; cependant il est équitable, et la jurisprudence presque unanime des tribunaux a consacré cette règle, de le prévenir un certain temps à l'avance ou de lui donner une indemnité, afin de lui permettre de vivre pendant le temps qui lui est nécessaire pour trouver un emploi nouveau (1). Cette règle s'applique à la commune dans ses rapports avec son secrétaire de mairie et ses autres préposés.

Remarquons, cependant, que le contrat qui se forme entre la commune et ses agents est un louage de services pour un temps indéterminé ; il prend fin à l'époque qu'il convient aux parties de fixer, pourvu qu'elles observent les délais d'usage (2).

(1) Nancy, 23 juin 1860 ; S., 61, 2, 165. Paris, 9 mai 1865 ; S., 65, 2, 210. Lyon, 3 février 1872 ; S., 74, 2, 119. Paris, 17 août 1872, S., 72, 2, 183.

(2) Cass. civ., 10 mai 1875 ; S., 75, 1, 264. Cass. civ., 10 mai 1876 ; S., 76, 1, 265.

DEUXIÈME PARTIE

———

RESPONSABILITÉ SPÉCIALE DES COMMUNES

———

Outre la responsabilité de droit commun, la loi établit à la charge des communes des présomptions de faute dans des cas déterminés; c'est au point de vue de cette extension que nous devons nous placer. En parcourant ces diverses hypothèses, nous pourrons constater que, le plus souvent, le législateur a fait application des règles ordinaires du droit. Cependant, ce n'est pas par défaut de méthode que nous avons négligé d'examiner ces situations particulières dans la première partie de notre étude; nous ne l'avons pas fait parce que le caractère de la commune, personne morale d'existence purement fictive, conduit à des applications spéciales des principes du droit commun. Jusqu'à présent, nous avons considéré la commune comme un individu ou plutôt comme une personne civile investie de presque tous les droits et tenue des mêmes obligations qu'un individu ; nous devons l'envisager maintenant comme être collectif, comme agrégation de personnes groupées par des intérêts communs. Il s'agit non plus de la responsabilité d'actes individuels, mais de la garantie de faits ayant un caractère collectif et public : c'est le point de vue auquel nous nous placerons dans nos développements ultérieurs. Nous inspirant du cours (1) de notre savant professeur, M. Ducrocq, nous diviserons notre étude en trois titres :

Titre Ier. — Responsabilité civile des communes au cas de dégâts et dommages causés par des attroupements ou rassemblements armés ou non armés.

Titre II. — Responsabilité civile des communes pour faits de guerre ou réquisitions de guerre.

Titre III. — Responsabilité civile des communes en cas d'incendie.

(1) *Cours de droit administratif*, année scolaire 1885-1886.

TITRE PREMIER

Responsabilité civile des communes au cas de dégâts et dommages causés par des attroupements ou rassemblements armés ou non armés.

CHAPITRE PREMIER

HISTORIQUE, FONDEMENT ET CRITIQUE DE CETTE RESPONSABILITÉ

1° *Historique.* — Les grands rassemblements d'hommes constituent un danger. Seul et livré à lui-même, l'homme réfléchit, analyse chacun de ses actes, en pèse toutes les conséquences ; au contraire, lorsqu'il se trouve mêlé à la foule, il se croit garanti aux yeux de sa conscience par le contact de ceux qui l'entraînent. C'est ainsi que les natures faibles subissent le joug des perturbateurs, très souvent par inexpérience, plus fréquemment encore dans la crainte d'être reniées par leurs semblables. Aussi, le législateur a-t-il dû prendre des mesures pour éviter les grandes réunions d'hommes dans les lieux publics (1). Mais, aux temps où les passions sont surexcitées et où la raison est bannie de tous les esprits, il faut plus qu'un régime préventif ou des pénalités qui ne corrigent pas ceux qu'elles atteignent et qui ne soulagent pas ceux qui souffrent ; il faut que l'intérêt personnel soit engagé, c'est le seul moyen de mettre un frein aux violences qui ont souillé certaines pages de notre histoire ; tel fut le but de la loi des 23-26 février 1790 et de la loi du 10 vendémiaire an IV.

En se constituant en Assemblée nationale, le 17 juin 1789, les Etats généraux avaient décrété la révolution ; ils constituaient en face du roi un pouvoir dans l'Etat. Le signal était donné : on sentit qu'il suffisait d'avoir de l'audace pour secouer le joug qui asservissait les masses, l'exemple était parti d'en haut ; mais de même qu'on n'arrive pas au gouvernement sans y être préparé par une longue éducation, il faut un apprentissage pour arriver à un régime de liberté, sous peine de tomber dans les excès. C'est ce qui se produisit dans toutes les classes de la société : les nobles ne surent pas envisager froidement une situation dont ils auraient pu rester les maîtres ; les classes parvenues au pouvoir ne surent pas user de leur victoire avec modération et, après avoir fait disparaître ce qui les gênait, elles s'en-

(1) Loi du 21 octobre 1789 ; loi des 27 juillet-3 août 1791 ; loi du 10 avril 1831 ; loi du 7 juin 1848 ; loi du 22 juillet 1879 (art. 7 et 8).

tre-déchirèrent ; les classes inférieures ne furent pas mieux inspirées, elles se laissèrent aller au meurtre et au pillage, heureuses de faire disparaître les dernières traces d'une servitude qui les avait accablées pendant de longs siècles. L'exemple donné par la capitale fut suivi avec trop de zèle sur toutes les parties du territoire de la France ; cette masse affolée, enivrée par les premières senteurs de liberté, ne connut plus de bornes et se livra aux dernières atrocités ; aux murmures avait succédé une véritable jacquerie. Les habitants des campagnes brûlaient les châteaux de leurs seigneurs, ceux des villes s'unissaient à eux, et, sous prétexte d'anéantir les bastilles, dévastaient les propriétés particulières, en dispersaient le mobilier et jetaient aux flammes les titres, les archives et les bibliothèques.

L'Assemblée constituante voulut mettre un terme à ces excès : le duc d'Aiguillon, le vicomte de Noailles, Le Guen de Kérengal (1), député de la Basse-Bretagne, montèrent successivement à la tribune et signalèrent comme unique remède à cette effervescence, l'abolition des droits féodaux. L'Assemblée, enthousiasmée par ces propositions généreuses émanées des représentants de la noblesse, vota les décrets célèbres de la nuit du 4 août 1789. Ce vote fut l'occasion de nou-

____

(1) *Hist. parlement. de la Rév. fr.*, de Buchez et Roux, t. II, p. 229.

veaux désordres, parce que le roi hésita quelque temps
à publier ces décrets et ne leva son veto que le 3 novembre 1789.

Le généreux désintéressement des privilégiés ne pa-
rut pas suffisant, les désordres continuèrent ; les esprits étaient trop excités, c'était une vengeance contre
le passé qu'il leur fallait. Mounier essaya de fixer l'attention de l'Assemblée sur l'affreuse anarchie qu'on
cherchait à propager dans tout le royaume, il dénonça
les faux avis qu'on répandait dans toutes les provinces
pour faire ameuter le peuple et le conduire au pillage
et aux dévastations. Le 21 octobre 1789, l'Assemblée
constituante décréta la loi martiale. « La liberté, di-
« sait le préambule de cette loi, affermit les empires,
« mais la licence les détruit ; loin d'être le droit de
« tout faire, la liberté n'existe que par l'obéissance
« aux lois ; si, dans les temps calmes, cette obéissance
« est suffisamment assurée par l'autorité publique or-
« dinaire, il peut survenir des époques difficiles où les
« peuples, agités par des causes souvent criminelles,
« deviennent l'instrument d'intrigues qu'ils ignorent ;
« les temps de crise nécessitent momentanément des
« moyens extraordinaires pour maintenir la tranquil-
« lité publique et conserver les droits de tous. » Cette
loi s'occupait seulement du maintien de l'ordre ; les
officiers municipaux devaient, sous leur responsabilité,
requérir la force armée et disperser les attroupements
après trois sommations. L'Assemblée constituante

comprit qu'elle devait aller plus loin : elle avait doté les communes d'une organisation libre, leur permettant d'avoir, sous le nom de gardes nationales, des milices organisées ; il était juste de les soumettre à une responsabilité spéciale au cas où des désordres viendraient à se produire sur leur territoire. Un décret des 7-27 novembre 1789 déclara les municipalités, communes et gardes nationales conservatrices des biens ecclésiastiques. Un autre décret du 11 décembre de la même année mit les forêts de l'Etat, les bois des ecclésiastiques, des communautés d'habitants et de tous les particuliers du royaume sous la sauvegarde des municipalités. Ces mesures étaient insuffisantes : un décret du 23 février 1790 rendit les communes responsables des dommages causés par des attroupements si elles avaient été requises et si elles avaient pu les empêcher, sauf le recours contre les auteurs des attroupements. Le décret du 2 juin 1790 confirma le précédent, et mit à la charge des citoyens de chaque commune les dommages causés par ces violences, s'il avait été en leur pouvoir de les empêcher. Ces deux dispositions furent complétées par le décret du 6 octobre 1790 qui décida que l'indemnité des dégâts et dommages serait prise d'abord sur les biens des coupables et subsidiairement supportés par les communes qui ne les auraient pas empêchés lorsqu'elles l'auraient pu et qu'elles en auraient été requises par les officiers muni-

cipaux, responsables de leur négligence à cet égard (1).
C'est cette même idée que nous rencontrons dans les
lois des 27 juillet-3 août 1791, du 17 juillet 1792, du
5 mars 1793, du 16 prairial an III, dont l'art. 1ᵉʳ était
ainsi conçu : « Lorsqu'il sera commis des pillages de
« grains, farines ou subsistances sur le territoire d'une
« commune, la municipalité qui n'aura pas prévenu ou
« dissipé les attroupements, et tous les habitants de la
« commune qui n'auront pas désigné les auteurs, fau-
« teurs ou complices du délit seront solidairement res-
« ponsables de la restitution des objets pillés, ainsi que
« des dommages-intérêts dus aux propriétaires et de
« l'amende envers la République. » Aux termes de l'article 7 de la même loi, les habitants de la commune,
même lorsqu'ils avaient désigné les auteurs et complices du délit, étaient solidairement responsables, en
cas d'insolvabilité des coupables, de la restitution des
objets pillés, mais sans dommages-intérêts ni amende.
Enfin, une loi du 4 thermidor an III (art. 19), char-
geait les officiers municipaux et les habitants des lieux
où se tenaient les foires et les marchés du maintien de
l'ordre, à peine, en cas de troubles, d'être déclarés
responsables des événements, s'ils n'avaient pas fait ce
qui était en leur pouvoir pour prévenir et arrêter le
désordre.

Dans toutes les lois que nous venons de passer en

(1) Dalloz, *Rép.*, vᵒ *Commune*. nᵒˢ 2642 et 2643.

revue, nous avons pu constater la préoccupation constante du législateur de mettre un terme aux excès qui se produisaient sur tous les points du territoire; absorbé par les questions politiques, il prenait des mesures partielles dans les moments où la licence dépassait les bornes de la raison. Ces rigueurs, dictées par les circonstances, faisaient désirer une loi générale qui posât d'une manière plus précise les règles de la responsabilité communale; il ne suffisait pas d'avoir édicté quelques dispositions en prévision d'hypothèses particulières, il fallait établir les bases d'une législation en harmonie avec l'organisation nouvelle dont la commune avait été dotée et d'une application générale. La loi du 10 vendemiaire an IV pourvut à ce besoin.

En poursuivant l'histoire de la responsabilité des communes, nous rencontrons deux arrêtés par lesquels le Directoire a fait l'application expresse des principes de la loi de l'an IV. La contrebande s'était organisée sur un pied formidable, à la faveur des troubles intérieurs et de la guerre étrangère : les contrebandiers se réunissaient dans les départements frontières en troupes considérables, attaquaient les douaniers, détruisaient les bureaux et les papiers, et dévastaient les propriétés privées; les coupables disparaissaient ensuite, sans qu'il fût possible de les découvrir à cause de l'appui qu'ils trouvaient chez les populations. Un arrêté du Directoire exécutif du 8 nivôse an VI, déclara que l'art. 1er du titre IV de la loi du 10 vendémiaire an IV s'appliquait aux communes sur le territoire desquelles des attroupements ou rassemblements auraient pillé les bureaux ou maltraité les préposés des douanes. Un autre arrêté du 27 thermidor an VII fut rendu pour faire disparaître une ancienne coutume barbare, qui existait encore dans quelques départements, et en vertu de laquelle les habitants des communes du bord de la mer pillaient les bâtiments échoués sur les côtes ; le Directoire déclara les communes responsables, aux termes de la loi du 10 vendémiaire an IV, lorsque le pillage des effets naufragés avait eu lieu à force ouverte ou par attroupements.

La loi du 10 vendemiaire an IV a été en vigueur pendant près d'un siècle ; ce n'était pas seulement une loi de circonstance, une de ces mesures de rigueur destinées à assurer dans des temps de troubles le maintien de la sécurité publique ; elle imposait des obligations, dès lors elle devait reposer sur des principes. Elle ne présente plus aujourd'hui qu'un intérêt historique, mais nous ne devons pas oublier que si la loi du 5 avril 1884 (1) l'a fait disparaître de notre législation, elle en a maintenu le principe (2) en tranchant les difficultés principales qu'elle avait soulevées.

2° *Fondement et critique de la responsabilité des communes.* — La responsabilité communale se rattache

(1) Art. 168-3°.
(2) Art. 106, 107, 108 et 109.

comme toutes les autres à l'idée d'une faute; cependant, il y a plus ici, c'est une présomption légale établie par la loi à la charge des communes. A l'époque où la loi de vendémiaire fut édictée, la municipalité, chargée dans chaque commune du maintien de l'ordre public, avait à sa disposition la force armée nécessaire pour prévenir ou réprimer les troubles; elle était donc en faute lorsqu'elle laissait se produire les désordres qu'elle avait le devoir d'empêcher. Mais, la municipalité n'exerçait son pouvoir qu'en vertu d'une délégation qui lui était donnée par les électeurs : les officiers municipaux étaient librement choisis par leurs concitoyens, qui prenaient dans leur nombre ceux auxquels ils reconnaissaient les plus grandes qualités d'administrateurs; si leur choix avait été imprudent, il était naturel de leur en faire subir les conséquences. C'était l'idée fondamentale sur laquelle reposait la loi de l'an IV, et sur laquelle est encore basé le principe de l'art. 106 de la loi de 1884. Nous en avons la preuve dans les déclarations qui ont été faites lors de la discussion de cette loi :

« Si la commune est responsable, dit le rapporteur
« de la commission du Sénat, dans la séance du 13 fé-
« vrier 1884 (1), c'est par suite de la faute de l'admi-
« nistration municipale, et si la commune est respon-
« sable de l'administration munic pale, c'est parce que
« c'est elle qui a constitué l'administration municipale.

(1) Loi municipale, *Documents parlementaires*, p. 363.

« La commune est donc responsable précisément,
« dans les termes qui se rapprochent singulièrement
« du droit commun, des faits et gestes de son agent ».

Dans la séance du 11 mars 1884 (1), comme un sénateur demandait si la disposition de l'art. 106 dérivait d'une faute ou d'une espèce de collectivisme, le rapporteur répondit : « Je disais tout à l'heure et je « répète que le principe de la responsabilité civile des « communes, c'est la faute, c'est la faute commise. »

Peut-être, à ce premier motif, y aurait-il lieu d'en ajouter un second auquel nous avons déjà fait allusion et qui était exprimé dans l'article unique du titre Ier de la loi du 10 vendémiaire an IV : « Tous citoyens habitant la même commune sont garants civilement des « attentats commis sur le territoire de la commune, « soit envers les personnes, soit contre les propriétés. » Cette formule laisse bien voir l'intention du législateur d'intéresser toutes les personnes habitant un même territoire à la répression des troubles qui s'y produisent : impuissant à refréner l'excitation des esprits par la crainte des peines ordinaires, il a cru trouver une garantie plus sérieuse de la sécurité publique dans l'appréhension d'une condamnation pécuniaire. Nous n'allons pas plus loin. Cependant, on a soutenu que cette responsabilité spéciale reposait sur la solidarité que le législateur a voulu établir entre

(1) Loi municipale, *Documents parlementaires*, p. 528.

tous les membres d'une même commune : la commune, a-t-on dit, forme une espèce d'assurance mutuelle, une sorte d'association entre tous ses habitants dans le but de se protéger les uns les autres (1). Mais si l'idée est exacte, pourquoi en restreindre l'application aux cas où des dommages ont été causés par des attroupements, pourquoi ne pas l'étendre aux incendies, inondations, maladies épidémiques, épizooties, etc..? Les auteurs qui trouvent dans cette assurance mutuelle le principe de la responsabilité communale ajoutent que les pertes et les dommages, écrasants pour les particuliers qui en sont victimes, sont facilement supportés quand on les répartit sur un grand nombre. Cela est vrai jusqu'à l'évidence, mais la situation serait-elle bien différente en cas d'incendie ou d'inondation ? Au surplus, il ne saurait y avoir aucun doute sur cette question : la déclaration formelle qui a été faite par le rapporteur de la commission du Sénat, dans la séance du 11 mars 1884, prouve qu'il n'a pas été dans l'intention du législateur d'établir une espèce de collectivisme entre les habitants d'une commune et que la disposition de l'art. 106 repose uniquement sur la faute que les électeurs ont commise en choisissant mal leurs représentants.

La loi de l'an IV a été l'objet des plus vives critiques. Toullier (2) l'accable de ses anathèmes : « On

(1) Sourdat, *Traité général de la responsabilité*, t. II, p. 505.
(2) Toullier, t. XI, n° 238, p. 331.

« ne s'étonne point, dit-il, de trouver une loi si évi-
« demment contraire à toute notion de justice dans le
« Code d'un peuple encore barbare. Mais si l'expé-
« rience n'avait point démontré à quels écarts peut
« entraîner l'esprit de parti, soutenu par le pouvoir,
« jusqu'à quel point il peut égarer et aveugler les
« esprits d'ailleurs les plus éclairés, on serait frappé
« de surprise, en voyant cette loi barbare renouvelée
« dans le siècle tant vanté de la philosophie, dans
« le xviiie siècle, où le flambeau de la raison après
« avoir brillé d'un éclat si vif, semblait éteint par l'a-
« narchie et par les troubles civils. » On ne saurait
méconnaître, en effet, que le principe de la loi de
l'an IV était rigoureux. N'est-il pas injuste qu'un citoyen paisible soit continuellement exposé à se voir
ruiné pour la réparation d'un délit commis souvent
pendant la nuit et à une distance si considérable de son
habitation que, même pendant le jour, il n'eût pu en
avoir connaissance ? Comment faire supporter, à des
personnes qui ont tout intérêt au maintien du bon ordre, les conséquences des délits commis par des étrangers qui échapperont à la répartition des dommages-
intérêts ou même par des habitants de la commune que
leur insolvabilité mettra à l'abri de tout recours. Le
principe de la responsabilité communale est logique :
les électeurs se sont trompés en accordant leurs suffrages à quelques-uns de leurs concitoyens qui étaient
indignes de leur confiance, ils ont commis une faute

qui se résout par la réparation des dommages que les autorités municipales n'ont pas su empêcher. Si tel est le fondement de la responsabilité, pourquoi n'en pas faire peser la charge uniquement sur la majorité des électeurs; pourquoi n'en pas exempter tous ceux qui ne votent pas? La mère de famille qui ne songe qu'à l'éducation de ses enfants, n'a pris aucune participation directe ou indirecte aux désordres dont on lui impose la réparation.

Cependant, la loi de l'an IV a été en vigueur jusqu'en 1884 ; l'art. 168-3° de la loi municipale l'a fait disparaître de notre législation. Mais on en a maintenu le principe, en le débarrassant de tout ce qu'il avait d'excessif et de suranné. Le législateur moderne a cru que la tranquillité publique était mieux assurée par ces dispositions ; il les a considérées comme un moyen d'engager tous les habitants à user de leur influence et à employer leur activité personnelle à la répression des désordres. Il n'a pas reculé devant l'objection que nous faisions précédemment, ainsi que l'on peut en juger par la réponse qu'y a faite le rapporteur de la commission du Sénat (1) : « Mais quand la faute a été com« mise par l'être moral qui représente la commune, « elle réagit sur tous les habitants de la commune, en « vertu de cette présomption, qui est le fondement de « tout notre droit public, que c'est la commune tout

(1) Séance du 11 mars 1884, loi municipale, *Documents parlementaires*, p. 528.

« entière qui a nommé l'administration municipale.
« Celle-ci représente, en effet, tout aussi bien ceux
« qui ont apporté leur vote dans l'urne pour la nomi-
« nation des conseillers municipaux et du maire, que
« ceux qui, à raison de circonstances particulières ou
« de certaines situations personnelles, n'ont pas voté.
« La commune tout entière, comme être moral, est
« responsable de son représentant, de son mandataire,
« et c'est pour cela que, d'après le deuxième paragra-
« phe de l'art. 106 que vous avez voté, les habitants
« de cette commune, ceux qui la composent, sont su-
« jets à la répétition de dommages-intérêts ». Nous ne
croyons pas à l'efficacité de cette mesure qui inspirera
toujours des craintes à ceux qui, jouissant d'un certain
bien-être, sont intéressés à le conserver, mais qui sera
sans influence sur ceux qui cherchent les occasions de
causer des troubles dans lesquels ils n'ont rien à perdre.

Si le principe de la responsabilité des communes a
été consacré par la loi du 5 avril 1884, nous devons
dire qu'il a soulevé les plus vives discussions. A différentes reprises, soit à la Chambre des députés, soit au
Sénat, on demanda son abrogation absolue : ces tentatives furent infructueuses. Battus sur ce terrain, les
adversaires de cette disposition essayèrent d'y introduire des modifications qui devaient en restreindre
l'application. Dans la séance du 27 octobre 1883, un
député, M. Bernard, proposa un amendement ainsi
conçu : « Les communes *peuvent* être déclarées civile-

« ment responsables des dégâts et dommages résul-
« tant des crimes ou délits commis à force ouverte ou
« par violence sur leur territoire par des attroupe-
« ments armés ou non armés, soit envers les personnes,
« soit contre les propriétés nationales ou privées, lors-
« qu'elles n'ont pas pris toutes les mesures qui étaient
« en leur pouvoir à l'effet de maintenir l'ordre ». C'é-
tait un retour aux règles ordinaires de la preuve : le
but de l'auteur de cet amendement était d'obliger ceux
qui se plaindraient d'un dommage à prouver la faute
de la commune. Cette modification fut rejetée sur les
observations d'un membre de la commission, qui fit
remarquer que la présomption légale de faute cessait
de s'appliquer lorsque toutes les précautions avaient
été prises pour maintenir le bon ordre. L'intention du
législateur de 1884 est donc bien certaine ; il a voulu
laisser subsister la responsabilité établie par la loi du
10 vendémiaire an IV, mais il résulte du texte nouveau et des déclarations qui ont été faites au cours de
la discussion qu'il n'en a emprunté que le principe.

Nous aurons, dans la suite de notre étude, à envisager les différentes questions qu'a soulevées la loi de
vendémiaire, les conditions légales de la responsabilité
des communes et les exceptions qu'elles peuvent invoquer, l'étendue de leur obligation, le mode d'exercice
de l'action ; nous examinerons les applications qu'en a
faites la jurisprudence et la solution définitive que
comporte chacune d'elles sous la loi du 5 avril 1884.

CHAPITRE II

CONDITIONS LÉGALES DE LA RESPONSABILITÉ DES COMMUNES

Deux sortes de communes sont déclarées responsables des crimes ou délits causés par des attroupements : 1° celles sur le territoire desquelles les dommages ont été causés (art. 1ᵉʳ, titre IV de la loi de l'an IV ; art. 106, § 1, de la loi de 1884); 2° celles auxquelles appartiennent les personnes qui ont pris part aux attroupements (art. 3, titre IV de la loi de l'an IV ; art. 107 de la loi de 1884).

Première section. — *Responsabilité des communes sur le territoire desquelles les dommages ont été causés.* — L'art. 106, § 1 de la loi du 5 avril 1884, qui a remplacé l'art. 1ᵉʳ du titre IV de la loi de vendémiaire, est ainsi conçu : « Les communes sont civilement respon- « sables des dégâts et dommages résultant des crimes « ou délits commis à force ouverte ou par violence sur « leur territoire par des attroupements ou rassemble-

« ments armés, ou non armés, soit envers les person-
« nes, soit contre les propriétés publiques ou privées. »
On voit, d'après cette disposition, que les communes
ne sont pas obligées indistinctement par tous les crimes ou délits commis sur leur territoire, mais seulement par ceux qui ont un caractère collectif. Nous n'a-
vons pas à revenir sur les circonstances qui ont motivé
les dispositions de la loi de l'an IV ; loin de les étendre,
le législateur moderne avait le devoir de les restreindre
et de ne pas les appliquer aux délits individuels.

La responsabilité communale est soumise à trois
conditions : 1° Les faits dommageables doivent être
qualifiés crimes ou délits par le Code pénal ; 2° il faut
que ces crimes ou délits aient été causés par des attroupements ou rassemblements armés ou non armés ;
3° il faut qu'il soit résulté de ces faits des dégâts et
dommages envers les personnes ou contre les propriétés (1).

§ 1. *Les faits dommageables doivent être qualifiés crimes ou délits par le Code pénal et constituer des actes de
violence.* — Cette condition est indiquée d'une manière
formelle par l'art. 106, § 1 ; elle ne comporte aucune
extension. N'oublions pas, en effet, que si la responsabilité qui pèse sur les communes se justifie aux yeux
de la raison, elle n'en est pas moins exceptionnelle et

(1) Nous empruntons cette division au cours de M. Ducrocq,
année scolaire 1885-1886.

ne peut pas être étendue au delà des termes qui l'établissent. Or, en droit civil, on considère comme délit tout fait illicite portant préjudice à autrui; en droit pénal, on appelle crime l'infraction que les lois punissent d'une peine afflictive ou infamante; on donne le nom de délit à l'infraction que les lois punissent de peines correctionnelles (1). C'est dans ce dernier sens qu'il convient d'expliquer l'art. 106, § 1. Nous reconnaissons cependant que cette interprétation est rigoureuse, car la commune échappera à toute responsabilité dans certaines hypothèses à l'occasion desquelles il paraîtrait juste de lui faire sentir le poids de sa faute; nous voulons parler des atteintes portées à la considération d'une personne, comme un charivari organisé par une partie de la population. La condition première exigée par l'art. 106 ne se rencontre pas dans cette hypothèse; car, alors même qu'à cet acte se joindraient des circonstances qui le feraient participer du caractère du délit, il n'aurait pas été commis à force ouverte ou par violence.

Il ne suffit pas, en effet, qu'un crime ou qu'un délit ait été commis par un attroupement sur le territoire de la commune, pour lui en faire assumer la responsabilité, il faut encore qu'il ait été commis à force ouverte ou par violence. Ainsi, il a été décidé qu'une commune n'était tenue d'aucune obligation, en cas d'occupation

(1) Code pénal, art. 1er.

paisible d'une propriété par ses habitants, et en cas de travaux effectués sans violence, bien que cette occupation et ces travaux eussent constitué une atteinte illégale au droit de propriété (Angers, 1er juin 1842; Cass., 13 novembre 1871) (1). Ces décisions et d'autres que nous pourrions citer montrent qu'il ne s'agit pas ici d'un dommage quelconque; il faut que le délit ait été commis par un attroupement ayant un caractère séditieux. Nous trouvons cette idée nettement formulée dans les considérants d'un arrêt de la Cour de Bordeaux (2) : « Attendu, y est-il dit, qu'il ne s'agit point, dans l'espèce, de *violences* et d'attroupements tels qu'ils sont qualifiés par la loi du 10 vendémiaire an IV, mais d'une entreprise faite par des particuliers sur la propriété de l'intimé ». Il résulte de cette proposition que des actes de violence quelconques ne sont pas suffisants pour engager la responsabilité d'une commune; ces actes ne constituent que des délits purement privés dont la réparation peut être poursuivie conformément aux règles du droit commun. Nous conviendrons, cependant, que si les diverses décisions qui confirment notre opinion permettent d'établir cette distinction, le défaut de critérium en cette matière est de nature à soulever des difficultés sur le caractère des violences.

Il faut que les crimes ou délits aient été commis à

(1) Angers, 1er juin 1842, *Journ. du Pal.*, 1842, t. II, p. 569. Cass., 13 novembre 1871; S., 71, 1, 233.

(2) Bordeaux, 3 janvier 1839; D., 39, 2, 182.

force ouverte ou par violence, mais il n'est pas nécessaire que la partie lésée ait opposé une résistance. Il a été décidé que les circonstances de la nuit et du défaut de résistance n'empêchaient pas qu'il pût y avoir force ouverte. On ne saurait exiger, comme condition de la responsabilité, le fait d'une opposition qui aurait été faite à la violence, sans restreindre la généralité de la garantie que le législateur a formellement établie dans les cas qu'il a spécifiés. Cette restriction aurait pour conséquence de laisser sans défense les propriétés qui, soit par l'absence des propriétaires ou de leurs préposés, soit par la faiblesse ou l'impuissance des uns et des autres, appellent plus particulièrement la protection publique (1). Cette interprétation ne saurait être mise en doute ; l'art. 106, § 1, qui est conçu dans les mêmes termes que l'art. 1ᵉʳ, titre IV, de la loi de vendémiaire, dit : « crimes ou délits commis à force ouverte *ou* par violence. » Il est certain que ces deux termes ont été mis à la suite l'un de l'autre, parce que le législateur prévoyait deux hypothèses : la première, dans laquelle la partie lésée n'oppose aucune résistance ; la seconde, dans laquelle on répond à la violence par la violence ; il fallait deux expressions pour désigner ces deux situations.

§ 2. *Il faut que les crimes ou délits aient été commis*

(1) Cass., 2 mai 1842 ; S , 42, 1, 566.

par des attroupements ou rassemblements armés ou non armés. — L'art. 106, § 1, ne s'applique pas indistinctement à tous les crimes ou délits, mais seulement à ceux qui présentent un caractère collectif; il suppose un soulèvement, une émeute. Cette condition essentielle est indiquée dans les art. 106, 107, 108 de la loi de 1884, c'est-à-dire dans presque toutes les dispositions qu'elle consacre à la matière (art. 1, 2, 3, 4, 5, 6, tit. IV; art. 1, tit. V, de la loi de l'an IV). La loi de vendémiaire dérogeait à cette règle dans les art. 9 et 10, du titre IV; le législateur moderne ne l'a pas suivi dans cette voie; il ne s'est pas écarté du principe qu'il a posé. Ne croyant pas qu'il fût possible de supprimer complètement la responsabilité des communes, il a voulu la restreindre dans des limites plus étroites, en la subordonnant à des conditions précises et en écartant des dispositions qui ne se justifiaient plus de nos jours. Mais que faut-il entendre par attroupement ou rassemblement dans le sens de l'art. 106, § 1, quel est le nombre de personnes nécessaire pour qu'une réunion ait ce caractère? La loi de l'an IV ne s'expliquait pas sur ce point, celle de 1884 est aussi sobre de détails; il faut donc se référer aux indications contenues dans les lois spéciales.

Nulle part, la question n'est résolue d'une manière bien certaine, et ce défaut de précision a conduit la Cour de cassation à baser ses décisions sur les textes du droit romain. Appelée à trancher cette difficulté,

la Cour suprême n'a pas trouvé dans nos lois les éléments de la solution, elle a fait appel aux règles de la
législation romaine et y a trouvé un texte d'Ulpien qu'elle
invoque dans son arrêt du 27 avril 1813 (1), la loi 4,
§ 3, *Vi bonorum raptorum*, D., 47, 8. « *Turbam autem
ex quo numero admittimus ? Si duo rixam commiserint,
utique non accipiemus in turba id factum : quia duo
turba non proprie dicentur. Enimvero si plures fuerunt,
decem, aut quindecim homines, turba dicetur. Quid ergo,
si tres, aut quatuor ? turba utique non erit. Et rectissime
labeo inter turbam et rixam multum interesse ait ; namque
turbam, multitudinis hominum esse turbationem et cœ-
tum ; rixam, etiam duorum.* » C'est sur ce texte que la
Cour de cassation s'est appuyée pour préciser le sens
du mot attroupement : « Attendu, dit l'arrêt de 1813,
qu'à l'époque où la loi du 10 vendémiaire an IV fut
émise, la loi 4 précitée était la seule qui définît le
simple attroupement ; que par conséquent, elle est
censée s'être référée à cette définition. » C'était un
oubli singulier des textes antérieurs. La loi martiale
rendue contre les attroupements, le 21 octobre 1789,
avait négligé de dire ce qu'il fallait entendre par attroupement ; mais le décret des 27 juillet-3 août 1791,
relatif à la réquisition et à l'action de la force publique
contre les attroupements, avait comblé cette lacune
par un article additionnel à la loi martiale ainsi conçu :

(1) Cass., 27 avril 1813 ; S., 20, 1, 471.

« La loi martiale continuera à être proclamée, lorsque la tranquillité publique sera habituellement menacée par des émeutes populaires ou attroupements séditieux qui se succéderaient l'un l'autre. Pendant le temps que la loi martiale sera en vigueur, toute réunion d'hommes au-dessus du nombre de *quinze*, dans les rues et places publiques, avec ou sans armes, sera réputée attroupement. » La même idée se rencontrait dans le Code pénal du 25 septembre 1791 dont les art. 3 et 4 (2ᵉ part., tit. 1ᵉʳ, sect. IV), distinguaient les attroupements de plus de quinze personnes et ceux qui en comprenaient un nombre moins considérable. C'était donc une erreur de prétendre que, au moment où la loi du 10 vendémiaire an IV fut émise, la loi 4, § 3, D., livre XLVII, titre VIII, était la seule qui définît l'attroupement.

La question devait se présenter lors de la rédaction du Code pénal de 1810 ; malheureusement on n'a pas apporté dans sa solution toute la précision désirable, et nous pouvons nous demander si l'art. 484 du Code pénal n'a pas laissé subsister les dispositions des lois de 1791 sur les attroupements. L'art. 440 du Code pénal punit des travaux forcés à temps tout pillage ou dégât de denrées ou marchandises, effets, propriétés mobilières, commis en réunion ou bande et à force ouverte. Les art. 211 et 212 nous disent ce qu'il faut entendre par bande ou réunion ; il suffit, pour que les accusés soient passibles des peines prononcées par l'art. 440, que le pillage ou dégât ait été commis à force ouverte par une réunion ou bande composée *de trois personnes*. La même idée avait été consacrée par une loi du 13 floréal an XI (art. 3), qui décidait qu'il y avait contrebande avec attroupement, lorsqu'elle était faite par trois personnes au plus.

Bien que ces textes paraissent formels, nous refusons de les étendre au delà des hypothèses spéciales qu'ils ont prévues : il ne s'agit ici que d'une aggravation de peine résultant de ce qu'un délit a été commis par une réunion de personnes; la gravité de l'infraction s'accroît avec le nombre de ceux qui l'ont commise, parce que l'ordre social est plus menacé par cette coalition pour le crime, mais nous ne croyons pas qu'il ait été dans l'intention du législateur de déterminer, dans ces dispositions, le nombre de personnes nécessaire pour constituer un attroupement. Le principe de l'art. 106 est exceptionnel, il ne convient pas de l'étendre en dehors de ses termes; reconnaître ici l'application des art. 211 et 212 du Code pénal, ce serait aggraver la charge déjà trop lourde qui pèse sur les communes. Ecartons donc ces dispositions rigoureuses comme celle de l'art. 3 de la loi du 13 floréal an XI. D'ailleurs, les lois des 27 juillet-3 août et du 25 septembre 1791 n'avaient pas été abrogées; l'article 1er de la loi du 10 avril 1831 sur les attroupements contenait un renvoi formel au premier de ces deux textes; le Code pénal de 1810, n'ayant pas fixé d'une manière précise le sens du mot attroupement, laissait subsister le second.

Depuis 1810, plusieurs lois ont été rendues sur les attroupements; nous en avons cité une, celle du 10 avril 1831, mentionnons encore la loi du 7 juin 1848, la loi du 22 juillet 1879 (art. 7 et 8) et nous aurons parcouru la série des dispositions législatives édictées sur cette matière. Il est remarquable qu'aucune d'elles ne dise ce qu'est un attroupement. Peut-être ce silence est-il volontaire; il est difficile, en effet, de donner un critérium dont on ne puisse pas s'écarter, car tout dans cette question dépend des circonstances, et le législateur a fait œuvre de sagesse en laissant au juge le soin de les apprécier. Dans une petite localité, une réunion de dix personnes peut former un attroupement dangereux, capable de causer des dégâts considérables; soustraira-t-on la commune à toute responsabilité dans cette hypothèse? Si plusieurs groupes de quatorze personnes parcourent la commune dans des sens différents et y jettent le trouble et la désolation, refusera-t-on d'appliquer l'art. 106 de la loi de 1884? D'autre part, il ne serait pas plus raisonnable de considérer comme un rassemblement la réunion de trois personnes. Rien n'est plus difficile que de poser une règle absolue en cette matière, il faut avant tout tenir compte des circonstances et laisser aux tribunaux le soin d'apprécier ces questions de fait. Telle paraît bien avoir été la pensée du législateur, qui peut être déduite d'un passage de la discussion qui a eu lieu au Sénat, le 13 février 1884 : « Je suppose, dit un sé- « nateur, qu'au lieu d'être causé par un attroupement « de *dix à quinze* personnes, le dégât soit le fait d'un « seul malfaiteur... » On sent, dans ce défaut de pré- cision, l'intention de ne pas poser une règle générale, à cause des difficultés qu'elle soulèverait. C'était du reste la solution récemment consacrée par la jurispru- dence de la Cour de cassation (1) sous la loi de vendé- miaire ; elle était admise par la majorité des auteurs. « L'attroupement, dit Trolley (2), n'est donc pas défini « d'une manière absolue : c'est, en effet, quelque chose « de relatif, et c'est au juge à reconnaître si, en fait, « d'après la population de la commune, [et les circon- « stances, il y avait ou non attroupement et délit commis « à force ouverte. » C'est encore le système proposé par M. Sourdat (3). Cependant, certains jurisconsultes, et des plus estimés, parmi lesquels nous citerons Le Sellyer, Merlin et Toullier (4), pensaient que par attrou pement ou rassemblement on ne pouvait entendre qu'une réunion composée au moins de quinze per- sonnes. Dalloz (5), au contraire, s'était rangé à l'opinion

(1) Cass., 14 février 1872 ; S., 72, 1, 224.
(2) Trolley, *Organ. et comp. adm.*, t. IV, p. 391.
(3) Sourdat, *Traité général de la responsabilité*, t. II, n° 1383.
(4) Le Sellyer, *Traité de la crim., de la pén. et de la respons.*, t. II, p. 160. — Merlin, *Répert.*, v° *Commun. d'hab.*, n° 12. — Toullier, t. XI, n° 239.
(5) Dalloz, *Répert.*, v° *Commune*, n° 2662.

ancienne de la Cour de cassation et interprétait le mot attroupement par la loi romaine. Nous avons suffisamment expliqué les raisons qui nous décident à rejeter ces deux solutions.

La commune n'est donc engagée qu'autant que les dommages ont été causés par des attroupements; cette condition est essentielle. Ainsi, il a été décidé (1) que, pour qu'une commune fût civilement responsable des dommages causés à des propriétés sur son territoire, il fallait que ces dommages eussent été causés par des attroupements ou rassemblements. L'arrêt qui posait ce principe annulait trois jugements qui avaient condamné des communes à payer des indemnités pour la réparation de délits dont on n'avait pas établi le caractère collectif (2). Les procès-verbaux dressés par les officiers municipaux constataient simplement que des dégâts avaient été commis par des malveillants; les jugements ajoutaient que les dévastations avaient dû être nécessairement causées par des réunions de plusieurs personnes, mais rien ne le prouvait.

D'ailleurs, il importe peu, au point de vue de la responsabilité civile des communes, que les attroupements soient armés ou non armés. Aux termes de l'art. 214 du Code pénal, « toute réunion d'individus pour un crime ou un délit est réputée réunion armée,

(1) Cass., 27 avril 1813; S., 20, 1, 471.
(2) Toull er, t. XI, n° 239.

lorsque plus de deux personnes portent des armes ostensibles. » Cette disposition a été modifiée par la loi du 7 juin 1848 sur les attroupements, dont l'art. 2 est ainsi conçu : « L'attroupement est armé : 1° quand plusieurs des individus qui le composent sont porteurs d'armes apparentes ou cachées ; 2° lorsqu'un seul de ces individus, porteur d'armes apparentes n'est pas immédiatement expulsé de l'attroupement par ceux-là mêmes qui en font partie. » Cette distinction n'a d'importance qu'au point de vue de la répression, elle n'a pas d'intérêt pour nous, puisque l'art. 106 rend les communes responsables des dommages causés par les rassemblements armés ou non armés.

Il n'y a pas à tenir compte non plus de la cause et du mode de formation de l'attroupement ; inoffensif dans le début, il a pu devenir hostile et dangereux dans la suite. Il est même remarquable que les désordres se produisent presque toujours de cette manière. Lorsque le mouvement est spontané, les agents de la force publique sont impuissants et incapables de résister à sa violence ; il est plus facile à réprimer, lorsqu'il est précédé d'une période d'incubation qui donne à l'autorité le temps de prendre les précautions nécessaires pour en empêcher le développement. Les émeutes les plus dangereuses sont celles qui naissent d'événements fortuits et dans lesquelles chacun subit un entraînement dont il ne prévoit pas les conséquences funestes. La loi ne fait aucune distinction entre le rassemblement tumultueux dès le principe, et le rassemblement qui, tout d'abord inoffensif, devient après coup tumultueux. L'autorité municipale doit réunir des forces suffisantes dans les endroits et les spectacles qui peuvent attirer une grande foule ; elle doit veiller sur toute agglomération d'individus, quel que soit le mobile de leur concours, car ce seul fait doit attirer son attention et provoquer de sa part une surveillance plus active. Si la municipalité manque à ses devoirs, la commune doit être responsable de sa négligence. On ne saurait introduire ici une distinction qui n'est pas dans la loi et qui est si manifestement contraire à son esprit. C'est dans ce sens que la Cour de cassation a résolu la question par un arrêt du 10 août 1869 dont la portée est d'autant plus grande que l'espèce sur laquelle il a été rendu était plus douteuse : une foule réunie pour un spectacle, irritée de l'inexécution du programme, avait dévasté le théâtre ; la réunion avait été d'abord pacifique, puis les dispositions des esprits avaient changé sous l'influence de faits postérieurs, devait-on rendre la commune responsable des dommages causés? La Cour suprême n'a pas hésité à l'admettre (1).

Il n'y a pas non plus à s'occuper du but de l'attroupement, peu importe que ce soit un mouvement politique ou simplement un acte de protestation ; la responsabilité de la commune est engagée dans tous les

______

(1) Cass., 10 août 1869; S., 70, 1, 153; D., 70, 1, 193.

cas, que le rassemblement ait pour but le renversement du gouvernement, qu'il soit le résultat d'un mécontentement causé par les procédés de la municipalité, qu'il soit motivé par toute autre cause. Cependant, l'opinion contraire a été soutenue dans la doctrine et consacrée par la jurisprudence. On a dit que la responsabilité des communes, édictée par la loi de l'an IV, n'avait eu pour but que d'assurer la réparation des attentats commis envers les personnes et contre les propriétés, mais qu'elle cessait de s'appliquer en cas d'insurrection dirigée contre le gouvernement : « Attendu, dit un arrêt de la Cour de cassation du 6 avril 1836 (1), que la loi du 10 vendémiaire an IV, uniquement relative à la police intérieure de chaque commune, n'est pas destinée à réprimer les actes de rébellion à main armée qui ont pour but le renversement du gouvernement. » Dans ce cas, l'autorité municipale s'efface complètement, en présence des autorités plus considérables qui doivent intervenir. Il ne s'agit plus de prévenir des attaques dirigées contre les personnes et les propriétés, et le gouvernement appelé à se défendre lui-même doit étendre son aile protectrice sur tous les habitants en veillant à sa conservation propre (Paris, 27 mars 1828, 9 juillet 1841) (2). Lorsqu'un mouvement populaire se propose de renverser le

(1) Cass., 6 avril 1836; S., 36, 1, 257; D., 36, 1, 163.
(2) Paris, 27 mars 1838; D., 38, 2, 128. 9 juillet 1841 ; D. 41, 2, 252; S., 41, 2, 558.

gouvernement, les attentats commis contre les personnes et les propriétés n'ont pas été dirigés contre
eux ; les dommages dont souffrent les particuliers sont
le résultat de l'émeute, mais le but des émeutiers n'é-
tait pas de causer ces dommages. Leurs efforts tendaient à changer la forme du gouvernement ; pour arriver à ce but, ils ont semé partout le crime et la désolation, et la commune ne serait pas responsable de
leurs méfaits ! A quelle hypothèse s'appliquait donc la
loi de vendémiaire ? Si elle avait eu en vue seulement les dommages causés directement aux personnes et aux propriétés dans l'unique intention de
les commettre, ses dispositions auraient été d'une application si restreinte qu'on aurait pu mettre en doute
leur utilité. Tel n'était pas l'esprit de la loi de l'an IV ;
elle ne faisait aucune distinction entre les attroupements qui poursuivent un but politique et ceux qui
n'ont qu'un but de pillage et de dévastation ; bien plus,
il n'est pas douteux que les délits prévus par les art. 7
et suivants du titre IV avaient un caractère politique.
Nous pouvons même dire que c'était là le but principal
de la loi, au point qu'on hésitait à l'étendre aux rassemblements qui se formaient dans d'autres conditions ; nous trouvons la confirmation de cette idée dans
les deux arrêtés que nous citions précédemment (1),

(1) Arrêtés du Directoire du 8 nivôse an VI et du 27 thermidor an VII.

par lesquels le Directoire avait fait l'application expresse de la loi de vendémiaire dans deux hypothèses
particulières, dans lesquelles des dommages avaient
été causés par des attroupements qui n'avaient d'autre
but que le pillage et la dévastation. Cette intervention
prouve qu'on était encore sous l'influence des événements qui avaient fait édicter la loi de l'an IV et qu'on
doutait qu'elle pût recevoir une application en dehors
des mouvements politiques. Aussi, n'y avait-il pas
lieu de s'étonner d'entendre quelques notes discor-
dantes dans le concert d'une jurisprudence presque
unanime ; par un arrêt du 8 février 1839 (1), la Cour
d'Orléans décidait que, pour prévenir les troubles sans
cesse renaissants à l'intérieur, il importait, pour le
maintien de l'ordre public et pour la protection des
membres de chaque cité, que la responsabilité des communes ne pût pas être éludée. Il est impossible d'expliquer la loi de l'an IV sans tenir compte des circonstances dans lesquelles elle a pris naissance ; le législateur, en présence d'une situation difficile, cherchait
tous les moyens d'en conjurer le péril : ceux qu'il a
employés répondent bien à sa pensée ; il n'aurait pas
atteint son but, s'il n'avait pas cru trouver dans cette
loi une digue capable d'arrêter les soulèvements politiques.

La Cour de cassation n'a pas persisté dans sa juris-

(1) Orléans, 8 février 1839 ; S., 39, 2, 285.

prudence ancienne; dès 1852, elle a renoncé à l'opinion qu'elle avait précédemment admise, en se rangeant
à une doctrine plus conforme au texte et à l'esprit
de la loi de vendémiaire : « Attendu , porte un arrêt
du 14 janvier 1852 (1), que les grandes commotions
politiques qui agitent le pays tout entier , loin de
rendre inapplicable de plein droit la loi du 10 vendémiaire an IV, donnent un degré d'utilité de plus à ses
dispositions protectrices de la sécurité publique et de
la propriété privée ...»

L'art. 106, § 1, de la loi du 5 avril 1884, n'apporte
que des modifications insignifiantes au texte correspondant de la loi de l'an IV; aussi la question que nous
avons agitée présente le même intérêt. Nous ajouterons à la discussion quelques observations que nous
suggèrent la lecture des textes et l'examen des lois
spéciales relatives aux attroupements ; nous ne
croyons pas inutile d'insister sur ce sujet qui a divisé
les auteurs et la jurisprudence, et qui pourrait encore
soulever des difficultés.

L'art. 106, §1, rend les communes civilement responsables des dégâts et dommages résultant des crimes ou
délits commis par des attroupements ou rassemblements
armés ou non armés; nous ajoutons qu'on ne doit faire

(1) Cass., 14 janvier 1852; S., 52, 1, 97. Cass., 23 février
1875; S., 75, 1, 219. Cass., 27 avril 1875; S., 75, 1, 263. Cass.,
27 juillet 1875; S., 75, 1, 363. Cass., 1er décembre 1875; S.,
76, 1, 257. Paris, 15 février 1878; S., 81, 1, 361.

aucune distinction suivant le but qu'ils se sont proposés. Si l'esprit de cette disposition est conforme à l'interprétation que nous proposons, ses termes ne lui sont pas moins favorables. En employant les deux expressions, attroupements *armés* ou *non armés*, le législateur a voulu faire allusion aux émeutes véritables, aux mouvements politiques qui mettent en péril la forme du gouvernement, et prévoir les désordres qui tendent seulement au pillage. Lorsque les émeutiers se disposent à lutter contre les troupes au service du gouvernement, il est plus logique de supposer qu'ils sont eux-mêmes munis d'armes. Au contraire, si, à la suite d'un spectacle, la foule mécontente se porte à des actes de violence sur les personnes ou sur les propriétés, elle le fait sans armes ; ce sont ces deux hypothèses que le législateur a prévues. Les termes dont il se sert l'établissent suffisamment et prouvent que s'il a distingué les deux sortes d'attroupements, il leur applique les mêmes règles.

La loi de l'an IV et celle de 1884 envisagent les attroupements à un point de vue spécial, elles s'occupent des dégâts et des indemnités destinées à assurer la réparation des dommages causés. D'autres dispositions ont été édictées sur les attroupements, qui s'occupent seulement de la répression ; ce sont les lois du 10 avril 1831, du 7 juin 1848 et du 22 juillet 1879 (art. 7 et 8). Aux termes de l'art. 8 de la loi du 10 avril 1831, les personnes faisant partie d'un attroupement qui avait un

caractère politique pouvaient être privées de l'exercice de certains droits indiqués par l'art. 42 du Code
pénal. C'était la seule disposition qui fût relative aux
attroupements poursuivant un but politique, et elle ne
s'en occupait que pour édicter une pénalité d'une nature surtout politique. Mais, dans toutes les autres dis_
positions de ces lois, on ne remarque aucune distinction fondée sur le but du rassemblement : elles ont été
rendues sous l'empire des mêmes nécessités que la loi
de vendémiaire et nous pouvons nous appuyer sur la
généralité de leurs termes pour repousser la différence
qu'on voulu établir entre les attroupements.

Cette opinion, qui nous semble plus logique, est admise par un grand nombre d'auteurs ; Rendu (1) l'a-
dopte et s'exprime ainsi : « D'abord, il a rendu chaque
« commune solidaire de la sécurité générale en la char-
« geant d'arrêter les désordres qui se manifesteraient
« dans son sein avant qu'ils pussent avoir une gravité
« menaçante pour l'Etat lui-même..... La guerre civile
« n'éclate pas tout à coup avec son terrible caractère ;
« elle peut n'être que le développement et la consé-
« quence de rassemblements séditieux qui intéressent
« la police intérieure de la commune où ils prennent
« naissance avant de compromettre l'ordre social tout
« entier. La loi de vendémiaire ne s'est pas occupée
« de la guerre civile, mais elle a voulu obliger les com-

____

(1) Rendu, *Respons. des communes*, n° 19.

« munes à en étouffer les germes. C'était, à l'époque
« de sa promulgation, c'est peut-être à toute époque,
« et son but le plus élevé et sa plus grande utilité, et
« la plus haute justification de ses rigueurs... Admet-
« tre la doctrine contraire, c'est prendre pour le but de
« la loi ce qui n'est qu'un moyen, faire disparaître l'in-
« térêt public derrière l'intérêt communal ». Comme
nous le disions précédemment, les petites causes ont
souvent de grands effets, un attroupement inoffensif
peut devenir dangereux et prendre un caractère politique auquel nul ne s'attendait ; c'est à l'autorité municipale qu'il appartient d'enrayer ces mouvements,
dans la mesure de ses moyens, d'étouffer ces germes
de révolte qui deviendraient menaçants si on laissait
le champ libre à leur extension, et il est naturel de
faire peser une certaine responsabilité sur la commune lorsque ses représentants n'ont pas fait leur devoir. Que de malheurs ils auraient évités, s'ils avaient
su déployer dès le début toute l'énergie que comportait cette situation. L'histoire est pleine de ces faits,
c'est à elle que l'on doit recourir en ces matières : la
sédition des Cabochiens, sous le règne de Charles VI,
commença par une émeute des revendeuses du mar-
ché de Paris. Le maire est investi d'attributions de police en vertu desquelles il doit veiller au maintien de
l'ordre dans la commune ; quelle que soit la cause des
troubles, il est toujours en faute de les avoir laissé
naître et se développer, et la loi rend la commune res-

ponsable de sa négligence. En résumé, nous pouvons dire que le législateur a eu pour but d'assurer la réparation des dommages causés par les attroupements, sans s'occuper de l'intention des perturbateurs; déclarer inapplicables les lois de l'an IV et de 1884 au cas d'insurrection politique, ce n'est pas interpréter la loi, c'est la faire.

§ 3. *Il faut qu'il soit résulté des dégâts et dommages des crimes ou délits commis par les attroupements, soit envers les personnes, soit contre les propriétés publiques ou privées.* — L'art. 106 a été édicté par le législateur moderne pour assurer une réparation aux victimes des crimes et délits commis par les attroupements, mais l'application de cette disposition suppose qu'un dommage a été causé, si insignifiant qu'il puisse être ; l'intérêt est la mesure de toutes les actions civiles. Il est certain que si personne n'avait éprouvé de préjudice, on ne pourrait réclamer aucune indemnité. Les crimes et délits ont pu être commis envers les personnes ou contre les propriétés publiques ou privées, dans les deux cas ils obligent la commune.

1° *La commune est responsable des actes de violence dont les personnes ont été victimes.* — Dans les émeutes, que la loi de l'an IV avait voulu réprimer, et que la loi de 1884 tend à prévenir, il se produit souvent des accidents de personnes; chacun tient à sa propriété, on peut être blessé, tué même, en repoussant les attaques qui sont dirigées contre elle ; des personnes peuvent être dévalisées ; dans ces différents cas, la commune est engagée. Ainsi, il a été jugé que des gendarmes qui, dans une émeute, ont perdu leurs chevaux et leurs effets, peuvent agir en responsabilité contre la commune dans laquelle l'émeute a éclaté (1). La commune, sur le territoire de laquelle des gendarmes ou autres personnes auraient été assaillis ou dévalisés par un attroupement, encourrait la même responsabilité (2).

2° *La commune est responsable des dommages causés aux propriétés publiques ou privées.* — Tout dégât, quelle que soit son importance, impose à la commune l'obligation de le réparer ; peu importe d'ailleurs qu'il s'agisse de meubles ou d'immeubles. Cette distinction était faite dans la loi de vendémiaire ; le titre IV s'appliquait plus particulièrement aux immeubles, l'art. 1er du titre V était relatif aux meubles. Une difficulté était née de cette distinction : des auteurs soutenaient que la loi de l'an IV, à raison des circonstances qui l'avaient motivée, ne s'appliquait pas indistinctement à la dégradation de tous les meubles, mais seulement au pillage des grains, farines ou subsistances. Les événements à l'occasion desquels la loi de vendémiaire avait été édictée, quelques mois après celle du 16 prairial an III, sur les mesures répressives de tout pillage

____

(1) Cass., 8 brumaire an VII. Devill., 1791-1830, t. 1er, J, 121.

(2) Rennes, 8 ventôse an X. Devill., 1791, 1830, t. 1er, 2, 58·

de grains, farines ou subsistances, donnaient une apparence de vérité à cette théorie ; mais on n'aurait pu
l'admettre sans restreindre la portée véritable que le
législateur avait voulu donner à cette disposition ; au
surplus, la question ne présente plus qu'un intérêt historique. Il est certain que la commune est responsable
des dégâts causés aux propriétés mobilières ou immobilières, la jurisprudence l'admettait avant 1884 ; elle
a fait diverses applications de cette règle (1). Cependant l'art. 106, § 1, de la loi municipale est rédigé de
façon à faire naître un doute dans les esprits. En effet,
le titre IV de la loi de vendémiaire visait les dommages
commis sur les propriétés immobilières ; ce qui le
prouvait c'étaient les termes de l'art. 1er, *propriétés nationales ou privées*, qui semblaient n'être relatifs qu'aux
immeubles. Au contraire, l'art. 1er du titre V s'appliquait aux meubles, car il supposait un vol ou un pillage et ordonnait la restitution en nature des choses
enlevées, toutes expressions qui éveillaient l'idée de
dégâts commis sur des propriétés mobilières. Comme
l'art. 106, § 1, de la loi de 1884 reproduit les dispositions principales de l'art. 1er, titre IV, de la loi de vendémiaire, on peut se demander s'il n'est pas logique
de lui donner la même interprétation, et de décider
qu'il ne s'applique qu'aux immeubles. Si on se place

(1) Paris, 29 décembre 1835 ; S., 35, 2, 97. Colmar, 20 décembre 1854 ; S., 54, 2, 750. Colmar, 28 mars 1855 ; S., 55, 2,
385. Trib. de Marseille, 21 décembre 1872 ; S., 73, 2, 55.

seulement au point de vue de l'origine du texte, sans tenir compte des motifs qui l'ont inspiré, on est conduit à cette déduction. Mais, ce serait contraire à la volonté du législateur dont le vœu a été que le citoyen molesté fût indemnisé du dommage par lui souffert, et que la commune fût punie de la négligence de sa municipalité. Si la rigueur du raisonnement permet d'arriver à cette conclusion que l'art. 106, § 1, est inapplicable aux dommages causés aux propriétés mobilières, la généralité des termes de cette disposition, l'absence d'un texte spécial aux biens meubles correspondant à l'art. 1er du titre V et l'intention bien certaine du législateur n'autorisent aucun doute à ce sujet.

La commune est responsable des dégâts et dommages résultant des crimes ou délits commis par des attroupements contre les *propriétés publiques ou privées* dit l'art. 106, § 1. L'article correspondant de la loi de l'an IV était autrement rédigé, il portait : *propriétés nationales ou privées*. Le texte nouveau est plus large que l'ancien, car, à la différence de celui-ci, il s'applique aux propriétés du département, des *communes*, des sections de commune et des établissements publics. L'interprétation rigoureuse que nécessitait la disposition exceptionnelle de la loi de vendémiaire ne permettait pas de l'étendre au delà de ses termes. Ajoutons, du reste, que la rédaction de la loi de 1884 ne constitue pas une innovation, nous la retrouvons dans l'art. 3 du décret du 23 février 1790 : « Les officiers

« municipaux emploieront tous les moyens que la con-
« fiance publique met à leur disposition, pour la pro-
« tection efficace des *propriétés publiques et particu-*
« *lières*, et des personnes. »

Les mots *propriétés publiques* doivent s'entendre des
propriétés de la nation, des départements, des *com-*
munes, des sections de commune et des établissements
publics. Il peut sembler étrange de trouver dans cette
énumération les propriétés communales, car, l'intérêt
étant la mesure des actions civiles, la commune ne
peut pas être tenue d'une réparation à laquelle elle-
même a droit. Cependant, nous nous proposons d'établir que cette obligation n'a rien d'anormal. En effet,
lorsqu'on lit le deuxième paragraphe de l'art. 106, qui
règle le mode de répartition des dommages-intérêts
dont la commune est responsable, on est frappé de
l'idée qui s'en dégage et qui a été mise en lumière
dans la discussion de la loi, c'est que, quand bien
même la commune aurait des fonds disponibles, le
montant des réparations doit être réparti entre les habitants qui y sont domiciliés. Le but de cette disposition est de faire peser d'un poids plus lourd la charge
de cette responsabilité et de punir les habitants du
choix imprudent de leurs représentants ou de la négligence qu'ils ont commise en refusant leur concours aux
autorités municipales pour le maintien de l'ordre. Que
telle soit la pensée du législateur, on ne saurait en
douter ; la preuve en résulte du rapport présenté au

nom de la commission du Sénat et des déclarations
formelles qui ont été faites lors de la discussion du
projet devant le Sénat. Nous rencontrons cette idée
d'abord dans le rapport de la commission du Sénat :
« Donc, les dommages-intérêts leur incombent en der-
« nière analyse et quand la commune les a payés di-
« rectement, il faut qu'ils les lui reversent, car, autre-
« ment, ils auraient dissipé par leur fait personnel le
« bien communal, patrimoine de toutes les généra-
« tions (1). » D'autre part, l'intention du législateur
ressort très clairement des observations (2) présentées
par le rapporteur en réponse à une question qui lui
était posée par un sénateur, M. Batbie.

« M. Batbie. — Ainsi, il est bien entendu que, lors-
« qu'une commune est riche, par exemple lorsque,
« située dans les montagnes, elle a des forêts à sa dis-
« position, dont l'exploitation constitue une richesse
« considérable, lorsque la caisse municipale regorge
« d'argent, la commune fera simplement l'avance des
« dommages-intérêts et qu'on pourra les recouvrer
« sur les habitants, même sur ceux qui auraient fait
« leur devoir et qui ne seraient pas en faute. »

« M. le rapporteur. — Parfaitement, la commune
« transmettra ainsi à l'avenir le patrimoine qu'elle a

(1) Rapport présenté par M. Demôle au nom de la commission du Sénat; loi municipale, *Documents parl.*, p. XL.

(2) Loi municipale, *Documents parlementaires*, p. 364, séance
du 13 février 1884.

« reçu du passé. C'est aux habitants du présent à ne
« pas compromettre la situation par leur faute. »

Malgré cette déclaration, M. Batbie maintint l'a-
mendement qu'il avait proposé et qui était ainsi conçu :
« Les dommages-intérêts dont la commune est res-
« ponsable, sont, *à défaut de ressources disponibles*,
« répartis entre tous les habitants... »

L'amendement fut rejeté, ce qui prouve que le Sénat
s'associait à l'opinion qu'avait émise le rapporteur de
sa commission. Si tel est le but de la loi, n'est-il pas
logique d'appliquer la disposition de l'art. 106, § 1,
lorsque des dégâts ont été commis sur les propriétés
communales? Ce serait, croyons-nous, conforme au
principe même de la responsabilité telle que l'a comprise le législateur. La jurisprudence n'a pas encore
eu l'occasion de faire application de cette idée ; on
peut cependant relever une décision de la Cour de Besançon (1) rendue sur une espèce à peu près analogue.
Cet arrêt constate qu'une commune usagère ne peut
être tenue de restitutions et dommages-intérêts pour
délits forestiers commis par ses habitants, alors que
c'est elle qui a droit à ces réparations. Quoique cet
arrêt ait été rendu sous l'empire de la loi de vendémiaire, sa portée est la même. En effet, puisque l'article 9 du titre V s'occupait de la répartition entre les
habitants des sommes *avancées* par la commune, il

(1) Besançon. 26 février 1838; D., 39, 2, 97.

semble que le législateur de l'an IV ait été animé du même esprit que celui de 1884, et qu'il ait voulu imposer aux habitants, à titre de peine, le payement de l'indemnité, même lorsque la caisse municipale pouvait y faire face. Tel était le but de la loi de vendémiaire, telle est encore la fin que se propose la loi nouvelle, ainsi que cela résulte des déclarations formelles que nous avons reproduites : n'est-il pas juste dès lors de décider que tout dommage, fût-il causé à un bien du domaine communal, doit donner lieu à réparation ?

Cette solution est logique, elle s'explique par l'intérêt des générations postérieures. Si les habitants détruisent les propriétés communales, ils subiront les conséquences de leurs actes qui se traduiront par une privation de jouissance ; mais il serait injuste de faire supporter aux générations futures les suites de la situation fâcheuse qu'ils ont créée. Il est naturel d'imposer à la commune l'obligation de réparer les dommages causés à toutes les propriétés même communales. C'est le vœu du législateur, ainsi qu'il résulte du passage du rapport que nous citions précédemment et des observations qui ont été faites au cours de la discussion de la loi de 1884. Et l'idée n'est pas nouvelle, Henrion de Pansey (1) l'exprimait déjà au commencement du

____

(1) Henrion de Pansey, *Dissertations féodales*, t. 1er, p. 449 et 450.

siècle à propos des anciennes communautés d'habitants : « Les maires, dit-il, syndics et échevins des
« communautés, les habitants eux-mêmes ne sont que
« les administrateurs des biens communaux. Ils en
« doivent compte à ceux qui viendront après eux ; ils
« doivent les conserver comme un dépôt sacré ; les
« futurs habitants ont, en effet, une vocation directe
« dans le titre primitif. Ce n'est pas à tels ou tels indi-
« vidus que le bien commun appartient, mais à la com-
« munauté, corps immortel, composé de ceux qui
« n'existent pas encore comme des habitants actuels ».
On ne saurait donc mettre en doute la responsabilité
de la commune, même à raison des dégâts commis sur
ses propriétés, car elles ne lui appartiennent pas d'une
manière exclusive. Cette solution n'est pas trop rigoureuse : ou bien les dommages ont été causés par les
habitants de la commune, et rien n'est plus équitable
que de leur imposer la charge des réparations ; ou bien
les attroupements étaient uniquement composés de
personnes appartenant aux communes voisines, et dans
ce cas, la commune déclarée responsable aura un recours contre ces dernières.

Telles sont les trois conditions dont le concours est
nécessaire pour l'application de l'art. 106, § 1, de la loi
du 5 avril 1884. La responsabilité de la commune dépend de la réunion de ces circonstances ; il faut que
des faits qualifiés crimes ou délits par le Code pénal,
commis par des attroupements, aient causé des dom-

mages aux personnes ou aux propriétés publiques ou privées. Si la responsabilité que la loi fait peser sur les communes est lourde, elle est soumise à des conditions rigoureuses qui mettent la commune à l'abri de réclamations trop légères et trop nombreuses ; elle ne trouvera son application que dans les émeutes et les grands mouvements en vue desquels elle a été édictée.

Avant d'aborder la section suivante, nous devons examiner une question qui était très discutée sous la loi de vendémiaire et que la loi municipale n'a pas tranchée : il s'agit de savoir si une commune est responsable non seulement des dommages causés par les attroupements, mais de ceux qui résultent des mesures prises par la force publique pour les disperser. Des opinions diverses ont été émises sur ce point par la doctrine et la jurisprudence. Certains auteurs, parmi lesquels nous citerons Rendu (1), pensent que la commune n'est pas responsable des dégâts causés par la défense. Cette rigueur, disent-ils, serait contraire au but même que s'est proposé le législateur, dont le désir est d'encourager les communes à la résistance. Si les mesures prises par elles pour la répression du désordre devaient aggraver leur responsabilité, leur intérêt les porterait à s'abstenir d'une intervention qui ne pourrait que rendre leur charge plus lourde. A cette

_____

(1) Rendu, *Respons. des communes*, n°s 14 et 15.

argumentation nous répondrons, avec M. Sourdat (1),
que la commune est tenue de la réparation de tous les
dommages, et cette décision découle du principe en
vertu duquel l'auteur d'un délit est obligé d'en réparer
toutes les conséquences. La commune est en faute de
n'avoir pas prévenu les désordres, son obligation n'est
que le résultat de sa négligence. Du reste, ces mesures
de défense ont été prises dans l'intérêt de la commune,
qui aurait eu à subir des dommages beaucoup plus considérables, si elle avait permis à l'émeute de se développer. C'est l'opinion admise par la jurisprudence de
la Cour de cassation (2) qui, à plusieurs reprises, a décidé qu'il n'y avait aucune distinction à faire entre les
dommages qui proviennent de l'attaque des insurgés
et ceux occasionnés par les moyens employés pour la
défense de l'ordre; ces derniers, en effet, sont la conséquence directe de l'attaque qui les a rendus nécessaires, et il est juste de soumettre à la même règle
tous les préjudices qui dérivent de la même cause.
Cette solution peut paraître sévère lorsque les attroupements sont exclusivement composés d'étrangers insolvables contre lesquels on n'a qu'un recours illusoire.
Mais ce n'est pas le cas général; le plus souvent, les
rassemblements séditieux sont composés des habitants
de la commune, et alors il est juste de sévir contre

(1) Sourdat, *Traité général de la responsabilité*, t. II, n° 1409.
(2) Cass., 13 avril 1842; S., 42, 1, 293. Cass., 27 avril 1875;
S., 75, 1, 263.

elle. C'est en vue de cette hypothèse normale que la Cour de cassation a posé une règle générale. D'ailleurs, dans de telles circonstances, il devient très difficile de distinguer les dommages causés par les perturbateurs et ceux qui résultent des moyens employés pour la défense de l'ordre ; la commune en arriverait à éluder la responsabilité que la loi fait peser sur elle.

Deuxième section. — *Responsabilité des communes auxquelles appartiennent les personnes qui ont fait partie des attroupements.* — Jusqu'ici nous n'avons examiné que les conditions de responsabilité de la commune sur le territoire de laquelle des crimes ou délits ont été commis par des attroupements armés ou non armés ; elle est toujours engagée, quelles que soient les personnes qui composent les rassemblements, fussent-elles toutes étrangères. Cette solution, admise sous la loi de vendémiaire (1), doit encore être suivie, en présence des termes généraux de l'art. 106 qui ne fait aucune distinction ; elle a sa raison d'être dans le principe même sur lequel repose la responsabilité des communes et qui doit dominer dans toutes les questions qui peuvent se présenter en cette matière : le but du législateur a été de punir la commune de la faute qu'elle a commise

(1) Cass., 24 juillet 1837 ; S., 37, 1, 657. Cass., 10 août 1869 ; S., 70, 1, 153.

en n'opposant pas de résistance aux troubles qui menaçaient la commune. La faute est-elle moins grande lorsque les attroupements sont composés de personnes étrangères, n'est-elle pas au contraire plus lourde ? Puisque les habitants ne s'associaient pas aux désordres, ils devaient aider les autorités municipales à les réprimer. Comme nous le verrons dans la suite, c'est contre la commune sur le territoire de laquelle les dommages ont été causés, que la partie lésée dirige son action et cette commune, déclarée responsable par la loi, exerce son recours contre celles dont les habitants sont venus semer le pillage et la dévastation dans son sein. L'art. 107 de la loi du 5 avril 1884, qui pose le principe de cette responsabilité, s'exprime en ces termes : « Si les attroupements ou rassemblements « ont été formés d'habitants de plusieurs communes, « chacune d'elles est responsable des dégâts et dom- « mages causés, dans la proportion qui sera fixée par « les tribunaux (1). »

La responsabilité que la loi fait encourir aux communes, autres que celle sur le territoire de laquelle les dommages ont été causés, est soumise aux trois conditions que nous avons étudiées dans la section précédente, il y a lieu d'en ajouter une quatrième : il faut que leurs habitants aient pris part aux attroupements. Si l'existence des trois premières suffit pour donner

(1) L'art. 107 de la loi de 1884 remplace l'art. 3, titre IV, de la loi du 10 vendémiaire an IV.

naissance à l'action en dommages-intérêts, la dernière est indispensable à l'exercice de cette action contre les communes qui n'ont pas été le théâtre des désordres. Du reste, la responsabilité de la commune est engagée, si peu important que soit le nombre de ceux de ses membres qui se sont joints aux perturbateurs, si ces quelques personnes réunies à des habitants des communes voisines constituent un attroupement dans le sens que nous avons déterminé précédemment. Le rassemblement n'en est pas moins dangereux, et l'on ne peut pas trouver, dans les circonstances qui ont présidé à sa composition, une cause d'exonération pour les communes. Il appartiendra aux juges d'apprécier si le nombre d'habitants sortis de chaque commune a été assez considérable pour prêter une force dangereuse et coupable à l'attroupement qui a commis le désordre (1).

Peu importe encore le mode de formation du rassemblement : pour qu'une commune, dont quelques membres ont participé aux pillages et dévastations commis sur le territoire d'une localité voisine, soit obligée de contribuer à la réparation du dommage, il n'est pas nécessaire que ses habitants se soient formés chez elle en état d'attroupement et se soient transportés ensuite dans l'autre commune (2).

(1) Orléans, 14 août 1851 ; S., 51, 2, 772.

(2) Cass., 14 janvier 1852; S., 52, 1, 97. Orléans, 14 août 1851 ; S., 51, 2, 772.

Telles sont les conditions d'application de la responsabilité communale. Remarquons cependant que les
règles que nous avons examinées cessent de s'appliquer lorsqu'il existe une loi spéciale sur cette matière ;
ainsi, si un chemin devenait impraticable, la responsabilité de la commune serait déterminée par le Code
rural du 28 septembre 1791. Il en serait de même dans
tous les cas où des dispositions législatives spéciales
auraient statué sur la réparation des dommages causés
par des attroupements.

CHAPITRE III

EXCEPTIONS QUE LES COMMUNES PEUVENT INVOQUER POUR
ÉCHAPPER A LA RESPONSABILITÉ ÉTABLIE PAR LES ARTI-
CLES 106 ET 107 DE LA LOI DU 5 AVRIL 1884.

Nous distinguerons la commune sur le territoire de
laquelle les crimes ou délits ont été commis et les autres communes qui sont engagées par la participation
de leurs habitants aux attroupements.

Première section. — *Exceptions dont peut se prévaloir la commune qui a été le théâtre des désordres.* — La
responsabilité des communes repose sur une présomption de faute établie par la loi, qui suppose que les
troubles sont le résultat de la négligence des officiers
municipaux et du choix inintelligent des habitants qui
ont donné leur confiance à des administrateurs incapables. Mais, cette responsabilité n'existe pas toujours
d'une manière absolue, la présomption sur laquelle
elle est basée peut céder devant la preuve contraire,
dans certains cas déterminés par la loi. L'art. 108 de
la loi du 5 avril 1884, qui en donne l'énumération, est

ainsi conçu : « Les dispositions des art. 106 et 107 ne sont pas applicables :

« 1° Lorsque la commune peut prouver que toutes les mesures qui étaient en son pouvoir ont été prises à l'effet de prévenir les attroupements ou rassemblements, et d'en faire connaître les auteurs ;

« 2° Dans les communes ou la municipalité n'a pas la disposition de la police locale ni de la force armée ;

« 3° Lorsque les dommages causés sont le résultat d'un fait de guerre ».

Ce sont ces hypothèses particulières, dans lesquelles la commune est irresponsable, que nous examinerons successivement ; nous aurons encore à nous demander s'il n'y a pas d'autres exceptions que celles qui sont indiquées dans cette disposition.

§ 1. *Les dispositions des art. 106 et 107 ne sont pas applicables, lorsque la commune peut prouver que toutes les mesures qui étaient en son pouvoir ont été prises à l'effet de prévenir les attroupements ou rassemblements, et d'en faire connaître les auteurs.* — Ce texte, mieux que tout autre, montre quelle était la pensée du législateur de 1884, lorsqu'il maintenait le principe de la loi de vendémiaire ; il voulait punir la commune de la négligence de ses représentants, aussi ne la déclarait-il responsable que lorsque ceux-ci n'avaient pas pris toutes les mesures qui étaient en leur pouvoir pour maintenir l'ordre. Il importe peu que les troubles aient été excités exclusivement par les habitants de la commune, il suffira à la municipalité de prouver qu'elle a fait tous ses efforts pour les prévenir, que toutes les précautions ont été prises pour rétablir la tranquillité. Cette idée a été mise en lumière dans le cours de la discussion qui s'est produite à la Chambre des députés, relativement à l'art. 106 (1).

L'art. 108-1° a modifié profondément l'art. 5 du titre IV de la loi du 10 vendémiaire an IV. D'après cette dernière disposition, deux conditions étaient nécessaires pour que la commune pût se soustraire à la responsabilité qui pesait sur elle, il fallait : 1° que les rassemblements eussent été formés d'individus étrangers à la commune sur le territoire de laquelle les délits avaient été commis ; 2° que la commune eût pris toutes les mesures qui étaient en son pouvoir à l'effet de les prévenir et d'en faire connaître les auteurs. Des difficultés s'étaient produites sur cet article 5 qui divisait la doctrine et la jurisprudence. Les auteurs (2), en général, n'exonéraient la commune qu'autant que ces deux conditions se trouvaient réunies. La Cour de cassation (3) avait consacré l'opinion contraire, le 6 avril

(1) Séance du 27 octobre 1883. Loi municipale, *Documents parlementaires*, p. 209.

(2) Foucart, *Droit admin.*, n°s 1649 et 1650. Rendu, *Resp. des communes*, n°s 25 à 28. Dalloz, *Répert.*, v° *Commune*, n°s 2679 et 2688. Sourdat, *Traité de la resp.*, t. II, n° 1385.

(3) Cass., 6 avril 1836 ; S., 36, 1, 257. Cass., 15 mai 1841 ; S., 41, 1, 373.

1836, sur les conclusions du procureur général Dupin ; ajoutons cependant que, dans la suite, elle abandonna son système (1), pour adopter celui de la doctrine qui était plus conforme au texte de l'art. 5.

Cette question ne peut plus se présenter sous la loi de 1884. Mais il ne faudrait pas s'y tromper, il n'a nullement été dans la pensée du législateur de faire cesser le doute qui pouvait s'élever sur l'interprétation de l'art. 5 du titre IV de la loi de vendémiaire ; il ne s'est pas contenté de fixer le sens de cette disposition, il l'a modifiée en n'exigeant plus qu'une seule condition, c'est que la commune ait pris toutes les précautions nécessaires pour maintenir le bon ordre et la sécurité. Le législateur n'a pas voulu trancher la controverse dont nous avons indiqué les éléments, car, dès 1869, la Cour de cassation était revenue à l'opinion admise par tous les auteurs et consacrée par la jurisprudence des Cours d'appel (2). Le doute n'existant plus, son intervention sur ce point ne se fût pas comprise. La disposition nouvelle de l'art. 108-1° s'explique autrement ; à l'époque où la loi de vendémiaire fut édictée, on voulait mettre un terme aux dévastations et aux pillages qui se produisaient sur tous les points du territoire ; on s'occupait en même temps d'établir une ré-

(1) Cass., 10 août 1869 ; S., 70, 1, 153.

(2) Rennes, 18 janvier 1834 ; S., 34, 2, 559. Paris, 22 no_vembre, 22 décembre 1834 ; S., 35, 2, 93. Nimes, 3 août 1837 ; S., 38, 2, 59. Orléans, 30 juin 1849 ; S., 51, 2, 689.

pression énergique, et d'assurer la réparation des dommages causés par les attroupements. Lorsqu'on voulut reproduire la disposition principale de la loi de l'an IV dans l'art. 83 du projet qui est devenu l'art. 106 de la loi de 1884, des protestations s'élevèrent dans la Chambre des députés, on s'attaqua d'abord au principe même de la responsabilité, puis on proposa des amendements qui tendaient à laisser aux tribunaux le soin de déterminer les cas dans lesquels la commune serait obligée. Ces propositions furent rejetées, mais le membre de la commission qui les combattit, tout en demandant le maintien de la disposition de l'art. 6, reconnut que le système de la loi de l'an IV était trop rigoureux et devait comporter des restrictions importantes : « Maintenant, ce principe admis, est-ce que la « commission, dans son application, n'a pas fait ce qui « était possible pour le *restreindre* et l'*adoucir* » (1). Au Sénat la même opposition fut faite, elle fut aussi vaine ; l'Assemblée adopta les conclusions du rapport présenté au nom de la commission : « Le projet de la Chambre « des députés admet le principe, mais il en restreint « l'application aux cas où la commune, pouvant préve- « nir les violences ou simplement s'y opposer, a man- « qué par incurie, négligence ou autrement, aux de- « voirs qui s'imposaient à elle. La commission accepte

(1) Séance du 27 octobre 1883, loi municipale, *Documents parlementaires,* p. 209.

« les textes soumis à son examen. » Ce qui prouve mieux encore que le but de cette modification n'a été que d'atténuer le principe trop rigoureux de la responsabilité, c'est la déclaration faite au Sénat par le rapporteur de la commission (1) : « Les deux conditions « de la loi de l'an IV sont, le plus souvent, irréalisa- « bles. En effet, comment savoir, quand un acte délic- « tueux a été commis par un groupe de personnes, « quelle est leur nationalité, et, s'ils sont Français, à « quelles communes elles appartiennent? Comment « prouver ce fait négatif et impossible à démontrer « qu'il n'y avait pas d'habitants de la commune dans « l'attroupement. Aussi les communes sont d'ordinaire « dans l'impossibilité de se défendre et d'échapper à la « responsabilité, même quand elles ont fait leur devoir. « Il faut réagir contre cet excès de la loi ». L'intention du législateur de 1884 n'est donc pas douteuse, il a voulu, en maintenant le principe de la loi de vendémiaire, apporter un tempérament à ses rigueurs.

L'art. 108-1° maintient une présomption de faute à la charge de la commune, mais il lui permet de faire la preuve contraire. La commune peut, pour échapper à l'application de l'art. 106-1°, prouver que toutes les mesures qui étaient en son pouvoir ont été prises à l'effet de prévenir les attroupements et d'en faire connaître

(1) Séance du 13 février 1884, loi municipale, *Documents parlementaires*, p. 359.

les auteurs. Il faut bien reconnaître qu'il y a là une dérogation aux règles ordinaires du droit ; en effet, c'est le demandeur qui doit faire la preuve des faits sur lesquels il fonde sa demande, c'est à la partie lésée qu'incomberait cette charge dans notre hypothèse. Aussi, lors de la discusion de l'art. 106, un député proposa-t-il un amendement conçu dans ces termes : « Les communes *peuvent* être déclarées civilement responsables des dégâts et dommages (1)..... » Cette modification fut rejetée.

La loi soumet la commune à une condition rigoureuse, il ne lui suffit pas de prouver qu'elle a fait tout ce qu'elle a pu pour dissiper l'attroupement, il faut qu'elle ait usé de tous les moyens à sa disposition pour en empêcher la formation, pour le *prévenir*. Il ne faut pas oublier que le maire est investi d'attributions de police qui lui imposent le devoir de prévenir les désordres et d'étouffer le germe des émeutes qui pourraient dégénérer en insurrections, et compromettre l'existence du gouvernement. La loi exige de l'autorité municipale le maximum de vigilance, elle doit toujours être prête ; aussi, ne pourrait-elle pas invoquer pour sa décharge l'ignorance dans laquelle elle se trouvait de la formation d'un attroupement, sur un point isolé du territoire de la commune (2) ; elle n'est pas moins répréhensible

(1) Séance du 27 octobre 1883, loi municipale, *Documents parlementaires*, p. 208.

(2) Nîmes, 3 août 1837 ; S., 38, 2, 59.

aux yeux de la loi dont le vœu est qu'elle soit toujours
en éveil, avertie des moindres mouvements et prête à
dénoncer ceux qui fomentent la révolte. Telle est l'interprétation que nous semble comporter l'art. 108-1°;
elle était déjà admise par la jurisprudence de certaines
Cours d'appel (1) sous la loi de l'an IV qui employait les
mêmes expressions, *prévenir les attroupements*. Cependant la Cour de cassation, dans un arrêt célèbre qui
décidait la non application de la loi de l'an IV à la ville
de Paris (2), semblait se montrer moins exigeante; il
eût suffi à la commune, pour échapper à toute responsabilité, de prouver qu'elle avait pris toutes les mesures en son pouvoir pour *dissiper* l'attroupement. Nous
ne croyons pas que l'on puisse trouver dans cet arrêt
l'expression de l'opinion de la Cour suprême sur la question que nous discutons. Elle n'a pas tenu compte de
l'importance des termes dont elle se servait, parce que
ce n'était pas là le point qu'elle avait à trancher : dans
la première partie de cet arrêt, la Cour décide que là
loi de vendémiaire est inapplicable à la ville de Paris;
qu'importent les termes qu'elle emploie pour consacrer
cette décision, l'objet qu'elle a en vue excuse le défaut
de précision des mots qui l'expriment. Dans la seconde
partie de l'arrêt, la Cour tranche une autre question
non moins débattue, celle de savoir s'il est nécessaire

(1) Bordeaux, 22 août 1839 ; S., 40, 2, 51.
(2) Cass., 15 mai 1841 ; S., 41, 1, 373.

que la commune justifie de l'existence simultanée des deux conditions exigées par l'art. 5 du titre IV de la loi de l'an IV, et elle décide qu'il suffit que la commune prouve qu'elle a pris toutes les mesures qui étaient en son pouvoir à l'effet de prévenir les ressemblements. Préoccupée par cette seule question, elle n'attachait pas d'importance aux termes qui pouvaient exprimer les idées étrangères au sujet même du débat. Il suffit, pour s'en convaincre, de comparer les considérants de cette dernière partie de l'arrêt ; au début on relève les mots suivants : « attendu que nul n'est tenu de réparer le dommage qu'il n'a pu *prévenir ou empêcher* ». N'est-ce pas la consécration de notre système? Plus loin, il est vrai, on lit : « Lorsque ses officiers ont pris toutes les mesures qui étaient en leur pouvoir pour *prévenir ou dissiper* le rassemblement et en faire connaître les auteurs. » Il faut voir dans cette contradiction la preuve manifeste que la Cour de cassation, uniquement occupée par la question dominante qui lui était soumise, n'a pas porté ailleurs son attention. Du reste, sa pensée se dégage nettement d'un arrêt rendu quelques mois plus tard, dont les termes lèvent toute incertitude ; la commune ne peut se soustraire à la responsabilité que la loi lui fait encourir, qu'autant qu'elle a fait tous ses efforts pour *prévenir l'événement* (1).

Cette solution qui se fonde sur les textes, se justifie

____

(1) Cass., 13 avril 1842 ; S., 42, 1, 293.

en raison : en effet, si la commune pouvait se dérober à l'obligation de réparer les dommages, en prouvant qu'elle a pris toutes les mesures qui étaient en son pouvoir pour dissiper l'attroupement, elle aurait le droit d'invoquer cette excuse, si elle avait résisté à un moment quelconque de la période des troubles. Une émeute éclate dans une ville, la municipalité affolée ne prend aucune détermination en présence du danger dont elle se croit menacée ; puis, lorsqu'elle est remise de ses émotions premières et que le salut de la ville se dresse comme un spectre devant ses yeux, elle oppose à l'émeute une résistance désespérée, elle en est même victorieuse ; faudra-t-il décider que la commune est irresponsable ? Ce serait la conséquence logique du système que nous combattons. Objectera-t-on que la municipalité n'a pas fait tout ce qu'elle pouvait faire parce qu'elle a trop tardé à opposer la force à la force ? Mais on peut supposer telles circonstances dans lesquelles ce retard serait excusable, par exemple, si l'attroupement s'était formé subitement pendant la nuit. La commune sera certainement responsable dans ce cas, et son obligation ne s'explique que par le principe que nous avons développé, c'est que la commune a manqué de cette extrême vigilance qui lui aurait permis de prévenir les désordres à tout moment, et qu'elle peut seulement invoquer comme excuse.

En citant à l'appui de notre opinion certaines décisions de la Cour de cassation et des Cours d'appel, nous avons fait remarquer qu'elles avaient été rendues sous l'empire de la loi de vendémiaire; cette considération ne devait pas nous arrêter, car l'art. 108-1° reproduit les termes mêmes de l'art. 5 du titre IV, *prévenir les attroupements*, et dès lors l'intérêt de la question n'a pas changé. La portée des arrêts que nous avons cités est la même, les théories proposées pour la solution de cette difficulté ont encore leur raison d'être. Nous devons reconnaître, en effet, que l'opinion que nous avons présentée quoique basée sur les textes, appuyée sur les données de la raison et consacrée par la jurisprudence, a été contredite par certains auteurs. Rendu (1) prétend qu'on ne peut pas subordonner l'exonération d'une commune à la justification de mesures préventives : « Ce serait faire préva- « loir le sens grammatical de l'art. 5 sur l'intention « évidente du législateur. » C'est là une simple affirmation qui nous semble contraire au but de la loi de vendémiaire et qui ne résiste pas à l'examen des circonstances qui ont motivé l'intervention du législateur ; si des doutes ont pu naître sur son intention, ils ont été dissipés par la déclaration faite à la Chambre des députés dans la séance du 27 octobre 1883 « : Cette « présomption légale de faute ne doit pas s'appliquer « quand la commune prouve que *les précautions ont* « *été prises pour établir le bon ordre et la sécurité.* »

(1) Rendu, *Resp. des communes*, n° 33.

La commune n'est déchargée de la responsabilité que la loi fait peser sur elle qu'autant qu'elle peut prouver que toutes les mesures qui étaient en son pouvoir ont été prises à l'effet de prévenir les attroupements ou rassemblements, et d'en faire connaître les auteurs. Le législateur de 1884 s'est montré moins sévère que celui de l'an IV, mais l'exception dont il autorise la commune à se prévaloir est soumise à des conditions rigoureuses : il ne suffit pas que l'autorité municipale ait fait tous ses efforts pour prévenir les attroupements, il faut qu'elle ait déployé la même activité dans la recherche des fauteurs de troubles dont on lui impose la dénonciation. Cette dernière obligation semble contraire à l'opinion que nous avons soutenue précédemment, d'après laquelle la commune ne peut invoquer l'exception de l'art. 108-1° que si toutes les mesures ont été prises à l'effet de *prévenir* les troubles. Comment, en effet, pourrait-on connaître les auteurs des attroupements s'ils n'étaient pas formés ? Le devoir de l'autorité n'est dès lors que de les *dissiper*. Cette objection n'a qu'une apparence de vérité : la loi ne s'occupe ici que de l'excuse que la commune peut invoquer; elle suppose donc que les attroupements se sont formés malgré les mesures que l'autorité municipale a prises pour les *prévenir*, et elle lui impose seulement l'obligation de faire connaître les perturbateurs. Comme nous l'avons fait remarquer, la commune ne peut échapper à la responsabilité civile des crimes ou délits commis sur son territoire, qu'en prouvant que ses efforts ont été impuissants à les empêcher; elle doit encore en faire connaître les auteurs. La loi a vu là un moyen de s'assurer de la résistance de l'autorité municipale; si elle n'a pas manqué de vigilance, elle aura connu à l'avance les fauteurs de troubles, et surtout, elle les aura remarqués en essayant de les disperser. Cependant, la commune pourrait se prévaloir de l'excuse de l'art. 108-1° alors même qu'elle serait dans l'impossibilité de faire connaître les auteurs des attroupements : à l'impossible nul n'est tenu; dans certaines circonstances, il sera très difficile de remplir cette condition, soit parce que les désordres se sont produits pendant la nuit, soit parce que les attroupements étaient composés d'étrangers inconnus au maire et à ses agents. Sans doute on pourra arrêter quelques personnes et satisfaire ainsi aux exigences de la loi ; mais ces arrestations ne seront pas possibles si les forces dont la municipalité dispose sont notoirement insuffisantes. Ce sont là des questions de fait qui doivent être laissées à l'appréciation des tribunaux.

La commune doit faire tous ses efforts pour prévenir les rassemblements, et en faire connaître les auteurs, lorsqu'elle n'y a pas réussi. Ces deux obligations sont distinctes et essentiellement différentes dans leur principe et dans leur but. L'une est destinée à empêcher les désordres, elle est imposée à la commune dans son seul intérêt ; l'autre est destinée à assurer la punition des coupables, elle est basée sur un motif d'ordre public. La commune sera tenue de justifier de l'accomplissement de ces deux conditions, en tant qu'il sera en son pouvoir de le faire : c'était l'opinion admise par une jurisprudence presque universelle sous la loi de vendémiaire (1). Citons cependant un arrêt de la Cour de Bordeaux (2) qui avait cru pouvoir décharger une commune de toute responsabilité par cela seul qu'elle avait résisté aux désordres par tous les moyens possibles, sans constater, en même temps, qu'elle avait cherché à assurer la punition du délit en signalant les coupables.

La loi décharge la commune de toute responsabilité lorsqu'elle a pris les mesures qui étaient en son pouvoir à l'effet de prévenir les attroupements et d'en faire connaître les auteurs. Mais, il ne suffirait pas que l'autorité municipale eût accompli son devoir pour qu'il lui fût permis d'invoquer la disposition de l'art. 108-1° ; le vœu de la loi ne serait pas rempli. Le législateur considère ici la commune comme un être collectif dont tous les membres doivent s'entr'aider ; son but, en intéressant les habitants au maintien de l'ordre, est de les empêcher de prendre part aux troubles et de les

(1) Metz, 5 juin 1833 ; D., 35, 2, 178. Aix, 2 juin 1832 ; S., 32, 2, 521 ; D., 32, 2, 151. Paris, 22 novembre 1834 ; S., 35, 2, 93. Cass., Ch. réunies, 15 mai 1841 ; S., 41, 1, 373.

(2) Bordeaux, 22 août 1839 ; S., 40, 2, 51.

engager à s'y opposer, soit en signalant aux autorités municipales, les projets de rébellion, soit en résistant eux-mêmes, par le raisonnement ou par la force, aux tentatives qui pourraient avoir des conséquences pécuniaires pour la commune : il appelle tous les habitants au secours de l'ordre menacé, et la commune serait certainement responsable, si les habitants laissaient la municipalité lutter seule et avec ses propres ressources contre les perturbateurs (1). Les habitants doivent agir eux-mêmes, car le maire seul serait impuissant (2). Dans l'art. 108-1° le mot *commune* a le même sens que dans l'art. 106 ; or, cette dernière disposition, en répartissant entre les habitants l'indemnité dont la commune est débitrice, ne les déclare-t-elle pas eux-mêmes responsables? Le concours de l'autorité municipale et des habitants est nécessaire, et la commune serait tout aussi obligée, si ses habitants n'intervenaient pas, que si la municipalité elle-même s'était abstenue.

Il est dans le vœu de la loi de n'exonérer la commune que si ses habitants ont concouru aux mesures prises pour le maintien de l'ordre. Cette idée était nettement exprimée dans le préambule du décret du 14 août 1789 : « Considérant que l'union de toutes les « forces, l'influence de tous les pouvoirs, l'action de

----

(1) Rendu, *Resp. des communes*, n° 34.
(2) Foucart, t. III, n° 1650.

« tous les moyens et le *zèle de tous les bons citoyens*
« doivent concourir à réprimer de pareils désordres. »
Le décret du 2 juin 1790 (art. 11) n'était pas moins
précis, quand il déclarait responsables des dommages
causés par les attroupements, tous les citoyens de chaque commune qui auraient pu les empêcher. La loi des
6-12 octobre 1790 mettait à la charge des communes
les dégâts et dommages causés par des attroupements
lorsqu'elles avaient pu les empêcher et qu'elles en
avaient été requises par les officiers municipaux.
C'était à ce même point de vue que se plaçait la loi du
26 juillet 1791, lorsqu'elle décidait que si des voleurs
ou des brigands se portaient en foule sur un territoire
quelconque, ils devaient être repoussés et saisis sans
qu'il fût besoin de réquisitions. Le comité de législation nommé dans le sein de la Convention proposa un
décret portant que : « *tous les citoyens* pouvant concourir au rétablissement de l'ordre public, toute communauté serait responsable des deux tiers du dommage. » Enfin la loi du 16 prairial an III (art. 1er) obli-
geait les habitants à unir leurs efforts à ceux de la municipalité, sous peine de supporter toutes les conséquences des délits commis sur le territoire de la commune. La Cour de cassation, dans son arrêt célèbre du
15 mai 1841, qui décidait que la loi de l'an IV ne s'appliquait pas à la ville de Paris, a consacré la même solution, en ne déchargeant la commune que « lorsque
« ses officiers municipaux, secondés par la majorité

« desdits habitants, auraient pris toutes les mesures
« qui étaient en leur pouvoir pour prévenir le rassem-
« blement et en faire connaître les auteurs. »

En nous rangeant à cette opinion, nous reconnaî-
trons qu'elle peut être mise en doute ; en effet, aux
termes de l'art. 108-2° que nous rencontrerons bientôt,
« les dispositions des art. 106 et 107 ne sont pas applicables dans les communes où la municipalité n'a
pas la disposition de la police locale ni de la force
armée ». Il semble résulter de ce texte que si la municipalité dispose de la police locale et de la force armée,
elle sera coupable de n'avoir pas opposé aux attroupements une résistance suffisante ; c'est donc l'autorité
municipale seule qui est chargée du maintien de l'ordre, et il faut bien reconnaître, à l'appui de ce système,
qu'aucune disposition de la loi du 5 avril 1884 ne fait
directement allusion au concours que les habitants
doivent prêter à l'administration communale pour la
répression des désordres. Au contraire, la déclaration
faite à la Chambre des députés au nom de la commission, dans la séance du 27 octobre 1883 (1), semble
indiquer que le législateur s'est placé à un point de vue
tout différent : « Si l'*autorité municipale*, si le *maire*,
« sous le contrôle du conseil municipal, est chargé de
« veiller à ce que l'ordre public soit maintenu dans la
« commune, il est nécessaire d'ajouter ceci : c'est que,

______

(1) Loi municipale, *Documents parlementaires*, p. 209.

« si cet ordre public est troublé, si le maire n'a pas
« pris toutes les précautions nécessaires pour assurer
« le maintien du bon ordre dans la commune, la com-
« mune doit être responsable. » Pas un mot du concours des habitants. L'objection, quoique grave, ne
nous arrêtera pas : sans doute l'art. 108-2° soumet la
responsabilité de la commune à cette condition que la
municipalité ait la disposition de la police locale et de
la force armée ; mais est-ce à dire que la loi n'exige
pas une autre condition, celle de l'assistance prêtée
par les habitants à l'autorité? Quant à la déclaration
faite à la Chambre des députés et que nous avons reproduite, nous lui opposerons les observations qui ont
été présentées par le rapporteur de la commission du
Sénat, dans la séance du 13 février 1884, et qui ten-
draient à prouver que notre système est seul conforme
à l'intention du législateur.

Concluons donc qu'une commune ne pourra invoquer l'exception écrite dans l'art. 108-1° qu'autant que
les autorités municipales, secondées par les habitants
de la commune, pourront prouver qu'elles ont pris
toutes les mesures qui étaient en leur pouvoir à l'effet
de prévenir les attroupements. Cette preuve sera souvent difficile à faire, et le législateur a été bien inspiré
en n'édictant aucune règle précise sur ce point. La solution de la question dépendra surtout des circonstances et devra être abandonnée à l'appréciation de
l'autorité judiciaire saisie des demandes en réparation.

§ 2. **Art. 108** : « *Les dispositions des art.* 106 *et* 107 *ne sont pas applicables : 2° Dans les communes où la municipalité n'a pas la disposition de la police locale ni de la force armée* ». — Ce texte est conçu en termes généraux, il ne désigne pas nominativement les communes qui pourront se prévaloir du bénéfice de l'exception qu'il établit ; mais l'interprétation qu'il comporte n'est pas douteuse, elle résulte de la discussion qui s'est produite au Sénat, dans la séance du 13 février 1884. La ville de Paris n'a pas la disposition de la police, elle ne doit pas répondre des agitations qu'il n'est pas en son pouvoir de réprimer ; la ville de Lyon est aussi placée sous un régime particulier, au point de vue de la police, et doit jouir également, le cas échéant, de l'irresponsabilité de droit. Si les deux grandes villes de Paris et de Lyon sont, à l'état permanent, hors du droit commun, toutes les autres communes peuvent être placées dans une situation temporaire qui dépouille les maires de leurs attributions de police ; il en est ainsi lorsque l'état de siège est établi. Ce sont les seules communes auxquelles s'applique la disposition de l'art. 108-2°.

1° *Exception en faveur de la ville de Paris.* — Une grave question avait été soulevée sous l'empire de la loi du 10 vendémiaire an IV (1); il s'agissait de savoir

(1) La loi du 10 vendémiaire an IV ne contenait aucun texte correspondant à l'art. 108-2° de la loi du 5 avril 1884.

si ses dispositions s'appliquaient à la ville de Paris.
D'après un avis du Conseil d'Etat du 13 prairial an VIII,
la loi de l'an IV n'était pas moins applicable aux grandes qu'aux petites communes. Cette décision ne devait
pas empêcher la discussion de se produire, ses termes
trop généraux ne tranchaient pas la question. Sans
doute, les motifs qui avaient fait rendre la loi de vendémiaire s'appliquaient aux grandes et aux petites
communes, mais ne devait-on pas faire exception pour
Paris, à cause des particularités de son organisation
municipale? La Cour de cassation se prononça en ce
sens le 6 avril 1836 (1), sur les conclusions du procureur général Dupin; le 15 mai 1841 (2), elle consacra la
même doctrine par un arrêt des Chambres réunies.
Ces décisions s'appuyaient sur la situation exceptionnelle faite par la loi à la ville de Paris, et que le procureur général Dupin avait si remarquablement exposé
dans ses conclusions : « Mais la loi de vendémiaire,
« applicable à la redoutable commune de l'an IV, au-
« rait-elle pu continuer à être applicable à la ville de
« Paris, après que la loi lui aura retiré les terribles
« pouvoirs dont elle avait abusé et lui aura enlevé toute
« initiative d'action soit pour le désordre, soit pour
« la répression ». Cette opinion n'était pas admise par
tous les auteurs : les Cours d'appel s'y étaient toujours

(1) Cass., 6 avril 1836 ; S., 36, 1, 257.
(2) Cass., 15 mai 1841 ; S., 41, 1, 373.

montrées rebelles (1). La question devait se présenter
en 1884 ; elle a été l'objet de vives discussions au sein
des deux Chambres qui l'ont tranchée en consacrant
une situation considérée comme définitivement acquise
ainsi que le montrait encore la Cour suprême, par son
arrêt du 4 mai 1881 (2).

La ville de Paris n'est pas responsable des dégâts et
dommages résultant de crimes ou délits commis par
des attroupements sur son territoire ; le régime exceptionnel auquel elle est soumise explique le refus de la
Cour de cassation de lui appliquer les dispositions de
la loi de vendémiaire, et la décision du législateur de
1884. Il était conforme à l'idée même sur laquelle repose le principe de la responsabilité communale, de
soustraire la ville de Paris à l'obligation dont l'art. 106
grève les autres communes, car cette disposition suppose que les autorités municipales, chargées de veiller
au maintien du bon ordre et de la tranquillité publique, ont manqué à leurs devoirs ; or, à Paris, la force
publique réside entre les mains de fonctionnaires
étrangers à la municipalité. En effet, l'arrêté des con-
suls du 12 messidor an VIII, rendu en exécution de la
loi du 28 pluviôse an VIII (art. 16), a concentré dans
les mains du préfet de police cette portion de l'auto-

(1) Orléans, 8 février 1839 ; S., 39, 2, 285. Paris, 22 novembre 1834 ; S., 35, 2. 93. Paris, 29 décembre 1834 ; S., 35,
2, 97.

(2) Cass., 4 mai 1881 ; S., 81, 1, 361.

rité qui est ailleurs confiée au maire, et qui a pour objet le maintien de la tranquillité publique et le droit de requérir la force armée (1).

Il faut remarquer, en outre, que Paris est le siège des pouvoirs publics, les mouvements populaires et les émeutes revêtent un caractère de gravité qu'ils n'ont pas ailleurs ; c'est là surtout que se font les révolutions, il est naturel que le gouvernement veille lui-même à sa conservation.

Le régime particulier auquel est soumise la ville de Paris, justifie-t-il l'exception dont la jurisprudence de la Cour de cassation et la loi de 1884 lui ont accordé le bénéfice ? La question était vivement discutée sous l'empire de la loi de vendémiaire qui ne semblait nullement autoriser cette solution. L'arrêt du 4 mai 1881 a été rendu contrairement aux conclusions de M. l'avocat général Desjardins qui a vainement essayé de faire revenir la Cour sur sa jurisprudence. Du reste, ce système a toujours été l'objet des critiques de la grande majorité des auteurs (2). Foucart faisait remarquer, non sans quelque apparence de raison, que si les habitants de Paris étaient dispensés de repousser les at-

(1) La loi du 10 juin 1853 a étendu les pouvoirs du préfet de police sur toutes les communes du département de la Seine.

(2) Foucart, *Droit public et admin.*, t. III, n° 1650. Sourdat, *Traité général de la respons.*, t. II. n°ˢ 1381, 1382. Dalloz, *Répert.*, v° *Commune*, n° 2658.

troupements, parce qu'ils n'avaient pas une municipalité organisée d'après les mêmes règles que les autres communes, il fallait décider que les habitants d'une autre commune pourraient se prévaloir du même bénéfice, si, au moment des désordres, le maire et les adjoints étaient absents, ou s'ils ne prenaient aucune mesure, ou bien encore s'il n'y avait pas de troupes dans la commune (1). Cependant cette objection n'était pas fondée, car, en rendant la commune responsable des dommages causés par des attroupements sur son territoire, la loi avait voulu punir les habitants de la faute qu'ils avaient commise en donnant leur confiance à des officiers municipaux incapables ou négligents. Le maire et les adjoints n'étaient-ils pas coupables de s'être absentés sans prévoir les désordres qui pouvaient se produire? S'ils étaient présents, pourquoi n'ont-ils pris aucune mesure? pourquoi n'ont-ils pas requis la force armée? Il y a toujours des troupes dans les centres importants où les émeutes présentent des dangers; dans les petites agglomérations, la résistance des habitants, jointe aux efforts de la municipalité, suffit au maintien de l'ordre. Néanmoins, il est impossible de contester que la jurisprudence de la Cour de cassation ait été en contradiction flagrante avec les textes. La loi du 10 vendémiaire an IV, avait été édictée surtout en vue de faire cesser les désordres

(1) Foucart, t. III, n° 1650.

qui se produisaient à Paris. Le procureur général Dupin lui-même le reconnaissait, mais il ajoutait qu'elle avait été édictée pour le Paris de l'an IV avec sa municipalité élective et ses pouvoirs de police. L'argument eût été d'un grand poids, s'il ne s'était agi que d'une question d'équité que les textes n'auraient pas tranchée. Mais la Cour de cassation n'a jamais eu d'autre mission que celle de veiller à la stricte application des lois en vigueur, il n'entre pas dans ses attributions de les modifier. Or, si, dans le principe, la loi de l'an IV s'est appliquée à la ville de Paris, elle a dû être applicable même après les modifications que la loi du 28 pluviôse an VIII, a introduites dans l'organisation municipale de cette ville.

Ce n'est pas seulement l'interprétation inexacte que la Cour suprême a donnée de la loi de vendémiaire que nous critiquons, c'est aussi la disposition de l'article 108-2° qui n'a comblé qu'une lacune. Sur quoi se fonde l'exception faite en faveur de la ville de Paris ? Sur ce double motif que Paris est le siège du gouvernement, et que la municipalité n'y a pas la disposition de la police et de la force armée. Le premier de ces deux motifs n'est pas exact, à notre avis ; le second seul suffirait à justifier l'art. 108-2°, si ce texte avait reçu le complément logique qu'il comporte, si le législateur avait déclaré l'État responsable dans les cas où la commune ne l'est pas.

La situation privilégiée de la ville de Paris résulte de

ce qu'elle est le siège des pouvoirs publics. Cette idée invoquée par la Cour de cassation dans son arrêt du 4 mai 1881 (1), peut présenter une certaine apparence de vérité ; en effet, le 10 mars 1871, l'Assemblée nationale transportait son siège à Versailles, et le 24 du même mois, un arrêté étendait au département de Seine-et-Oise les pouvoirs conférés au préfet de police du département de la Seine. Cependant cette considération n'est pas exacte, car elle aurait pour conséquence d'entraîner l'irresponsabilité de toute ville dans laquelle le Parlement jugerait à propos de transférer le lieu de ses réunions, ce qui est inadmissible. L'arrêté du 24 mars 1871 s'explique par la proximité de Paris, et par le danger qui pouvait en résulter pour la sécurité de l'Assemblée.

Le second motif nous semble plus juste ; il serait déraisonnable de reprocher aux communes de n'avoir pas suffisamment veillé au maintien de l'ordre public, lorsqu'elles n'ont pas la disposition de la police locale et de la force armée. La disposition de l'art. 108-2° est pleinement équitable, comment déclarer les autorités municipales coupables de n'avoir pas repoussé les attroupements, alors que la loi leur enlève les moyens de le faire ? Mais qui devra, à Paris, supporter le fardeau de la responsabilité que la loi fait ailleurs peser sur la commune ? Dans cette agglomération considérable où

(1) Cass., 4 mai 1881 ; S., 81, 1, 361.

les émeutes sont particulièrement graves, où les propriétés sont plus exposées au pillage et à l'incendie, qui
subira les conséquences de ces malheurs ? La réponse
à cette question semble découler naturellement des
motifs sur lesquels repose l'irresponsabilité de la ville
de Paris. Puisque l'obligation pour les communes de
réparer les dommages commis sur leur territoire, résulte de ce que les autorités qui disposent de la police
et de la force publique n'ont pas usé de leurs pouvoirs
avec assez d'énergie, ces attributions appartenant, à
Paris, au préfet de police, c'est-à-dire au représentant
de l'État, l'État devrait assumer la responsabilité des
dégâts et dommages commis dans cette ville par des
attroupements. Cela est logique et lors de la discussion de l'art. 108 un sénateur, M. de Lareinty, proposa
d'ajouter au § 2 : « Dans les communes où la municipa
« lité n'a pas la disposition de la police locale ni de la
« force armée », les mots, « auquel cas l'État serait
« responsable » (1). La proposition fut repoussée ; on
ne pouvait pas insérer dans la loi du 5 avril 1884 une
disposition qui fût tellement étrangère à l'administration municipale. C'est la seule objection qui fut
faite par le rapporteur de la commission du Sénat.
Mais, dans une séance antérieure (2), le ministre de

(1) Séance du 11 mars 1884, loi municipale, *Documents parlementaires*, p. 526.

(2) Séance du 13 février 1884, loi municipale, *Documents
parlementaires*, p. 362.

l'intérieur avait combattu par avance cet amendement :
« Il n'y a pas d'assimilation possible entre la commune
« et l'État. Pourquoi ? Parce que l'État, c'est tout le
« monde, l'intégralité des individus qui le composent,
« et si je comprends très bien que l'État ait le droit de
« dire à la commune : je t'avais chargée de prendre
« certaines précautions dans l'intérêt de tous, et toi,
« individualité, toi, particulier, tu n'as pas pris ces
« précautions, tu es donc responsable devant la collec-
« tivité générale, il est tout à fait inadmissible et tout
« à fait invraisemblable que l'on déclare l'Etat respon-
« sable envers tout le monde, alors qu'il est lui-même
« la représentation de l'intérêt général. »

Cet argument n'est pas sans réplique. Dans une bro-
chure récemment présentée à l'Académie des sciences
morales et politiques, M. Léon Roux, avocat à la Cour
d'appel de Lyon, y répond : « Quoi ! l'État cessera
« d'être responsable, parce qu'il représente l'universa-
« lité des citoyens ! Mais nous verrons bientôt que, de
« l'avis de tout le monde, ce même État est responsable
« dans un grand nombre de cas où il représente aussi
« l'universalité des citoyens (1). » Après avoir essayé
de démontrer que l'État est soumis aux règles du droit
commun en matière de responsabilité, l'auteur con-
clut qu'il serait juste de substituer l'État à la commune

(1) **Léon Roux**, *De la resp. de l'Etat dans le cas de l'art.* 108,
§ 2, *de la loi municipale.* p. 22.

dans le cas de l'art. 108-2°. Diverses observations ont été faites à ce propos devant l'Académie; M. Batbie fit remarquer que lorsqu'une ville était défendue par la force publique de l'État, elle avait, pour sa protection, le maximum de force sociale qu'on pouvait mettre à sa disposition. Si cette force n'avait pas suffi pour la sauver, c'est que sa défense était impossible. Dans son *Cours de droit administratif* (1), notre savant professeur, M. Ducrocq, avait déjà exprimé cette idée.

L'objection est sérieuse; elle est irréfutable dans des circonstances ordinaires, parce que le gouvernement, principalement intéressé à sa stabilité, opposera une résistance désespérée à tout mouvement insurrectionnel; si, malgré ses efforts, il tombe sous les coups de l'émeute, on peut dire qu'il y a un cas de force majeure. Mais, s'il en est ainsi dans les circonstances normales, n'est-il pas possible de prévoir tel cas où le gouvernement agira autrement. Citons une hypothèse qui est de nature à se réaliser; à la suite d'élections législatives, l'opposition envoie à la Chambre un nombre de députés considérable, n'est-il pas à craindre que le gouvernement ne laisse se développer et facilite même une émeute de protestation qui serait tout en sa faveur? Est-ce là une utopie que l'histoire rende invraisemblable? Qu'adviendrait-il alors? Les citoyens paisibles, laissés sans défense, verraient leurs propriétés

(1) *Cours de droit administratif*, ann. 1885-1886.

saccagées, leurs demeures violées, leur ruine consommée, sans avoir un recours contre l'État. La commune répondrait de la négligence de sa municipalité, et l'État ne répondrait pas des crimes de ceux qui le représentent.

Si le gouvernement, par suite d'une mauvaise administration, n'avait pas la précaution d'entretenir à Paris une force armée suffisante, si ses agents, malgré leur nombre, étaient notoirement insuffisants, dirait-on encore qu'il y a force majeure ; les mêmes présomptions de faute que la loi établit à la charge de la commune ne s'appliquent-elles pas à l'État? Qu'est-ce donc que l'Etat, si ce n'est une grande commune? Le gouvernement est susceptible des mêmes fautes que l'autorité municipale. Le ministre de l'intérieur, pour justifier le principe de l'irresponsabilité de l'Etat, disait au Sénat (1) : « L'Etat « a le droit de dire à la commune : Je t'avais chargée « de prendre certaines précautions dans l'intérêt de « tous, et toi, individualité, toi, particulier, tu n'as pas « pris ces précautions, tu es responsable devant la col-« lectivité générale. » La commune sera donc censée n'avoir pas pris toutes les mesures qui étaient en son pouvoir, si des troubles se produisent sur son terri-toire ; l'État, au contraire, dans des circonstances ana-logues, sera considéré comme indemne de toute faute,

____

(1) Séance du 13 février 1884, loi municipale, *Document parlementaires*, p. 362.

même s'il est manifeste que ses représentants, sans défiance à l'égard de troubles sans importance, ont opposé trop tard la force armée aux attroupements devenus menaçants. Puisque la loi exonère la commune lorsqu'elle a fait tous ses efforts pour prévenir les désordres, elle admet que l'autorité municipale peut n'avoir pas accompli son devoir ; la même supposition est-elle illogique quand il s'agit de l'État ?

2° *Exception en faveur de la ville de Lyon.* — La disposition de l'art. 108-2° ne s'applique pas seulement à la ville de Paris, elle s'étend aussi à la ville de Lyon. C'est une innovation de la loi du 5 avril 1884 ; jusqu'à cette époque, Lyon avait été soumis à la loi du 10 vendémiaire an IV, et la Cour de cassation avait refusé de lui accorder le même privilège qu'à Paris. Cela peut paraître étrange, puisque, dans ces deux villes, c'était au préfet qu'appartenait la direction de la police et le droit de requérir la force armée (1). « Attendu, disait-elle dans son arrêt du 10 août 1869 (2), que la loi de vendémaire s'applique à toutes les communes et même à celles dans lesquelles, comme dans la commune de Lyon, le pouvoir municipal est exercé non par un maire, mais par un fonctionnaire qui est revêtu de pouvoirs plus généraux et plus étendus, parce que ce fonctionnaire n'en représente pas moins la com-

____

(1) Loi du 19 juin 1851, art 1er ; loi du 21 avril 1881 ; loi du 5 avril 1884.

(2) Cass., 10 août 1869 ; S., 70, 1, 153.

14

mune et l'autorité municipale, quelle que soit d'ailleurs sa qualification, et de quelque manière que ses pouvoirs lui aient été conférés. »

Il y avait là une contradiction choquante. La loi du 5 avril 1884 a fait disparaître ce défaut d'harmonie ; Paris et les communes du département de la Seine, Lyon et les communes dites de l'agglomération lyonnaise, énumérées par l'art. 104, peuvent se prévaloir de l'exception de l'art. 108-2°. Mais Lyon seul est atteint par la loi nouvelle ; Paris jouissait depuis 1841 d'une immunité de fait que la Cour suprême avait maintenue par son arrêt du 4 mai 1881 (1). Nous bornerons nos observations sur ce point en faisant remarquer que s'il est logique et conforme au principe de la responsabilité d'exonérer Lyon des conséquences des émeutes qui peuvent se produire sur son territoire, il ne serait pas moins juste de substituer la responsabilité de l'Etat à celle de la commune, pour ne pas priver les particuliers lésés de tout recours. Il ne faut pas oublier les motifs sur lesquels est fondée la disposition de l'article 106, § 1 ; on a voulu intéresser les citoyens au maintien de l'ordre et on leur a dit : prenez garde, vous seuls supporterez les conséquences des dommages qui seront causés sur le territoire que vous habitez. On ne peut plus tenir ce langage aux habitants des communes dont la municipalité ne dispose pas des

____

(1) Cass., 4 mai 1881 ; S., 81, 1, 361.

moyens de prévenir et de réprimer les atteintes portées à la tranquillité publique; quelle considération
arrêtera donc les membres de ces communes, ceux qui
n'ont rien à perdre dans le pillage général?

Nous avons critiqué la disposition de l'art. 108-2°,
moins à cause de l'exception qu'elle introduisait dans
la législation, qu'à raison de la situation défavorable
dans laquelle elle plaçait Paris et Lyon; il ne suffisait
pas de combler une lacune et d'en créer une autre, il
fallait déduire toutes les conséquences du principe et
substituer la responsabilité de l'Etat à celle de la commune; mais cela n'était pas possible dans une loi d'administration municipale. L'idée sur laquelle repose
l'exception de l'art. 108-2° est juste; l'application de
l'art. 106 n'eût pas été logique dans les communes où
la municipalité n'a pas la direction de la police ni le
droit de requérir la force armée. Nous en avons rencontré deux, il nous reste, pour compléter notre étude
sur ce point, à parler des autres communes qui peuvent se trouver temporairement dans la même situation, de celles dans lesquelles l'état de siège est
établi.

3° *Communes dans lesquelles l'état de siège est établi.*
— Quoique l'art. 108-2° ne désigne pas ces communes, il a certainement été dans la pensée du législateur de les comprendre dans cette disposition, ainsi
qu'il résulte des déclarations qui ont été faites au Sé-

nat (1). C'est une innovation de la loi du 5 avril 1884 :
La loi de vendémiaire n'avait admis qu'une seule exception au principe qu'elle posait, et les conditions rigoureuses auxquelles elle la soumettait ne permettaient
pas de douter de son intention. La Cour de cassation
ne respecta ni son texte ni sa pensée, et crut pouvoir
admettre une exception en faveur de Paris : nous avons
critiqué ses décisions, car elles étaient contraires à la
loi de l'an IV qui ne comportait pas d'autre dérogation
que celle qu'elle indiquait; aussi, nous n'hésitons pas
à affirmer que, alors même que l'état de siège eût été
déclaré dans une commune, elle n'en aurait pas moins
été responsable des attentats commis sur son territoire
par des attroupements séditieux, suivant certaines distinctions que nous allons examiner.

En effet, il faut distinguer l'état de siège fictif ou
politique, l'état de siège effectif et l'état de guerre.
L'état de siège fictif est surtout une mesure politique
qui ne suppose ni la présence, ni l'approche de l'ennemi : il ne peut être déclaré que par une loi, en cas
de péril imminent, résultant d'une guerre étrangère
ou d'une insurrection à main armée. La loi du 3 avril
1878 qui s'occupe de la proclamation et de la levée de
l'état de siège laisse subsister la loi du 9 août 1849,
pour tout ce qui n'est pas contraire à ses dispositions ;

(1) Séance du 13 février 1884, loi municipale, *Documents
parlementaires*, p. 360.

or, aux termes de l'art. 7 de cette dernière loi, « aussitôt l'état de siège déclaré, les pouvoirs dont l'autorité civile était revêtue pour le maintien de l'ordre et de la police passent tout entiers à l'autorité militaire. L'autorité civile continue néanmoins à exercer ceux de ces pouvoirs dont l'autorité militaire ne l'a pas dessaisie. »

L'état de siège effectif est déclaré dans les places fortes ou postes militaires, en cas de guerre extérieure ou de guerre civile, par les commandants militaires; il suppose la présence de l'ennemi, et a pour effet d'entraîner la substitution de la police militaire à la police civile (art. 203 du décret du 23 octobre 1883).

L'état de guerre est spécial aux places de guerre et aux postes militaires; il résulte de la publication dans la place de l'ordre de mobilisation, et ses conséquences sont celles qui étaient déjà consacrées par la loi du 8 juillet 1791 et le décret du 24 septembre 1811 : « L'autorité civile ne peut rendre aucune ordonnance de police sans s'être entendue avec le gouverneur, ni refuser de prendre les arrêtés que celui-ci juge nécessaires à la sûreté de la place » (art. 190 du décret du 23 octobre 1883).

Il était utile de donner ces explications préliminaires avant d'arriver au sujet qui doit nous occuper; nous avons voulu montrer en quelques mots les caractères de l'état de siège fictif, de l'état de siège effectif et de l'état de guerre, pour mettre en lumière les différences qui les séparent. En même temps, nous avons relevé un caractère commun à ces trois situations, c'est que les pouvoirs de police dont l'autorité civile est investie passent à l'autorité militaire ; la municipalité devient dès lors incapable de veiller au maintien de l'ordre et de réprimer les atteintes portées à la tranquillité publique. Aussi, s'explique-t-on la disposition de l'article 108-2°, conséquence logique de l'idée sur laquelle est basée la responsabilité des communes.

Il n'en était pas ainsi avant la loi du 5 avril 1884 ; la loi de vendémiaire était rigoureuse, elle ne contenait aucune disposition relative à l'état de siège, et pourtant la Convention savait bien quelles étaient les conséquences de cette situation, puisqu'elles étaient déjà déterminées par la loi du 8 juillet 1791. Cependant, nous devons nous demander si, malgré le silence de la loi de l'an IV, on ne pouvait pas admettre une exception au principe de la responsabilité communale en cas d'état de siège. C'est ici qu'apparaît l'utilité de la distinction que nous faisions précédemment. L'état de siège effectif supposant la présence de l'ennemi, les dommages causés pendant cette période devaient être considérés comme des faits de guerre, des événements de force majeure dont la commune n'était pas responsable ; il en était de même de l'état de guerre. Cette solution était autorisée par l'art. 39 du décret du 10 août 1853, qui, en prévision de l'état de siège effectif, décidait que « le dommage résultant d'un fait de guerre, ou d'une « mesure de défense prise, soit par l'autorité militaire

« *pendant l'état de siège*, soit par un corps d'armée ou
« un détachement en face de l'ennemi, n'ouvrait aucun
« droit à indemnité. » Mais, était-il logique, sous l'ancienne législation, d'admettre l'application de la même
règle en cas d'état de siège fictif ou politique? Nous ne
le croyons pas. Cependant nous pouvons relever certaines décisions de jurisprudence qui consacrent l'opinion contraire ; ainsi, il a été jugé (1) que la déclaration
de l'état de siège faisait cesser la responsabilité d'une
commune, lorsque l'autorité militaire s'était saisie de
l'intégralité des pouvoirs dont l'autorité civile était ordinairement revêtue pour le maintien de l'ordre et de
la sécurité publique. C'était aussi le système de la Cour
de cassation : « Attendu, disait-elle dans son arrêt du
« 23 février 1875 (2), qu'il résulte des déclarations du
« jugement attaqué que la commune de Lyon n'a même
« pas usé, pour prévenir le désordre, des pouvoirs que
« l'état de siège lui avait laissés et que l'autorité muni-
« cipale continuait à exercer en vertu de l'art. 7 de la
« loi du 9 août 1849. » La pensée de la Cour suprême
était comprise dans ce considérant ; si la municipalité
avait été dessaisie complètement de ses pouvoirs de
police, la commune n'aurait pas été responsable. Nous
rencontrons la même idée dans un arrêt du 27 avril
1875 (3) d'où il résultait que si la commune était dé-

(1) Besançon, 24 août 1874 ; S., 74, 2, 284.
(2) Cass., 23 février 1875 ; S., 75, 1, 219.
(3) Cass., 27 avril 1875 ; S., 75, 1, 263.

clarée responsable, c'était parce que, tant que sa municipalité avait été investie des pouvoirs de police, elle n'avait pas empêché les désordres ; mais, si, par suite de la déclaration de l'état de siège, le maire avait été complètement dessaisi des attributions dont il était investi en temps ordinaire, la commune ne devait pas être responsable des dommages causés sur son territoire. Et alors nous nous demandons quelle différence pouvait bien. exister entre une ville dans laquelle l'état de siège fictif était déclaré, et une ville comme Lyon dans laquelle les attributions de police étaient confiées à un agent du gouvernement. Nous n'en voyons pas, les situations nous paraissent identiques ; et cependant la Cour de cassation qui admettait l'irresponsabilité d'une commune dans laquelle l'état de siège avait été déclaré, ne donnait pas la même solution pour la ville de Lyon. Cette anomalie méritait de fixer notre attention ; elle est de nature à prouver qu'il est difficile de s'écarter du texte de la loi sans tomber dans l'arbitraire.

§ 3. Une troisième exception est écrite dans l'article 108-3° : « *Les dispositions des art.* 106 *et* 107 *ne sont pas applicables, lorsque les dommages causés sont le résultat d'un fait de guerre.* » Ce texte n'est que l'application aux communes de la règle contenue dans l'art. 39 du décret du 10 août 1853 qui décide que les dommages résultant de faits de guerre n'ouvrent aucun

droit à indemnité. Si la disposition de l'art. 108-3°
n'est pas nouvelle, la décision qu'elle consacre est plus
ancienne encore, car elle était admise avant le décret
de 1853 ; à plusieurs reprises, le Conseil d'État avait
décidé que les communes n'étaient pas responsables
des dommages causés par les troupes ennemies.
« Considérant, porte l'arrêt du 11 février 1824, que le
pillage dont le sieur Moget prétend avoir été victime,
dans les journées des 16 et 17 juillet 1815, de la part
des troupes prussiennes campées au Champ-de-Mars,
constitue un fait de guerre qui ne peut donner lieu à
aucune réclamation, soit contre la ville de Paris, soit
contre l'État. » Plusieurs arrêts avaient été rendus
dans le même sens (1). Il n'y avait, du reste, dans
toutes ces décisions, que les formes diverses d'un
même principe, *casus a nullo præstantur;* quand la
guerre est déclarée, un intérêt supérieur est engagé,
l'existence même de la société, et si des dommages
sont causés aux personnes ou aux propriétés, c'est un
malheur dont on ne saurait rendre les communes responsables. Les faits de guerre ne peuvent pas non
plus obliger les nations à indemniser les personnes qui
en ont été victimes (2). Sans doute l'État accordera tou-

(1) Conseil d'État, 27 avril 1825 (Doumerc) ; 9 juin 1830
(Pouchot).

(2) Conseil d'État, 13 mai 1836 (Palengat) ; 1er mai 1874
(Defresne) ; 12 mai 1876 (Cie des ponts de Billancourt et du
Bas-Meudon) ; 30 juin 1876 (Lhotellier).

jours une indemnité, un secours à ces infortunes im-
méritées, mais ce n'est pas un droit pour ceux qui bénéficient de cette faveur; ce n'est pas une réparation,
c'est un dédommagement. Après les désastres de
1870-1871, l'Assemblée nationale jugea équitable de
faire contribuer la France entière au soulagement des
malheurs qui avaient atteint une partie de ses habitants.
Deux lois du 6 septembre 1871 et du 7 avril 1873 ac-
cordèrent, à titre de dédommagement, aux départements envahis par l'armée allemande, une somme
prise sur les fonds du Trésor, pour être appliquée « au
remboursement des impôts payés aux Allemands, à la
réparation de toutes les pertes et de tous les dommages
subis par le fait de l'invasion par les individus, les villes,
les communes et les départements pendant la guerre
de 1870-1871 » (art. 7 de la loi du 7 avril 1873).

L'art. 108-3° est conçu en termes généraux, il n'y a
pas lieu de distinguer entre la guerre étrangère et la
guerre civile; mais le principe de l'art. 106 ne cesse
de s'appliquer qu'autant qu'il s'agit d'une véritable
guerre civile, lorsqu'il y a lutte entre l'autorité légitime et un gouvernement de fait accepté par une partie
de la nation. Quand des armées sont en présence, la
municipalité n'a pas à intervenir pour dissiper les rassemblements; elle se heurterait à une force trop considérable; les désastres qui résultent de la lutte sont
des faits de guerre qui n'engagent pas la responsabilité de la commune, ni celle de l'État. D'ailleurs,

comme le fait remarquer Dalloz, les mots *attroupement* et *rassemblement* ne s'entendent jamais d'une armée organisée(1). Mais si la commune n'est pas obligée d'accorder la réparation des dégâts et dommages qui sont le résultat de la guerre civile, nous ne saurions étendre cette exception au cas d'insurrection, sans faire disparaître d'une manière presque complète le principe de l'art. 106. Comme nous l'avons fait observer précédemment; les mouvements insurrectionnels ne se forment pas tout d'un coup, il y a des signes précurseurs de l'émeute; il y a comme une période d'incubation de la crise. L'agitation, sans importance au début, peut prendre une extension que favorisent souvent l'inaction des autorités et l'indifférence des citoyens; on se laisse entraîner par la foule que rien ne retient plus, et on arrive à des résultats qu'on ne prévoyait pas. C'est pour conjurer ce danger que le maire doit, en vertu de ses pouvoirs de police, prévenir la formation des attroupements; s'il ne le fait pas, il manque à son devoir, et la commune doit subir les conséquences de sa négligence. Nous ne saurions donc approuver les deux arrêts du 20 juin et du 21 décembre 1821 (2), par lesquels la Cour d'Aix a refusé de déclarer la commune de Marseille responsable des dommages causés à des propriétés particulières par des attroupements, parce que, au

(1) Dalloz, *Répert.*, v° *Commune*, n° 2694.
(2) Aix, 20 juin 1821 (Fournier); 21 décembre 1821 (Jouve); D., 22, 1, 403 et 406; S., 22, 1, 428.

moment où les désordres avaient eu lieu, la désorganisation la plus complète avait détruit dans la ville de Marseille tous les liens sociaux, que les lois y étaient sans force et les magistrats sans autorité par l'effet de la guerre civile. La Cour de cassation a confirmé ces deux arrêts (1). C'est à tort, suivant nous, que la Cour d'Aix a décidé que la commune de Marseille n'était pas responsable dans les deux espèces qui lui étaient soumises; il s'agissait de dommages causés au lendemain de la nouvelle du désastre de Waterloo par un attroupement qui pilla et brûla des propriétés privées; n'y avait-il pas là un fait qui tombait sous l'application de la loi de l'an IV et que régirait actuellement l'art. 106 de la loi de 1884? Que la guerre civile en soit résultée, nous n'en disconviendrons pas, qu'il y ait eu désorganisation complète des pouvoirs publics dans la suite, l'histoire nous l'apprend, mais c'étaient là des événements postérieurs aux désordres dont les particuliers lésés demandaient réparation. La municipalité était en faute de n'avoir pas pris toutes les précautions nécessaires; la guerre civile ne se serait peut-être pas déchaînée, si, dès le début des troubles, elle avait opposé une résistance énergique aux perturbateurs. La guerre civile n'éclate pas comme un coup de foudre; il appartient aux autorités de veiller à ce que les germes de l'insurrection soient étouffés.

(1) Cass., 27 juin 1822; D., 22, 1, 403 et 406; S., 22, 1, 428.

Il peut sembler étrange de nous voir admettre que les faits de guerre civile n'engagent pas la responsabilité des communes, alors que nous avons décidé dans le chapitre précédent que les communes ne pouvaient pas invoquer le caractère insurrectionnel des attroupements pour échapper à l'application de l'art. 106 de la loi municipale. Les développements que nous venons de donner font pressentir la justification de cette apparente contradiction; la différence est dans les mots et dans les faits. Quand l'autorité municipale se trouve en présence d'une véritable insurrection, elle est coupable d'avoir laissé se former les attroupements qui étaient peut-être inoffensifs à l'origine et qui sont devenus dangereux dans la suite; elle est en faute de n'avoir pas su mettre obstacle à leur extension, et dès lors rien ne justifierait l'irresponsabilité de la commune, car ses représentants avaient toute liberté d'action, et ils n'ont pas su se servir des pouvoirs dont la loi les constitue dépositaires dans l'intérêt de la paix publique. En est-il de même quand il s'agit d'une guerre civile, lorsqu'un gouvernement révolutionnaire, accepté par une partie de la nation, marche au renversement du gouvernement légitime? Serait-il raisonnable de la part d'une municipalité de lui opposer l'obstacle de la légalité et d'exposer la commune à des désastres irréparables? Il est plus prudent de ne pas résister, de crainte d'accroître l'excitation des esprits, et si la commune est le théâtre d'une lutte entre les deux partis, elle sera victime d'un de ces événements de force majeure qui ne donnent droit à aucune indemnité.

Le guerre civile est un malheur qu'on doit subir; mais si les communes ne sont pas responsables des désastres qui en résultent, nous croyons devoir limiter cette irresponsabilité à l'hypothèse que nous venons d'envisager, c'est-à-dire au cas où les communes sont envahies par les émeutiers comme par une armée ennemie; alors seulement il y a force majeure. Si, au contraire, les attroupements s'étaient formés sur le territoire d'une commune, et s'étaient développés au point de donner aux désordres le caractère d'une véritable guerre civile, nous croyons que la commune n'échapperait pas à la responsabilité que la loi fait peser sur elle, car il ne lui serait pas possible de se laver du reproche de négligence.

Il appartiendra aux juges du fond d'apprécier souverainement l'exception de force majeure invoquée par la commune. On pourrait opposer à cette idée l'article 108-3° qui ne fait aucune distinction et qui semble imposer aux juges l'obligation d'admettre toute exception fondée sur un fait de guerre. Mais encore faut-il qu'il y ait fait de guerre, et c'est cette question dont l'examen doit être réservé aux tribunaux qui décideront si, à raison des circonstances que nous venons d'examiner, la commune s'est trouvée dans l'impossibilité de prévenir les attroupements; leur décision à cet égard ne pourrait pas être déférée à la censure de la Cour de cassation (1).

Telles sont les dérogations que l'art. 108 apporte au principe de la responsabilité des communes ; nous pouvons constater que ces trois exceptions ne sont que les applications d'un même principe contenu dans l'article 1148 du Code civil, *casus a nullo præstantur*. Néanmoins, il était nécessaire que le législateur les indiquât avec précision, pour faire cesser les difficultés qu'elles avaient fait naître dans la doctrine et dans la jurisprudence. Mais ce ne sont pas les seules excuses qui puissent être invoquées par la commune ; nous allons examiner certaines hypothèses dans lesquelles il nous paraît juste de faire brèche au principe énoncé dans l'art. 106 de la loi municipale.

Les communes sont responsables des dégâts et dommages résultant des crimes ou délits commis à force ouverte ou par violence sur leur territoire par des attroupements ou rassemblements armés ou non armés, soit envers les personnes, soit contre les propriétés publiques ou privées. Une commune ne pourrait-elle pas, pour échapper à cette responsabilité, opposer une exception fondée sur la provocation de la partie lésée ? Si équitable que paraisse cette solution, elle ne saurait être admise. Sans doute la provocation adressée à la

______

(1) Cass., 27 juin 1822 ; S., 22, 1, 428 ; 11 mai 1836 ; S., 36, 1, 665.

foule présente des caractères différents de celle qui s'adresse à des particuliers, ses conséquences sont plus graves, et on peut reprocher à la victime des désordres de les avoir provoqués. Mais, la loi ne fait aucune distinction, c'est aux règles du droit commun qu'il faut demander la solution de la question; or, l'art. 326 du Code pénal nous dit que, lorsqu'il s'agit de voies de fait contre les personnes ou les propriétés, la provocation n'est qu'une excuse qui entraîne une réduction de peine, sans faire disparaître les crimes et délits. Cette considération nous paraîtrait à elle seule insuffisante, si elle n'était dominée par le principe même sur lequel repose la responsabilité des communes; il trouve encore son application en cas de provocation, car l'autorité municipale doit toujours prévenir les attroupements, quelle que soit leur cause, pour protéger les personnes et les propriétés, et pour conjurer le danger d'une émeute. Quant à la disposition de l'art. 326 du Code pénal, elle ne constitue pas un argument qui nous satisfasse; rien dans son texte ou dans ceux qui précèdent n'est relatif à notre sujet. En effet, la provocation ne rend excusables le meurtre, les coups et blessures qu'à certaines conditions; il faut qu'elle résulte, comme toute excuse, de l'une des causes déterminées par la loi ; or, les faits de provocation auxquels la loi attache ce caractère sont des faits individuels dans lesquels il n'est pas possible de faire entrer les délits collectifs que l'art. 106 de la loi municipale a pour but de réprimer (art. 321 à 326, P.). D'ailleurs, la provocation n'est jamais une excuse absolutoire, elle ne peut être qu'une excuse atténuante. Même ainsi limitées, les dispositions du Code pénal ne s'appliquent pas aux communes; nous croyons qu'elles encourraient la responsabilité de l'art. 106, alors qu'il y aurait eu provocation de la partie lésée, et cela pour deux raisons : 1° L'art. 108 de la loi de 1884 indique quelques exceptions au principe posé par l'art. 106, il ne convient pas de les étendre ou, du moins, on ne pourrait le faire que dans le cas où la solution à laquelle on arriverait autrement serait manifestement contraire à l'esprit de l'art. 106; or, cette disposition repose sur une idée de faute, la commune en sera-t-elle exempte en cas de provocation? Bien au contraire, elle aura dû être mise en éveil. 2° La provocation n'est une cause d'excuse que parce qu'elle obscurcit l'intelligence de celui qui a été provoqué, et lui enlève sa liberté; les coups portés à la suite d'une provocation sont excusables, s'il ne s'est pas écoulé un temps suffisant pour permettre à la réflexion de faire place à la colère et à la vengeance; l'excuse suppose un mouvement spontané, occasionné par un fait actuel. En est-il ainsi lorsqu'il s'agit de violences exercées par des attroupements ? Non, les représailles ne suivent pas immédiatement la provocation, il faut encore le temps nécessaire pour la formation des rassemblements. En conséquence, la Cour de Bordeaux (1) a décidé que l'irritation occasionnée par un journal ne *justifiait* pas les violences et voies de fait exercées dans ses bureaux par des rassemblements, et n'empêchait pas la commune d'être responsable des dommages causés. Non seulement la provocation du journal ne pouvait pas justifier ces violences, elle n'en était même pas une excuse, car les art. 321 à 326 du Code pénal ne concernent que les rapports des particuliers entre eux. Du reste, ces dispositions eussent-elles été applicables aux communes, la ville de Bordeaux n'aurait pas pu se prévaloir de l'art. 321 qui prévoit des violences physiques et non des injures par paroles ou par écrits. des imputations calomnieuses.

Cependant, quatre années auparavant, la même Cour de Bordeaux (2) avait rejeté la demande en indemnité formée par le préfet de la Gironde contre la commune de Bordeaux, parce qu'il avait provoqué par son attitude les violences dont il avait été victime. Les considérants de son arrêt sont remarquables. Pour écarter l'application de la loi de vendémiaire, la Cour de Bordeaux, devançant de deux années le procureur général Dupin, dans les conclusions qu'il déposa relativement à l'irresponsabilité de la ville de Paris, faisait observer que le maire et les conseillers municipaux,

(1) Bordeaux, 22 août 1839 ; S., 40, 2, 51 ; D., 40, 2, 81.
(2) Bordeaux, 19 mars 1834 ; S., 34, 2, 390 ; D., 34, 2, 167.

au lieu d'être élus comme en l'an IV, étaient nommés par le gouvernement. L'arrêt constatait que cet état de choses n'avait pas entraîné l'abrogation *absolue* de la loi du 10 vendémiaire an IV, mais il refusait de l'appliquer, parce que les autorités municipales avaient cessé d'être nommées à l'élection depuis la loi du 28 pluviôse an VIII, ce qui était une abrogation *relative*. Les conseils municipaux sont devenus électifs en 1831, les maires ne le sont devenus dans toutes les communes de France que depuis la loi du 28 mars 1882. Pour ne pas démentir le principe qu'elle avait posé, la Cour de Bordeaux avait dû, jusqu'à cette époque, refuser d'appliquer la loi de vendémiaire ; l'arrêt du 22 août 1839 (1), que nous avons rencontré précédemment, nous prouve qu'elle ne l'a pas fait.

Dans la deuxième partie de l'arrêt qui a rejeté la demande du préfet de la Gironde, nous relevons le considérant suivant : « Attendu qu'il est de notoriété publique, et ses actes le prouvent, qu'abondant dans le sens des ordonnances de juillet, et s'associant aux coupables entreprises de leurs auteurs, il (le préfet) en ordonna sur-le-champ la promulgation ; qu'il les fit exécuter dès le 29 juillet, et saisir les presses des journaux ; qu'il mit la violence à la place du droit : qu'*il brava l'irritation publique et l'excita au lieu de l'apaiser*..... »

(1) Bordeaux, 22 août 1839 ; S., 40, 2, 51.

Il avait toujours été reconnu par la jurisprudence et la doctrine que la loi de l'an IV s'appliquait, bien que la municipalité ne fût pas élective ; d'autre part, il n'était pas possible de considérer l'irritation publique causée par l'attitude du préfet comme une excuse dont il fut permis à la ville de Bordeaux de se prévaloir pour échapper à la responsabilité des dommages commis par une foule avide d'agitation et de troubles. Et cependant cette théorie n'a pas été rejetée par la Cour de cassation à la censure de laquelle elle était soumise (1).

Nous arrivons à une deuxième hypothèse dans laquelle il nous semble logique de déroger au principe énoncé dans l'art. 106 de la loi du 5 avril 1884. La commune est responsable des attentats commis sur son territoire, parce que les autorités municipales n'ont pas pris toutes les mesures qui étaient en leur pouvoir à l'effet de prévenir les désordres : qu'adviendrait-il, si le conseil municipal dissous ou démissionnaire était remplacé par une délégation spéciale nommée par décret du président de la République, et, dans les colonies, par arrêté du gouverneur (art. 44). L'art. 44 ne nous dit pas de quelles personnes cette délégation peut être composée ; rien n'empêche qu'elles soient prises en dehors de la commune, surtout s'il est impossible de constituer un conseil municipal par suite du refus des électeurs de

(1) Cass., 11 mai 1836 ; S., 36, 1, 665.

voter. A ne considérer que les termes de l'art. 44 *in
fine*, il semblerait que cette délégation, investie de
pouvoirs très restreints, n'a aucun droit de police.
Cependant il ne faudrait pas s'en tenir trop strictement
au texte de cette disposition; le législateur n'a eu,
croyons-nous, que l'intention d'opposer les actes conservatoires aux actes de gestion proprement dits qui engagent le patrimoine communal. Nous admettrons donc
que le président de cette délégation remplit les fonctions de maire, ainsi que le porte la circulaire du
15 mai 1884. Mais, s'il en est ainsi, si d'une part la délégation peut être composée de personnes étrangères à
la commune, si d'autre part les attributions du président de la délégation, en matière de police, sont les
mêmes que celles du maire, en quoi la commune dans
laquelle cet état de choses est établi diffère-t-elle des
villes de Paris et de Lyon qui bénéficient de la disposition de l'art. 108-2°? Ces délégués imposés à la commune ne sont-ils pas les agents du gouvernement qui
les nomme au même titre que le préfet de police à
Paris, le préfet du Rhône à Lyon? Nous le croyons vo-
lontiers, car les situations nous paraissent identiques.
La loi enlève la direction de la police et la disposition
de la force armée aux municipalités de Paris et de Lyon
parce qu'elle ne les croit pas capables d'une énergie
suffisante en présence des troubles d'une certaine gravité ; c'est une idée de défiance qui a dicté sa décision.
Lorsque le gouvernement dissout un conseil municipal,

c'est parce qu'il le juge incapable ou indigne de continuer les fonctions dont les électeurs l'avaient investi. Quand le conseil municipal donne sa démission, quelles que soient les causes qui l'aient amenée, ne reconnaît-il pas lui-même son impuissance en se retirant? S'il s'est laissé guider par des considérations politiques, n'a-t-il pas prouvé qu'il n'était pas capable de se maintenir dans le rôle administratif qui lui est seul reconnu par la loi? L'idée de défiance existe encore dans ce cas ; aussi pensons-nous que la commune, dont la municipalité serait remplacée par une délégation spéciale, pourrait se prévaloir de la disposition de l'art. 108-2°. Ce texte autorise l'extension que nous proposons, quoiqu'on n'en ait pas parlé au cours de la discussion de la loi et que la circulaire du 15 mai 1884 garde le silence à cet égard. Puisque la loi exonère la commune de toute responsabilité, lorsque ses autorités municipales n'ont pas la disposition de la police locale ni de la force armée, elle doit accorder le même bénéfice lorsque, par une cause quelconque, la commune est privée de sa municipalité. Du reste, la faute sur laquelle repose le principe de l'art. 106 peut ne pas exister, par exemple, si la dissolution du conseil municipal ne se justifie que par des considérations politiques.

DEUXIÈME SECTION. — *Exceptions que peuvent invoquer les communes déclarées responsables en raison de la part que leurs habitants ont prise aux désordres.* — Ces communes peuvent invoquer les exceptions qui sont indiquées par l'art. 108. Cela paraît contestable au premier abord, car les termes de cette disposition ne laissent croire qu'à l'hypothèse d'une commune sur le territoire de laquelle des dégâts auraient été commis, et qui, entrant en lutte avec ceux qui lui demandent réparation, leur oppose les excuses dont l'art. 108 l'autorise à se prévaloir. Cependant, s'il existait un doute sur ce point, la lecture du premier paragraphe de l'art. 108 suffirait à le dissiper : « Les dispositions des art. 106 et 107 ne sont pas applicables ». Or, si l'art. 106 s'occupe de la responsabilité assumée par la commune qui a été le théâtre des désordres, l'art. 107 vise avec la même précision les communes qui n'ont pas souffert des dommages, mais dont les habitants se sont mêlés aux attroupements. Les trois exceptions de l'art. 108 et celle qu'il nous a semblé logique d'y ajouter peuvent être invoquées par ces communes.

Tout d'abord, il est certain que la commune qu'on voudra faire contribuer à la réparation des dommages causés par les attroupements, parce que ses habitants en faisaient partie, pourra se prévaloir de l'exception de force majeure ; elle sera admise à prouver qu'elle a pris toutes les mesures en son pouvoir à l'effet de prévenir les rassemblements, et d'en faire connaître les auteurs. Nous ne nous dissimulons pas la difficulté de cette preuve ; nous avons rencontré certaines décisions de jurisprudence qui n'hésitaient pas à déclarer la commune responsable, même lorsque les attroupements ne s'étaient pas formés sur son territoire, quand des individus étaient partis isolément pour se réunir dans la commune qu'ils avaient mise au pillage. Dans ce cas, si légère que soit la faute, elle existe néanmoins et la loi édicte une sanction pécuniaire. Cette situation n'est pas favorable, et la preuve à laquelle l'art. 108 soumet la commune, pour la soustraire aux rigueurs de la loi, sera souvent difficile ; toutefois, si les autorités municipales avaient pris toutes les précautions nécessaires pour prévenir les attroupements et en faire connaître les auteurs, nous ne doutons pas que la commune soit irresponsable des dommages causés par ses habitants sur le territoire des autres communes.

La deuxième exception prévue par l'art. 108-2°, trouve également son application : « L'art. 107 n'est pas applicable dans les communes où la municipalité n'a pas la disposition de la police locale ni de la force armée ». Si cette solution est équitable quand il s'agit de la commune sur le territoire de laquelle les dommages ont été causés, elle ne l'est pas moins quand il s'agit des communes que l'art. 107 déclare responsables ; mais on ne saurait méconnaître la situation particulièrement désavantageuse qu'elle crée pour certaines villes. Sans doute, si les attroupements se formaient dans une commune où les fonctions de police sont confiées à un agent du gouvernement, la force publique arriverait à les dissiper ; si elle n'y réussissait pas, il y aurait un cas de force majeure. Il peut n'en pas être ainsi; si des habitants du département de la Seine ou des communes du département du Rhône énumérées par l'art. 104, sans éveiller les soupçons de l'autorité, se rendaient sur les territoires voisins et y causaient des dommages, les communes du département de la Seine et celles du département du Rhône n'assumeraient aucune responsabilité.

L'art. 108-3° s'applique également à notre sujet; les termes généraux dans lesquels il est conçu n'autorisent aucun doute.

Dans la section précédente, nous avons examiné deux hypothèses dans lesquelles il nous semblait possible de déroger au principe de la responsabilité des communes. Quant à la provocation, nous admettons encore qu'on ne saurait l'invoquer même comme excuse atté-nuante pour les raisons que nous avons données; la provocation doit donner l'éveil aux autorités munici-pales qui seraient coupables de n'avoir pas conjuré le danger dont elles étaient averties. Nous n'insisterons pas davantage sur la situation fâcheuse que crée pour la commune la démission ou la dissolution de son con-seil municipal et sur la conséquence que nous en avons tirée ; nous étendons cette solution au cas qui nous in-téresse par analogie de motifs.

CHAPITRE IV

NATURE ET ÉTENDUE DE LA RESPONSABILITÉ DES COMMUNES

Nous distinguerons, comme dans les chapitres précédents, les communes sur le territoire desquelles les dommages ont été causés et celles dont les habitants ont pris part aux désordres.

Pemière section. — *Nature et étendue de la responsabilité des communes sur le territoire desquelles les dommages ont été causés.* — Cette responsabilité est purement civile, ainsi qu'il résulte de l'art. 106, § 1 : « Les communes sont *civilement* responsables... » L'art. 1ᵉʳ du titre IV de la loi de vendémiaire n'était pas conçu dans les mêmes termes : ce texte posait le principe de la responsabilité et en déterminait les conditions sans en fixer l'étendue qui était précisée dans les autres dispositions du titre IV et celles du titre V ; outre la réparation principale, la commune pouvait être condamnée au payement de dommages-intérêts et

d'une amende, lorsque ses habitants avaient pris part
aux délits commis sur son territoire. L'art. 168-3° de
la loi du 5 avril 1884 a abrogé les titres I, IV et V de
la loi du 10 vendémiaire an IV ; le législateur a fait disparaître ces dispositions rigoureuses qui ne s'expli-
quaient que par les circonstances dans lesquelles elles
avaient été édictées, restreignant ainsi l'obligation de la
commune à la réparation du préjudice causé. L'innovation porte sur deux points : 1° La loi de vendémiaire
distinguait la réparation principale et les dommages-
intérêts ; elle fixait le montant de la réparation principale, quand il s'agissait de dommages causés aux
propriétés mobilières (art. 1er, titre V). La loi de
1884 ne fait aucune distinction, et, à défaut d'une
disposition spéciale, les règles du droit commun doivent s'appliquer en cette matière. L'indemnité due
à raison des dommages causés aux propriétés sera
fixée par les tribunaux qui, en déterminant la réparation du préjudice causé, accorderont en outre un dédommagement aux parties lésées pour la privation mo-
mentanée de leur chose détériorée ou détruite. Remarquons, du reste, en signalant cette innovation, qu'elle
n'existe qu'en ce qui concerne les délits commis contre
les propriétés et non ceux dont les personnes auraient
été victimes ; en effet, l'art. 6 du titre IV qui était relatif à cette dernière hypothèse était ainsi conçu : « Lors-
« que, par suite de rassemblements ou attroupements,
« un individu, domicilié ou non sur une commune, y

« aura été pillé, maltraité ou homicidé, tous les habi-
« tants seront tenus de lui payer, ou en cas de mort, à
« sa veuve et enfants, des dommages-intérêts. » La
fixation du montant de l'indemnité était abandonnée
à l'appréciation des tribunaux. Le système de la loi de
1884 est plus logique que celui de la loi de vendémiaire;
en fixant le montant de la réparation principale dans
certains cas et le minimum des dommages-intérêts dus
à l'occasion des dégâts commis sur les propriétés,
le législateur assurait une indemnité souvent trop
forte, quelquefois trop faible, et peu en rapport avec
la valeur réelle des objets détruits. Quand il s'agissait de choses qui pouvaient se remplacer aisément,
n'était-ce pas imposer une charge trop lourde à la
commune, que de lui en faire payer le prix sur le pied
du double de leur valeur, lorsque la restitution en nature n'était pas possible, et de lui faire supporter en
outre des dommages-intérêts? Il ne faut pas oublier
que si la commune était en faute de n'avoir pas veillé
au maintien de l'ordre, le payement de ces réparations
était imposé aux citoyens aisés et paisibles, qui avaient
tout intérêt à ne pas troubler la tranquillité publique.
Le législateur de 1884 a affranchi le juge de ces en-
traves; les tribunaux pourront accorder une réparation
complète et proportionnée au préjudice causé. On évite
ainsi les difficultés que devaient nécessairement entraîner l'incertitude des prix et les discussions qui
étaient de nature à se produire en cette matière.

2° La seconde innovation de la loi de 1884 consiste dans la suppression de l'amende édictée par l'art. 2 du titre IV de la loi de vendémiaire : « Dans le cas où les « habitants de la commune auraient pris part aux dé- « lits commis sur son territoire par des attroupements « et rassemblements, cette commune sera tenue de « payer à la République une amende égale au mon- « tant de la réparation principale ». Cette disposition est empreinte de la préoccupation du législateur de l'an IV ; il espérait que la crainte des condamnations pécuniaires exercerait une grande influence sur l'esprit des populations, et plein de cette idée, confiant dans l'efficacité de cette mesure, il en accentuait la rigueur ; il déclarait les communes responsables envers l'État des atteintes portées à la sécurité publique. Ce système eût été excellent, si tous les habitants de la commune avaient participé au payement de l'indemnité ; mais le mode de répartition adopté sous l'empire de la loi de l'an IV et dont nous aurons bientôt l'occasion de parler avait pour conséquence de mettre les dommages-intérêts à la charge des personnes qui étaient inscrites au rôle des contributions directes et qui, le plus souvent, n'avaient pris aucune part aux désordres. Le législateur de 1884 l'a compris et il a limité la responsabilité de la commune à la réparation des dommages causés ; son intention à cet égard ne saurait faire aucun doute : « La peine, porte le rapport « présenté au nom de la commission du Sénat, ne

« consistera plus d'ailleurs que dans les dommages-
« intérêts des parties lésées, tels qu'ils seront fixés
« suivant les règles ordinaires (1) ». Nous pouvons
ajouter, du reste, que, depuis longtemps, les tribunaux avaient cessé de prononcer cette amende contre
les communes.

Les particuliers lésés n'ont donc plus qu'une action
en indemnité dont le montant est laissé à l'appréciation souveraine des tribunaux. Il faudra faire en cette
matière l'application des règles du droit commun, en
ce qui concerne la responsabilité civile résultant des
délits et des quasi-délits : les art. 1146, 1150, 1151 et
1153 du Code civil (2) sont inapplicables aux dommages-intérêts résultant des délits, par conséquent les
juges peuvent accorder les intérêts des condamnations
qu'ils prononcent non pas seulement du jour de la demande (art. 1153) mais du jour du délit, car ils sont
dus comme une partie intégrante de la réparation
même du dommage. Il résulte encore de cette idée
que la commune se prévaudrait inutilement de ce que
l'on ne pouvait pas prévoir les conséquences dommageables des délits commis par ses habitants (art. 1150) :
*Danti operam rei illicitæ, omnia impulantur, quæ se-
quuntur, etiam præter voluntatem ejus* (3)

(1) Loi municipale, *Documents parlementaires*, p. XL, *des
rapports*.
(2) Demolombe, t. XXXI, n° 685, p. 590. Aubry et Rau,
t. IV, § 445, p. 750.
(3) Demolombe, t. XXXI, n° 686, p. 591.

La loi de 1884 ayant abrogé les dispositions de la loi
de l'an IV, relatives aux réparations et dommages-intérêts, sans déterminer les bases des restitutions, les
juges ont un pouvoir discrétionnaire pour fixer le *quan-
tum* des dommages-intérêts et la manière dont ils doivent être fournis; ils peuvent tenir compte des circonstances dans lesquelles les attentats ont été commis
et de la situation pécuniaire des communes pour déterminer le montant des indemnités. Nous avons dit précédemment que la provocation n'était même pas une
cause d'excuse, quand il s'agissait de crimes ou délits
commis par des attroupements; mais les tribunaux ont
toute latitude de la prendre en considération dans la
fixation des dommages-intérêts.

DEUXIÈME SECTION. — *Nature et étendue de la responsabilité des communes dont les habitants ont pris part
aux attroupements.* — Cette responsabilité n'était pas
purement civile sous la loi de l'an IV: « Si les attrou-
« pements, portait l'art. 3 du titre IV, ou rassemble-
« ments ont été formés d'habitants de plusieurs com-
« munes, toutes seront responsables des délits qu'ils
« auront commis, et contribuables tant à la réparation
« et dommages-intérêts *qu'au payement de l'amende.* »
Cette pénalité a été supprimée par la loi de 1884; la
responsabilité est exclusivement civile. Mais, dans
quelle mesure les communes, dont les habitants ont
pris part aux désordres, sont-elles tenues de contribuer

au payement des dommages-intérêts? L'art. 107 répond à cette question : « Si les attroupements ou ras-
« semblements ont été formés d'habitants de plusieurs
« communes, chacune d'elles est responsable des dé-
« gâts et dommages causés dans la proportion qui
« sera fixée par les tribunaux. »

C'est une innovation de la loi de 1884; la législation
antérieure ne contenait aucune règle à cet égard, elle
laissait aux juges le soin de déterminer l'étendue de la
responsabilité de chaque commune. Plusieurs systèmes avaient été proposés. Le plus simple, mais aussi
le moins équitable, parce qu'il ne tenait compte d'aucune circonstance de fait, consistait à répartir, par
portions égales, entre les communes, le montant de la
condamnation. Un autre déclarait les communes responsables proportionnellement au nombre de ceux de
leurs habitants qui avaient pris part aux désordres (1).
Ce système déterminait d'une manière rigoureuse la
proportion dans laquelle chaque commune était engagée; il faisait peser le fardeau de la responsabilité
d'une manière inégale sur les individus, car la population n'étant pas la même dans les différents centres,
l'indemnité, qui eût été légère pour les habitants d'une
grande commune, était d'un poids excessif pour les
contribuables d'une commune moins peuplée. Enfin,

(1) Lyon, 5 juillet 1850 ; Cass., 14 janvier 1852 ; S., 52,
1, 97.

un troisième système prenait pour base de la répartition des dommages-intérêts la somme des contributions directes payée par chaque commune déclarée
responsable. Ce dernier procédé était plus rationnel
et plus équitable, car la somme des contributions directes que paye chaque commune est en rapport avec
le chiffre de la population, l'importance et les ressources des communes ; il fut consacré, par un arrêt
de la Cour d'Orléans du 9 août 1850 (1). Quoique
plus logique, ce système ne s'imposait pas, et la Cour de
cassation, dans son arrêt du 14 janvier 1852, a décidé
que la loi, ne fixant aucune base spéciale de répartition de l'indemnité entre les communes, les tribunaux
en répartissant les dommages-intérêts d'une autre manière ne violaient aucun texte.

La loi du 5 avril 1884 n'a consacré aucun de ces
trois modes de répartition ; elle ne contient pas à cet
égard de disposition formelle, mais il ne saurait y avoir
aucun doute sur l'esprit dans lequel l'art. 107 a été
conçu. Dans le projet primitivement soumis à la Chambre des députés, chaque commune devait être responsable des dégâts et dommages causés proportionnellement au nombre de ceux de ses habitants qui avaient
pris part aux désordres ; c'était la consécration du second système dont nous avons relevé les conséquences
injustes. Cette rédaction fut rejetée et le dernier mem-

(1) Orléans, 9 août 1850 ; S., 51, 2, 689.

bre de phrase de l'art. 107 fut remplacé par ces mots :
« dans la proportion qui sera fixée par les tribunaux ».
Le législateur a préféré laisser au juge le soin de déterminer, d'après les circonstances, les divers degrés
de culpabilité et de responsabilité. Les tribunaux ont
une complète liberté d'appréciation, ils peuvent tenir
compte du nombre des habitants, qui ont pris part aux
attroupements, c'est même là l'élément essentiel de la
répartition ; mais la vigilance des autorités municipales,
la richesse et la population des communes doivent être
d'un grand poids dans leur décision. Le système de
l'art. 107 se rapproche du troisième mode de répartition que nous avons rencontré ; cependant il s'en distingue par la liberté qu'il laisse au juge de fixer comme
il l'entend la part contributive de chaque commune
déclarée responsable.

CHAPITRE V

A QUI APPARTIENT L'ACTION?
CONTRE QUI DOIT-ELLE ÊTRE DIRIGÉE?

PREMIÈRE SECTION. — *A qui appartient l'action en responsabilité?* — L'action en responsabilité appartient à tout individu qui a souffert un dommage, soit dans sa personne, soit dans sa propriété, par l'effet des rassemblements séditieux. L'action civile supposant un intérêt direct et actuel, toute personne qui établit que le préjudice qu'elle a éprouvé est le résultat des désordres causés par les attroupements, peut agir contre la commune. La loi de 1884 n'apporte aucune restriction à ce droit. La loi de vendémiaire, au contraire, l'avait limité quand il s'agissait de dommages causés aux personnes ; en effet, l'art. 6 du titre IV de cette loi portait : « Lorsque, par suite de rassemblements ou at- « troupements, un individu domicilié ou non dans la « commune, y aura été pillé, maltraité ou homicidé, « tous les habitants seront tenus de lui payer, ou en « cas de mort, à sa veuve et enfants, des dommages-

« intérêts ». Cette dérogation au droit commun était injustifiable ; la loi restreignait d'une manière arbitraire l'exercice d'une action légitime, elle assurait à la veuve et aux enfants une réparation qu'elle refusait aux autres parents. N'insistons pas sur les conséquences iniques de cette disposition ; le législateur moderne ne l'a pas reproduite et c'est à bon droit, car elle était contraire au principe même de la responsabilité qui consiste à assurer dans tous les cas la réparation du préjudice causé. Cette limitation n'existait pas, quand il s'agissait de délits commis contre les propriétés ; toute partie intéressée avait son recours contre la commune. Le silence que garde à cet égard la loi de 1884 prouve qu'il a été dans l'intention de ses rédacteurs de soumettre l'action en responsabilité aux règles du droit commun. S'agit-il de dégâts commis sur les propriétés, l'action appartient au propriétaire ou à ses ayants cause. Elle peut être exercée par le propriétaire de son vivant ; à son décès elle se transmet à ses successeurs.

Il n'y a pas à tenir compte de la nationalité des parties lésées, Français et étrangers ont droit à une égale protection. Pas de difficulté pour l'étranger admis à établir son domicile en France ; l'art. 13 du Code civil lui accordant la jouissance de tous les droits civils tant qu'il continue d'y résider, il bénéficie des dispositions de la loi de 1884 relatives à la responsabilité des communes. Observons toutefois que la situation favorable ainsi faite à cet étranger ne doit pas être étendue aux membres de sa famille qui seraient venus s'établir avec lui en France, à moins qu'ils n'aient été compris dans la demande d'autorisation.

L'étranger qui n'a pas en France de domicile autorisé peut-il exercer l'action en responsabilité contre la commune? On a prétendu qu'il n'avait ce droit qu'autant que la responsabilité communale existait dans le pays auquel il appartenait, et qu'elle pouvait être invoquée par les Français en vertu d'un traité. Cette décision, qui est basée sur l'art. 11 du Code civil, a été consacrée par un arrêt de la Cour de Metz du 1er août 1832 (1) : cet arrêt porte que la disposition purement exceptionnelle et exorbitante du droit commun de la loi de vendémaire (ajoutons, de l'art. 106 de la loi de 1884) appartient par sa nature au droit civil, qu'elle n'entre ni dans le droit naturel, ni dans le droit des gens. Ce système a trouvé un écho dans la doctrine; Le Sellyer, dans son *Traité de la criminalité* (2), s'exprime ainsi : « Les communes n'ayant d'existence que « par les lois particulières de chaque peuple, et ne « tirant, évidemment, cette existence ni du droit na- « turel, ni du droit des gens, il en résulte qu'un étran- « ger qui ne jouirait pas en France des droits civils, ne « pourrait invoquer les dispositions de la loi de ven-

(1) Metz, 1er août 1832 ; S., 32, 2, 485 ; D., 32, 2, 147.
(2) Le Sellyer, *Traité de la crim., de la pén. et de la resp.*, t. II, n° 509, p. 190.

« démiaire, contre une commune sur le territoire de
« laquelle un délit de la nature de ceux prévus par
« cette loi, aurait été commis sur sa personne ou sur
« ses biens. » Nous ne saurions nous ranger à cette
conclusion : l'obligation de réparer le dommage causé
à autrui est une obligation qui, si elle est consacrée par
la loi positive, n'en puise pas moins son principe dans
le droit naturel ; on la rencontre à toutes les époques,
même chez les peuples barbares. L'art. 11 du Code
civil limite les droits des étrangers qui n'ont pas de
domicile autorisé en France, mais il ne leur refuse que
les droits civils proprement dits, ceux qui sont attachés à la qualité de Français. Or, dans notre espèce, il
s'agit d'un droit naturel auquel la loi donne une forme
spéciale dans un intérêt d'ordre public : ce sont des
considérations supérieures qui ont déterminé le législateur à substituer la responsabilité des communes à
celle des auteurs des attroupements, véritables coupables des dommages. Dès lors, n'est-il pas conforme à
l'art. 3 du Code civil de reconnaître au profit des étrangers l'existence de ce droit ? Quelle serait autrement la
garantie des étrangers en France ? On leur refuserait
l'action, parce que leur loi nationale ne réglerait pas
la responsabilité communale de la même manière que
la loi française. Cette décision ne serait pas conforme
au principe de l'art. 11 du Code civil qui, suivant l'opinion commune, ne s'applique qu'aux droits civils qui
ont leur source dans la loi positive ; elle serait aussi

contraire aux idées de justice et d'équité qui doivent régir les rapports internationaux. L'opinion que nous présentons est plus généralement admise par la jurisprudence et la doctrine. Citons d'abord un arrêté du Directoire du 27 thermidor an VII (art. 7), qui rendait les communes responsables du pillage des effets naufragés commis sur leur territoire par des attroupements ; cet arrêté ne distinguait pas suivant la nationalité des navires échoués. La Cour de cassation nous apporte aussi l'appui de son autorité : « Attendu, porte un arrêt du 17 novembre 1834 (1), que la loi du 10 vendémiaire an IV, sur laquelle se fonde..., est une loi de police et de sûreté qui obligeant tous ceux (étrangers ou regnicoles) qui habitent le territoire, leur assure naturellement une juste réciprocité de protection... » Le Conseil d'État (2) a implicitement consacré le même système en refusant l'autorisation de plaider à une commune qui voulait interjeter appel d'un jugement qui l'avait déclarée civilement responsable du pillage d'un navire *napolitain* commis sur son territoire. Le conseil de préfecture de la Corse avait refusé l'autorisation, en se fondant sur ce que la loi de l'an IV était une loi d'ordre public ayant pour objet de protéger indistinctement les nationaux et les étrangers.

(1) Cass., 17 novembre 1834 ; D., *Répert.*, v° *Commune*, n° 2705.

(2) Conseil d'État, 28 novembre 1845 (commune de Coggia). Lebon, p. 706.

C'est aussi l'opinion de la majorité des auteurs (1).

Toutes les décisions que nous avons rencontrées jusqu'ici sont relatives au pillage d'effets mobiliers. Quant aux immeubles, l'art. 3 du Code civil dispose qu'ils sont régis par la loi française, même lorsqu'ils n'appartiennent pas à des Français. Si cette règle peut être opposée aux étrangers lorsqu'ils émettent des prétentions, ou qu'ils veulent établir sur leurs propriétés des droits que la loi française ne leur reconnaît pas, ils ont aussi la faculté de s'en prévaloir. La loi considère les propriétaires indépendamment de leur nationalité, et leur impose des règles uniformes, parce que le droit de souveraineté est indivisible, et que cette souveraineté serait brisée si, dans un même État, les lois relatives aux immeubles variaient suivant la nationalité de leurs propriétaires. Or, si l'étranger doit subir la loi française quand elle est plus rigoureuse que sa loi nationale, il est juste qu'il puisse s'en prévaloir quand elle doit lui assurer la réparation d'un préjudice causé.

Rappelons, pour terminer sur ce point, un passage d'une circulaire du ministre de l'intérieur du 12 décembre 1871, relative à la répartition des indemnités accordées aux victimes de la guerre, par la loi du 6 septembre de la même année : « En principe, y est-il

____

(1) Dalloz, *Répert.*, v° *Commune*, n° 2705. Sourdat, *Traité de la respons.*, t. II, n° 1397. Rendu, *Resp. des communes*, n° 54.

« dit, la doctrine qui consiste à faire participer les
« étrangers aux mesures de réparation accordées
« aux nationaux n'a rien que de conforme au droit des
« gens et l'esprit de justice distributive des sociétés
« modernes. Cette doctrine d'ailleurs n'a pas seule-
« ment le mérite d'être libérale ; au point de vue poli-
« tique, elle a aussi des avantages. Nous avons souvent
« à réclamer des indemnités à l'étranger en faveur des
« nationaux qui ont eu à souffrir des conséquences des
« guerres intérieures ou extérieures. En admettant les
« étrangers chez nous à prendre part aux indemnités
« actuelles, nous donnons à nos réclamations chez eux
« un point d'appui dont nos agents diplomatiques
« peuvent tirer utilement parti. »

Nous ne nous sommes occupé, jusqu'à présent, que
de la réparation due par une commune en raison des
attentats commis sur son territoire contre les propriétés. Quand il s'agit de crimes ou délits commis envers
les personnes, l'action en responsabilité peut d'abord
être exercée par les victimes de ces violences lorsqu'elles n'y ont pas succombé. L'art. 106, § 1, est
conçu dans les termes les plus généraux ; il dit : « les
personnes ». Nous en tirons deux conséquences :

1° Il importerait peu que la partie lésée fût domi-
ciliée dans la commune, y fût simplement en résidence,
ou qu'elle n'y fût même que de passage. « La loi n'exige
« pas le domicile dans la commune où a eu lieu le ras-
« semblement ; elle s'attache à cette seule idée qu'un

« individu a été victime d'un désordre, là où il devait
« trouver sécurité et protection. Il faut en conclure
« que la résidence de fait sur le territoire n'est pas plus
« nécessaire que le domicile proprement dit, et que le
« voyageur ou le passant qui se trouve accidentelle-
« ment sur le théâtre de l'émeute a droit comme tout
« autre aux réparations civiles de la loi de vendé-
« miaire (1) »; ajoutons de l'art. 106 de la loi municipale, pour mettre l'idée exprimée dans ce fragment en
harmonie avec la législation nouvelle.

2° L'action en responsabilité appartient à toutes les
personnes envers lesquelles des attentats auraient été
commis, quelle que soit leur nationalité, et si insignifiantes que soient les violences qui motivent leur plainte.
Ce dernier point était déjà reconnu sous la loi de vendémiaire dont l'art. 6 (titre IV) accordait un droit de
recours à tout individu *maltraité*.

Si la victime des violences commises par les attroupements a succombé, ses parents auront le droit de
poursuivre le payement de dommages-intérêts. Contrairement à la loi de l'an IV (art. 6, titre IV), l'article 106 de la loi municipale n'apporte aucune limitation à l'exercice de ce droit. Il appartiendra aux juges
d'apprécier l'intérêt qui guide le demandeur; c'est une
question de droit, et leurs décisions à cet égard n'échap-
peraient pas à la censure de la Cour de cassation.

(1) Rendu, *Respons. des communes*, n° 52.

Mais les tribunaux auront, en constatant l'existence des faits préjudiciables, à en déterminer l'étendue; sur ce point, ils sont souverains; ils peuvent fixer d'une manière définitive le montant des dommages-intérêts, en tenant compte de la parenté et de la situation que le défunt occupait dans la famille.

L'action qui appartient à la partie lésée ou, à son défaut, à ses ayants cause, peut-elle être exercée par ses créanciers? La question doit être résolue d'après les règles du droit commun; or, aux termes de l'article 1166 du Code civil, « les créanciers peuvent exercer tous les droits et actions de leur débiteur, à l'exception de ceux qui sont exclusivement attachés à la personne. » Il est certain que les créanciers peuvent intenter l'action en dommages-intérêts, lorsqu'elle tend à assurer la réparation d'un préjudice causé aux propriétés de leur débiteur, car ils ont le droit de veiller à la conservation du patrimoine qui est leur gage. Quant à l'action qui appartient au débiteur, à raison des crimes ou délits commis envers sa personne, les créanciers ne peuvent pas l'exercer; nous nous prononçons en ce sens, non seulement par application de l'art. 1166 du Code civil, mais aussi parce que l'indemnité due à la partie lésée n'est pas pour elle une cause d'augmentation ou de conservation de son patrimoine; il y a, du reste, dans l'exercice de cette action, une question d'opportunité et d'appréciation personnelle dont le débiteur doit être le seul juge.

Aux termes de l'art. 106 de la loi de 1884, les communes sont civilement responsables des dommages résultant des crimes ou délits commis par des attroupements ou rassemblements, soit envers les personnes, soit contre les propriétés publiques ou privées. Nous sommes fixés sur l'interprétation qu'il convient de donner à cette disposition; en substituant aux mots « propriétés nationales ou privées », les termes « propriétés publiques ou privées », le législateur a voulu généraliser le principe de la responsabilité des communes en leur imposant la réparation de tout dommage, quelle qu'en fût la victime. L'art. 106 désigne, suivant nous, les propriétés nationales, départementales, communales, des sections de commune, des établissements publics ou d'utilité publique et des particuliers. L'action en réparation des dommages causés aux propriétés nationales est exercée par le préfet du département dans lequel les délits ont été commis (P. C., art. 69, § 1); l'instruction en est préparée et suivie par le directeur des domaines, de concert avec le préfet (art. 1er de l'ordonn. du 6 mai 1838). Quand il s'agit des propriétés départementales, le préfet intente l'action en vertu d'une délibération du conseil général (art. 54 de la loi du 10 août 1871). La question devient plus délicate lorsque les détériorations ont été commises sur le domaine communal; qui aura qualité pour agir contre la commune? En principe, toute action communale doit être introduite par le maire, en vertu d'une délibération du conseil municipal, c'est le mode normal. Mais alors, il est à craindre que le conseil municipal ne refuse de prendre une délibération qui aura pour effet d'aggraver le fardeau de la responsabilité qui pèse sur la commune. L'art. 85 de la loi municipale qui donne au préfet le droit d'agir à la place du maire, lorsque celui-ci refuse ou néglige de faire un des actes qui lui sont prescrits par la loi, serait inapplicable dans ce cas, puisque le conseil municipal n'a pas pris de délibération. Cependant, il est inadmissible que les intérêts d'une commune soient ainsi laissés en souffrance, et que les violences d'une partie de sa population puissent anéantir à jamais la source quelquefois la plus productive de ses revenus. Le remède à cette situation est indiqué par l'art. 123 de la loi du 5 avril 1884 qui permet à tout contribuable inscrit au rôle de la commune d'exercer, à ses frais et risques, les actions qu'il croit appartenir à la commune. Remarquons, du reste, que l'action qui nous occupe est dirigée moins contre la commune elle-même que contre ses membres ; car, si la loi déclare la commune responsable, elle ne met pas les réparations définitivement à sa charge, elle les fait supporter à ses habitants ; ce sont les contribuables qui sont responsables, et l'action qui va être intentée au nom de la commune le sera contre ceux qui payent les contributions directes. Mais alors, on pourrait nous objecter qu'il n'est pas probable que les contribuables exercent une action qui doit nécessairement aggraver la charge déjà lourde qui pèse sur eux. Pour répondre à cette objection, il suffit de rapprocher l'une de l'autre les dispositions des art. 106, § 2, et 123 : aux termes de l'art. 106, § 2 « les dommages-intérêts dont la com-« mune est responsable sont répartis entre tous les « habitants domiciliés dans ladite commune, en vertu « d'un *rôle spécial comprenant les quatre contributions* « *directes* ». L'art. 125, au contraire, reconnaît à tout contribuable *inscrit au rôle de la commune* le droit d'exercer l'action. Malgré la circulaire du ministre de l'intérieur, en date du 15 mai 1884, nous croyons qu'il ne s'agit pas seulement dans l'art. 123 d'un contribuable inscrit au rôle de l'une des contributions directes, mais de toute personne inscrite sur un des rôles de la commune. En effet, les contributions directes ne sont pas les seuls impôts qui soient perçus en vertu d'un rôle ; il est d'autres impositions qui leur sont assimilées, au point de vue du recouvrement et du contentieux, telles que la taxe de balayage, la taxe sur les chiens, la taxe des prestations, etc..... Le but de la loi a été de permettre à toute personne qui contribue au payement des charges communales, d'exercer une action dans laquelle la commune est intéressée, lorsque la municipalité néglige de veiller aux intérêts qui lui sont confiés. Cette interprétation est plus logique; elle trouve appui dans la doctrine et la jurisprudence. « La

« prémière justification, dit Reverchon (1), à faire
« pour établir la recevabilité d'un pourvoi de cette na-
« ture, c'est celle de la qualité de *contribuable* ». Citons,
d'autre part, un arrêt de la Cour d'Angers, du 20 janvier 1843 (2), qui rejette une demande formée par des
personnes qui « ne *payent aucune contribution dans la*
« *commune* ». Nous croyons donc que la condition
d'application de l'art. 123, c'est la participation aux
charges communales. S'il en est ainsi, si tout contribuable inscrit sur un des rôles de la commune peut intenter l'action en responsabilité, il n'est pas douteux
qu'il se trouvera des personnes prêtes à demander réparation du préjudice causé aux propriétés de la commune. Du reste, cette solution est conforme au vœu
du législateur, qui a été de veiller aux intérêts des générations futures.

Lorsque l'action en dommages-intérêts appartient à
une section de commune, l'action est intentée par le
maire de la commune dont elle dépend, en vertu d'une
délibération du conseil municipal; toutefois, lorsque
la section dépend de la commune déclarée responsable, on lui donne une représentation spéciale, une
commission syndicale dont le président est chargé de
suivre l'action (art. 128 et 129).

Quant aux établissements hospitaliers communaux,

(1) Reverchon, *Des autoris. de plaider nécessaires aux com-*
munes et établ. publics, n° 39.

(2) Angers, 20 janvier 1843 ; D., 43, 2, 57.

le recours est introduit en vertu d'une délibération de la commission administrative et après avis du conseil municipal (art. 9 et 10 de la loi du 7 août 1851); l'assignation se donne *à la requête de la commission administrative de l'hospice de N..., poursuites et diligences de N..., son receveur* (1). Pour les fabriques, l'action est intentée au nom des fabriques par leurs trésoriers (art. 79 du décret du 30 décembre 1809).

Deuxième section. — *Contre qui l'action doit-elle être dirigée?* — L'art. 106 de la loi du 5 avril 1884 déclare les communes civilement responsables des dégâts et dommages résultant des crimes ou délits commis sur leur territoire par des attroupements ou rassemblements, soit envers les personnes, soit contre les propriétés publiques ou privées. L'action en réparation civile sera donc dirigée contre la commune sur le territoire de laquelle les désordres se sont produits. Mais, aux termes de l'art. 107 : « Si les attroupements ou rassemblements ont été formés d'habitants de plusieurs communes, chacune d'elles est responsable des dégâts et dommages causés, dans la proportion qui sera fixée par les tribunaux. » D'autre part, l'art. 109 assure à la commune qui a payé le montant des réparations un recours contre les auteurs et complices du désordre. La responsabilité communale peut donc donner lieu à trois actions :

(1) Serrigny, *Compét. adminis.*, t. 1er, p. 588.

1° Action directe de la partie lésée contre la commune déclarée responsable.

2° Recours de la commune sur le territoire de laquelle les dommages ont été causés contre les communes dont les habitants ont pris part aux attroupements.

3° Recours de la commune contre les auteurs et complices du désordre.

§ 1. L'action directe de la partie lésée est dirigée contre la commune sur le territoire de laquelle les crimes ou délits ont été commis; mais les dommages-intérêts, au payement desquels elle est condamnée, ne restent pas définitivement à sa charge, elle en fait simplement l'avance. Si la loi ne le dit pas formellement, cette décision est contenue implicitement dans l'art. 106, § 2, qui indique la manière dont l'indemnité sera répartie entre les habitants. Ce dernier procédé suppose nécessairement un intervalle de temps assez considérable; l'établissement des rôles, le jugement des difficultés qui sont de nature à se présenter, l'incertitude du recouvrement auraient mis les créanciers dans une situation désavantageuse que ne justifiait pas la légitimité de leurs prétentions. La commune doit faire l'avance des dommages-intérêts, parce que c'est contre elle qu'est prononcée la condamnation, mais la loi lui donne le moyen d'en recouvrer le montant.

L'art. 106 du projet de loi voté en première lecture

par la Chambre des députés ne contenait aucune disposition relative à ce recours. Le rapport présenté au nom de la commission du Sénat signala et combla cette lacune : « Donc, y est-il dit, les dommages-intérêts « leur incombent en dernière analyse, et, quand la « commune les a payés directement, il faut qu'ils les « lui reversent; car, autrement, ils auraient dissipé « par leur fait personnel le bien communal, patrimoine « de toutes les générations ». Il a été établi au cours de la discussion, et le texte de l'art. 106, § 2, ne laisse aucun doute à cet égard, que, lors même que la caisse municipale dispose de fonds considérables, la commune ne fait qu'une avance des dommages-intérêts qu'on doit recouvrer sur les habitants, parce qu'il y a un intérêt public à ce que la commune conserve le patrimoine qu'elle a reçu des générations précédentes, et il est désirable qu'elle le transmette intact aux générations futures.

La loi de 1884 a apporté sur ce point de grandes modifications au système de la loi de vendémiaire. D'après l'art. 8, du titre V, l'administration municipale était tenue de verser le montant des dommages-intérêts dans le délai de dix jours, et, à cet effet, elle devait faire contribuer les vingt plus forts contribuables résidant dans la commune. La loi nouvelle ne fixe pas de délai pour le payement des indemnités; d'autre part, une loi du 5 avril 1882 ayant supprimé l'intervention des plus imposés, le législateur ne pouvait pas maintenir l'obligation de l'art. 8. Ajoutons, du reste, que ce système avait été abandonné depuis longtemps; on opérait le recouvrement suivant le mode autorisé par les lois de finances actuelles (1). Quant au recouvrement de l'avance faite par la commune, la loi de 1884 apporte, dans sa rédaction, une précision plus grande que la disposition correspondante de la loi de l'an IV, qui était ainsi conçue : « La répartition et la perception, pour le remboursement des sommes avancées, seront faites sur tous les habitants de la commune par la municipalité ou l'administration municipale de canton, d'après le tableau des domiciliés, et à raison des facultés de chaque habitant » (art. 9 , titre V). L'art. 106, § 2, de la loi municipale, répartit le montant des réparations entre tous les habitants domiciliés dans la commune, au moyen d'un rôle spécial comprenant les quatre contributions directes. Les dommages-intérêts seront répartis sous forme de centimes additionnels aux quatre contributions directes, de sorte que la charge sera proportionnelle aux facultés de chacun. Cependant l'exactitude de cette dernière idée n'est qu'apparente, le fardeau de la responsabilité ne pèsera pas sur tous les contribuables. En effet, aux termes de l'art. 19, de la loi du 21 avril 1832, la taxe personnelle est exemptée de tous les centimes additionnels soit généraux, soit locaux, c'est-à-dire de

(1) Conseil d'État, 22 avril 1858 (Coquelin et consorts).

toutes les surtaxes établies pour les besoins des communes ; la taxe personnelle est imposée au principal seulement, les centimes additionnels ne portent que sur les cotisations mobilières. Or, la contribution personnelle est le seul impôt direct que payent les gens peu aisés, lorsque le contingent personnel et mobilier n'est pas prélevé en totalité sur les produits de l'octroi (art. 20 de la loi du 21 avril 1832) ; s'il en est ainsi, une grande partie de la population échappera à la répartition des dommages-intérêts.

Ce ne sont donc pas tous les habitants qui supportent les dommages-intérêts, ce sont seulement ceux qui sont inscrits au rôle de l'une des contributions foncière, mobilière, des portes et fenêtres ou des patentes, et qui sont domiciliés dans la commune. La loi exige qu'un rôle spécial soit dressé, car les rôles ordinaires comprennent des personnes non domiciliées dans la commune (1). Par domiciliés, il faut entendre non seu-

(1) Les dommages-intérêts doivent être répartis en centimes additionnels au principal des quatre contributions directes ; c'est le moyen d'assurer une répartition proportionnelle aux facultés de chacun, et de se conformer ainsi à la pensée du législateur. Mais on ne peut pas se servir des rôles ordinaires, il faut un rôle spécial ne comprenant que les habitants domiciliés dans la commune. La confection de ce rôle et la fixation de la cote de chaque contribuable sont de nature à soulever des difficultés : les réclamations seront jugées comme en matière de contributions directes ; or, le contentieux des impôts directs est de la compétence de l'autorité

lement ceux qui ont un domicile légal, mais ceux qui ont dans la commune un domicile de fait, les soumet-

administrative, la loi du 28 pluviôse an VIII en attribue la connaissance aux conseils de préfecture. Cependant, les questions relatives à l'état et à la capacité des personnes échappent à la compétence administrative ; il appartient aux tribunaux de l'ordre judiciaire, de décider ce qu'il faut entendre par habitants domiciliés.

Quand il s'agit du contentieux des contributions directes, on distingue les demandes en décharge et en réduction, qui font partie du contentieux administratif et qui sont de la compétence des conseils de préfecture, et les demandes en remise ou en modération qui sont basées sur des considérations d'équité, et qui doivent être tranchées par le préfet. Nous devons nous demander si le préfet aurait le droit d'accorder le dégrèvement total ou partiel de la part contributive du montant des dommages-intérêts assignée à un habitant d'une commune déclarée responsable. Nous croyons que l'exercice de ce droit suppose des circonstances normales ; le préfet peut avoir égard aux événements malheureux qui frappent un contribuable, et le mettent dans l'impossibilité de payer la cote qui lui est assignée. Mais, lorsqu'il s'agit de dommages causés par des attroupements, le législateur a tout prévu, même le cas où la commune serait détruite en partie : cette prévision l'a-t-elle amené à faire la distinction que nous voudrions introduire ? Nullement. Les réparations imposées aux contribuables dont les propriétés auront été ravagées par l'émeute seront très lourdes, les demandes en dégrèvement seront considérables ; comment le montant des dommages-intérêts sera-t-il atteint ? Sera-ce au moyen du fonds de non-valeur ? (Il a été établi par la loi du 16 septembre 1807, art. 37, réduit par la loi du 13 mai 1863, rehaussé par la loi de finances du 4 septembre 1871). Nous ne pensons pas

tant au payement d'une contribution directe (1). Au
cours de la discussion (2) de la loi de 1884, un sénateur, M. Batbie, proposa d'étendre la disposition de
l'art. 106 aux personnes qui, bien que non domiciliées
dans la commune, font partie du conseil municipal, trouvant injuste que ces membres du conseil municipal qui ont des devoirs plus étendus que de simples
habitants, soient déclarés irresponsables. Cette proposition fut rejetée sur les observations du rapporteur
du Sénat dont nous extrayons ce passage : « D'abord
« ils ne sont pas membres de la commune et ils n'ont
« pas été appelés à constituer le conseil municipal. Si
« les conseils municipaux sont responsables, ils ne le
« sont pas comme conseillers munipaux, mais unique-
« ment comme habitants de la commune, comme ayant
« contribué à constituer l'administration municipale
« qui est en faute ». Cette objection n'était pas fondée, car, aux termes de l'art. 14 de la loi municipale,
« la liste électorale comprend : 1° ..... ; 2° ceux qui

que l'on puisse donner cette affectation au fonds de non-valeur qui n'y suffirait pas. En outre, ces dommages-intérêts,
dont la loi ordonne la répartition entre les habitants, ont un
caractère de pénalité; la loi les impose aux contribuables de
la commune qui sont réputés en faute d'avoir fait un choix
inintelligent de leurs administrateurs; le préfet n'a pas le
droit de grâce (Ducrocq. t. II, n° 1188).

(1) Morgand, *La loi municipale*, t. II, p. 160.

(2) Séance du 13 février 1884, loi municipale, *Document
parlementaires*, p. 364.

« auront été inscrits au rôle d'une des quatre contribu-
« tions directes ou au rôle des prestations en nature,
« et, s'ils ne résident pas dans la commune, auront
« déclaré vouloir y exercer leurs droits électoraux ».
Par conséquent, quoique non domiciliées, ces personnes peuvent prendre part à la constitution de l'administration municipale ; dès lors n'est-il pas juste qu'elles participent à la réparation des dommages causés.
Allons plus loin : même lorsque les conseillers municipaux non domiciliés n'ont pas fait la déclaration de
l'art. 14, lorsqu'ils sont seulement éligibles sans être
électeurs, ils devraient être déclarés responsables, car
cette idée est conforme au principe de la responsabilité des communes. Le législateur a cru trouver dans
la sanction rigoureuse qu'il établissait le moyen de
prévenir les attroupements ; il a voulu atteindre ce but
en intéressant au maintien de l'ordre tous les habitants
de la commune, ou, du moins, tous ceux qui y ont des
biens et qui, outre les dommages qui leur sont causés,
ont à en payer la réparation. Serait-il logique d'exempter de cette charge les conseillers municipaux non domiciliés dans la commune? Ne serait-ce pas donner
une prime à leur négligence, puisqu'ils ont la certitude
d'obtenir la réparation du préjudice causé à leurs propriétés, sans participer au payement de l'indemnité.
On pourrait reprocher aux électeurs d'avoir commis
une faute, en donnant leurs suffrages à ces personnes :
mais ce reproche n'est pas toujours fondé. Les élec-

teurs ne trouvaient-ils pas des garanties suffisantes dans l'intérêt qui liait ces personnes à la commune ? Ne devaient-ils pas tout attendre de ces conseillers municipaux qui avaient peut-être leur fortune entière dans la commune, et dont la sollicitude paraissait si peu douteuse.

Si logique et si conforme aux principes que soit cette solution, elle ne doit pas être admise, car, la déclaration du rapporteur du Sénat, bien qu'inexacte, n'en a pas moins été consacrée par le vote de l'assemblée : la répartition des dommages-intérêts ne peut se faire qu'entre les habitants domiciliés.

Il n'y a, du reste, aucune distinction à faire entre les Français et les étrangers. Quant aux étrangers qui ont obtenu l'autorisation de fixer leur domicile en France, il ne saurait y avoir aucun doute. La question est plus délicate, lorsqu'il s'agit d'étrangers qui n'ont pas obtenu cette autorisation, parce qu'on doit se demander si l'accomplissement de cette formalité n'est pas nécessaire, pour qu'ils puissent acquérir un domicile. L'art. 13 du Code civil, en accordant à l'étranger admis à établir son domicile en France la jouissance de tous les droits civils, semble bien dire que l'étranger non autorisé peut avoir un domicile en France sans y jouir des droits civils. Nous croyons que l'étranger peut acquérir en France un domicile de fait, qui aura pour conséquence de le faire participer à la réparation des dommages causés. Sans doute, cet étranger ne contribue pas à la constitution de la municipalité, puisqu'il n'est pas électeur; mais s'il était admis à établir son domicile en France, il n'en serait pas moins privé de la jouissance des droits politiques et cependant il n'échapperait pas à l'application de l'article 106.

Le mode de répartition consacré par la loi municipale n'est pas nouveau. Un décret du 5 janvier 1852 (1) établissait d'office sur la commune de Romilly-sur-Seine, pendant sept années consécutives, une imposition extraordinaire de 40 centimes additionnels au principal des quatre contributions directes, dont le produit devait être affecté au payement des condamnations prononcées contre cette commune par un jugement du tribunal de Nogent-sur-Seine, par application de la loi du 10 vendémiaire an IV. Un autre décret du 9 février 1852 (2) accordait à la ville de Saint-Etienne (Loire) l'autorisation d'emprunter une somme destinée à concourir au payement des condamnations judiciaires prononcées contre elle en exécution de la loi du 10 vendémiaire an IV. S'occupant ensuite du recouvrement de cette somme, il ajoutait : « Il sera im-« posé d'office sur la même ville 25 centimes addition-« nels au principal des quatre contributions directes, « pendant un nombre d'années suffisant pour assurer

(1) S., 52, 3, 3; D., 52, 4, 32.
(2) S., 52, 3, 47 ; D., 52, 4, 60.

« le remboursement du dit emprunt..... » Ces deux décrets portaient que le rôle de cette imposition ne comprendrait que les domiciliés dans la commune au moment où les faits qui avaient motivé les dites condamnations avaient eu lieu. C'était la répartition la plus équitable et la plus conforme à l'art. 9 du titre V de la loi de vendémiaire qui décidait que la perception, pour le remboursement des sommes avancées par la commune, serait fait à raison des facultés de chaque habitant. Le but du législateur de 1884 était le même, il a consacré le système rationnel des deux décrets de 1852.

La répartition se fait entre les habitants domiciliés dans la commune au moment où les désordres se sont produits; la responsabilité ne doit pas être assumée par ceux qui ont quitté la commune avant que les faits ne se soient accomplis, ou qui ne sont venus s'y établir que postérieurement. Le décret du 5 janvier 1852 portait que l'imposition des 40 centimes ne devait peser que sur les habitants domiciliés à Romilly-sur-Seine, au 28 février 1848, jour où les dégâts avaient été commis; le décret du 9 février 1852 était conçu dans le même sens. L'art. 106, § 2, ne s'explique pas sur ce point; mais, il nous semble conforme au principe de la responsabilité et à la présomption de faute qui sert de base à la condamnation, de ne répartir les dommages-intérêts qu'entre les habitants domi-

ciliés dans la commune au moment où les troubles ont
éclaté.

Si les attroupements n'étaient composés que des habitants de la commune sur le territoire de laquelle les
attentats ont été commis, cette commune est seule responsable. Mais si les habitants de plusieurs communes
ont pris part aux désordres, l'art. 107 déclare chacune
d'elles responsable des dommages causés dans une
proportion qui doit être fixée par les tribunaux. S'ensuit-il que la personne lésée ait une action directe
contre chaque commune et puisse agir indifféremment
contre l'une ou l'autre? La réponse à cette question
nous semble indiquée par l'ordre même des dispositions de la loi sur la responsabilité des communes.
L'art. 106, après avoir posé le principe de l'obligation
de la commune sur le territoire de laquelle les désordres se sont produits, indique le mode de répartition
du montant de la condamnation entre les habitants domiciliés; puis, dans l'art. 107, le législateur ajoute
que le payement fait par la commune peut ne pas être
définitif, et il lui permet d'en faire supporter une partie par les autres communes dont les membres se sont
mêlés aux attroupements. C'est donc contre la commune qui a été le théâtre des désordres que l'action
doit être dirigée. Du reste, l'art. 107 impose cette solution puisqu'il rend chaque commune responsable des
dégâts et dommages causés *dans la proportion qui sera
fixée par les tribunaux*. Ces derniers mots font suppo

ser que toutes les communes responsables ont été mises en cause, afin de permettre aux tribunaux de déterminer l'étendue de l'obligation de chacune d'elles,
ce qui exclut l'hypothèse d'une action exercée par la
partie lésée contre l'une quelconque d'entre elles. La
Cour de cassation a décidé, sous l'empire de la loi de
l'an IV, que la commune sur le territoire de laquelle
les dommages avaient été causés était seule responsable, sauf à cette commune à exercer son recours contre les autres (1).

Mais si la personne lésée ne peut pas agir contre une
commune quelconque, lorsque ses habitants ont pris
part aux désordres, elle peut du moins les mettre toutes
en cause et obtenir contre elles la réparation du préjudice qu'elle a souffert. Suivant nous, toute victime
des violences causées par les attroupements a une
double faculté : 1° elle peut agir simultanément contre
toutes les communes responsables ; 2° il lui est permis
de diriger son action seulement contre la commune
sur le territoire de laquelle les attentats ont été commis.

1° La partie lésée agit simultanément contre toutes
les communes responsables ; c'est l'hypothèse qu'envisage l'art. 107 *in fine*. Mais les tribunaux, en constatant la responsabilité des communes, et en fixant la
part de dommages-intérêts qui incombe à chacune

____

(1) Cass., 17 juillet 1838 ; S., 38, 1, 627 ; D., 38, 1, 321.
Contra, Lyon, 31 mai 1839. Dalloz, *Répert.*, v° *Commune*,
n° 2665 (aff. Auriol).

d'elles, peuvent-ils prononcer une condamnation solidaire? Cette question divise la jurisprudence et la doctrine. En faveur de la solidarité on a fait valoir deux
raisons : 1° l'indivisibilité des faits dommageables
(Orléans, 9 août 1850) ; les habitants des diverses communes sont responsables du montant total des dommages-intérêts parce que, le plus souvent, il n'est pas
possible de déterminer la part de responsabilité des
habitants de chaque commune ; 2° la condamnation
est prononcée contre les communes, comme responsables du fait de leurs habitants ; or, aux termes de
l'art. 55 du Code pénal, les habitants de toutes les
communes seraient tenus solidairement, si la peine
était encourue par eux ; cette règle doit être étendue
aux communes, les termes généraux dans lesquels elle
est conçue le permettent. Ce système a été consacré
par plusieurs décisions de jurisprudence (Riom,
14 juin et 19 décembre 1843 ; Orléans, 9 août 1850) (1).
Cependant, il a trouvé des contradicteurs sous l'empire de la loi de vendémiaire, et les arguments qu'on a
fait valoir ont encore la même portée sous la loi de
1884. On a soutenu (2) que, dans le cas où plusieurs
communes étaient responsables du même délit, elles
ne l'étaient que *contributoirement*; on se prévalait des

(1) Riom, 14 juin 1843; S., 43, 2, 329. 19 décembre 1843;
S., 44, 2, 151. Orléans, 9 août 1850; S., 51, 2, 693. Sourdat,
t. II, n° 1400.
(2) Le Sellyer, *Traité de la criminalité*, t. II, n° 514.

termes « *contribuable* tant à la réparation et dommages-intérêts qu'au payement de l'amende », de l'art. 3 du titre IV de la loi de l'an IV pour exclure la solidarité. Du reste, disait-on, l'art. 55 du Code pénal n'est relatif qu'aux condamnations prononcées contre des particuliers (1). Le premier argument que l'on fait valoir à l'appui de cette thèse repose sur le mot « *contribuable* » qu'emploie la loi de vendémiaire ; il serait aujourd'hui sans force en présence du texte de l'art. 107. Même sous l'empire de la loi de l'an IV l'argument n'avait aucune valeur, car il n'était pas douteux que le mot « *contribuable* » fût synonyme du mot « *responsable* » qui a pris sa place dans la loi nouvelle. Du reste, les communes pouvaient être condamnées solidairement au payement de l'amende, car l'amende est une peine qui entraîne l'application des règles du droit criminel. S'il en était ainsi pour l'amende, ne fallait-il pas étendre la même solution aux dommages-intérêts ? Le second argument est tiré des termes de l'art. 55 du Code pénal qui, dit-on, ne fait allusion qu'aux condamnations prononcées contre les particuliers ; nous ne le croyons pas plus fondé. La commune est considérée ici comme personne civile ; à ce titre, la loi, par une disposition expresse, la rend responsable des crimes ou délits commis par ses habitants, c'est elle que l'on va pour-

(1) Trib. de Lyon, 3 février 1838. Dalloz, *Répert.*, v° *Commune*, n° 2665. Toulouse, 1er août 1835 ; S., 36, 2, 27.

suivre, comme si elle était coupable des méfaits qu'elle doit réparer : n'est-il pas logique alors d'appliquer les règles du droit commun, lorsque ces crimes ou délits prévus et punis par le Code pénal ont été commis par les habitants de plusieurs communes ?

Nous ferons observer que cette solidarité donne seulement au créancier le droit de réclamer le montant total des dommages-intérêts à l'une ou l'autre des communes déclarées responsables. Ainsi les actes interruptifs de prescription et les demandes en justice dirigées contre l'une des communes n'ont pas, en général, pour effet d'interrompre la prescription et de faire courir les intérêts moratoires à l'égard des autres (1).

2° La partie lésée peut diriger son action contre la commune sur le territoire de laquelle les délits ont été commis. Il en sera ainsi le plus souvent. L'art. 106, § 1, reconnaît ce droit à toute personne victime des crimes ou délits commis par les attroupements, mais c'est une simple faculté. Lorsque la partie lésée use de ce droit, rien ne peut empêcher, croyons-nous, la commune qui a été le théâtre des désordres de mettre en cause les autres communes, pour faire constater leur responsabilité et les faire condamner solidairement avec elle, afin d'éviter les difficultés que soulèverait plus tard la preuve de la participation de leurs

(1) Aubry et Rau, t. IV, § 298 *ter*, p. 21.

habitants aux attroupements. Sans doute cette commune devra payer le montant intégral des condamnations, mais elle pourra assigner personnellement celles que l'art. 107 déclare responsables pour les entendre condamner avec elle et faciliter son recours.

§ 2. *Recours de la commune sur le territoire de laquelle les dommages ont été causés.* — Que la partie lésée mette en cause toutes les communes responsables ou qu'elle agisse seulement contre celle qui a été le théâtre des désordres, elle obtiendra toujours le montant intégral des réparations qui lui sont dues, dans le premier cas, en vertu du principe de solidarité que nous avons établi, dans le second, parce que la commune contre laquelle elle a dirigé son action est seule responsable et obligée envers elle. La commune qui a payé la totalité des dommages-intérêts ne les supporte pas définitivement ; elle a un recours contre les communes que l'art. 107 déclare responsables. Mais, dans les deux hypothèses, cette commune ne peut demander aux autres que leur part contributoire fixée par les tribunaux, car les communes débitrices ne sont tenues entre elles que pour leur part et portion (art. 1213, C. civ.).

§ 3. *Recours de la commune contre les auteurs et complices du désordre.* — Aux termes de l'art. 109 de la loi du 5 avril 1884, « la commune déclarée responsable peut exercer son recours contre les auteurs et complices du désordre. »

La loi de vendémiaire (art. 4, titre IV) donnait aux habitants de la commune ou des communes contribuables un recours contre les auteurs et complices des délits, lorsqu'ils prouvaient qu'ils n'avaient eux-mêmes pris aucune part aux attroupements. Cette action appartenait aux habitants qui avaient payé la part des indemnités qui leur était assignée conformément à l'art. 9 du titre V et ne pouvait être exercée que par eux. Cette action, disons-nous, supposait que les contribuables avaient effectué le payement de leur cote, car ils l'intentaient à leurs risques et périls, et, si les auteurs des désordres étaient insolvables, il n'en fallait pas moins que le montant des réparations fût versé. Nous avons ajouté que ce recours ne pouvait être exercé que par les habitants, car la loi ne l'autorisait qu'autant qu'ils n'avaient pris aucune part aux attroupements, preuve qui supposait leur intervention personnelle. La Cour de cassation s'était prononcée en ce sens, par un arrêt du 17 février 1852 (1) ; le recours étant individuel et soumis à l'accomplissement d'une condition déterminée, la commune ne pouvait pas agir *jure proprio*, sinon les défendeurs auraient été dans l'impossibilité de prouver que ceux qui les attaquaient ne satisfaisaient pas à la condition de la loi. Sans doute, la com-

______

(1) Cass., 17 février 1852 ; S., 52, 1, 415 ; D., 52, 1, 155.

mune pouvait agir du chef de ceux de ses habitants qui étaient restés étrangers aux délits, en les indiquant nominativement ; hypothèse d'une réalisation peu probable, car quel eût été l'intérêt de la commune, puisque l'action récursoire ne pouvait être intentée par les contribuables qu'après le payement de l'indemnité.

L'art. 109 de la loi de 1884 donne cette action à la commune : s'ensuit-il que les habitants ne puissent plus l'exercer ? Les termes de cette disposition, les difficultés auxquelles avait donné lieu le texte correspondant de la loi de vendémiaire et le désir du législateur moderne de les trancher font croire à cette solution. Cependant, cette interprétation a été combattue (1), et l'argument qu'on a fait valoir est très sérieux. L'art. 106, dit-on, du projet voté en première lecture par la Chambre des députés posait le principe de la responsabilité des communes, sans répartir entre les habitants le montant des dommages-intérêts, qui devaient rester à la charge des communes ; il était naturel, dès lors, de n'assurer un recours qu'à celui sur qui la loi faisait peser le fardeau de la responsabilité, c'est-à-dire à la commune. Ceci explique la rédaction de l'art. 109. Le Sénat modifia le projet de la Chambre des députés ; il laissa subsister la responsabilité de la commune, mais en divisa la charge entre les habitants. » Cette modification aurait dû entraîner un changement

(1) Morgand, *La loi municipale*, t. II, p. 167.

dans la rédaction de l'art. 109. « Du moment, en effet,
« dit M. Morgand, où la commune, être moral, est
« désintéressée par la répartition qu'elle a faite des
« dommages entre les habitants domiciliés, c'est à
« ces habitants et non à la commune que le recours
« aurait dû être ouvert. » Cette observation n'a qu'une
apparence de vérité ; nous ne nous y associons pas, et
nous croyons que, en présence du texte formel de
l'art. 109, on ne peut pas reconnaître aux habitants de
la commune le droit d'exercer ce recours. En effet,
cette disposition, supposant une commune responsable
des délits commis sur son territoire et condamnée au
payement de dommages-intérêts, lui permet d'agir
contre les auteurs et complices des désordres, avant
que le rôle de répartition n'ait été fait et mis en recouvrement : c'est à la commune elle-même que la loi
donne le mandat d'exercer ce recours, dans l'intérêt des contribuables, pour arriver à réduire la somme
qui devra être répartie entre eux. De deux choses
l'une : ou bien la commune agit contre les auteurs ou
complices des attroupements et obtient ainsi une réduction du montant de l'indemnité, ce qui exclut toute
intervention des contribuables ; ou bien la commune
n'agit pas et un contribuable peut, en vertu de l'article 123 de la loi municipale, exercer l'action qui lui
appartient. L'art. 109 offre donc une garantie suffisante aux habitants ; il n'est pas utile de leur permettre
d'agir personnellement après la répartition.

Cependant, il faut remarquer que ce système a pour résultat d'amener un dégrèvement du montant des dommages-intérêts, qui se traduit par une réduction générale des cotes de tous les contribuables, même de celles des auteurs et complices des désordres ; n'est-il pas illogique de laisser les coupables profiter de cet allègement et ne doit on pas permettre aux habitants qui n'ont pris aucune part aux attroupements d'agir directement contre eux ? Nous ne trouvons pas trace de cette distinction dans l'art. 109. La loi établit une présomption de faute sur tous les habitants, en raison de leur négligence ou du choix inintelligent qu'ils ont fait de leurs administrateurs ; elle les rend tous responsables des désordres, mais elle se signale par une plus grande rigueur à l'égard de ceux qui ont fait partie des attroupements. Les auteurs des désordres devront subir le recours de la commune, et payeront leur part contributoire des dommages-intérêts, si le montant n'en est pas entièrement couvert par les condamnations prononcées contre eux. Quant aux autres habitants, ils n'auront qu'à supporter leur part dans la répartition générale. Cette différence de situations doit être considérée comme suffisante, si l'on n'oublie pas que les citoyens, même inoffensifs, n'échappent pas à la présomption de faute établie par la loi.

La commune n'a-t-elle pas un recours contre les autorités municipales qui n'ont pas fait leur devoir, ne peut-elle pas agir contre le maire lorsque la res-

ponsabilité des désordres doit être imputée à quelque
faute ou quelque négligence de sa part? Ne serait-il
pas injuste qu'un maire, *non domicilié dans la commune*, pût manquer à ses obligations et échapper
à la répartition des dommages-intérêts? La question
fut posée au cours de la discussion de la loi par
un sénateur, M. Batbie; voici en quels termes le rapporteur de la commission du Sénat y répondit (1) :
« Sous l'empire de la loi de vendémiaire an IV, tout
« comme sous celui de la loi actuelle, il est certain
« que toute faute personnelle commise par quelqu'un
« oblige celui qui l'a commise à la réparer ; par cou-
« séquent, si le maire, par un de ces abus de pouvoirs
« évidents, par une négligence qu'on ne saurait ex-
« cuser, par une lâcheté honteuse en de pareilles cir-
« constances, n'a pas rempli le devoir qui lui était
« imposé, nous ne disons pas que la commune n'aura
« pas de recours contre lui. Nous ne préjugeons pas cette
« question, elle reste du ressort de l'autorité judiciaire
« et quand le maire sera ainsi actionné par les inté-
« ressés, les tribunaux prononceront; nous n'avons
« rien à y voir. » Nous croyons que, en dehors de la
disposition de l'art. 109, il n'y a pas de recours possible : ou bien le maire a commis une faute grave qui
peut être considérée comme une participation aux dé-

(1) Séance du 11 mars 1884, loi municipale, *Documents par
lementaires*, p. 528.

sordres, par exemple s'il a provoqué les attroupements, et dans ce cas il doit en être considéré comme auteur ou complice dans le sens de l'art. 109 ; ou bien il s'est seulement montré au-dessous de sa tâche, et, dans ce cas, les habitants de la commune sont fautifs, ainsi que le constatait le rapporteur de la commission du Sénat quand il disait : « Mais ce que nous disons quant « à présent, c'est qu'une commune tout entière, qui « est en faute d'avoir constitué une municipalité qui « n'a pas rempli son devoir, est responsable des dom- « mages causés. » Puisque la responsabilité de la commune repose sur une faute, cette faute existera certainement, si les désordres sont la conséquence de la mauvaise administration du maire, parce que les habitants ont mal placé leur confiance ; si cette condition essentielle de la responsabilité est remplie, comment peut-on proposer d'en exonérer les habitants ?

Ainsi, en dehors des termes de l'art. 109, il n'est pas possible d'exercer une action directe contre le maire, et nous croyons que le rapporteur de la commission du Sénat, dont nous venons de reproduire la déclaration, n'a eu en vue que l'application de cette disposition. Du reste, les tribunaux appliquent et interprètent la loi, ils ne peuvent pas autoriser un recours en dehors de son texte.

Ce recours que l'art. 109 réserve à la commune, elle l'exerce contre les auteurs et complices du désordre quels qu'ils soient. Si les attroupements étaient com-

posés d'habitants de plusieurs communes, il serait loi-
sible à chacune d'elles d'agir successivement contre les
mêmes personnes, sauf aux tribunaux à proportionner
le montant des condamnations, en tenant compte des
actions déjà exercées et des recours probables.

Il faut remarquer que la commune, en exerçant ce
recours, peut obtenir le montant intégral des condamnations prononcées contre elle ; mais ce droit est su-
bordonné à la mise en cause de tous les auteurs et complices des désordres. C'est ce que semble dire l'article 109, et ce qui résulte de l'application des principes
généraux : l'auteur d'un délit est tenu de la réparation
des dommages qu'il a causés, même de ceux qu'il n'a
pas pu prévoir au moment de la perpétration du délit,
mais son obligation se borne là ; il ne doit que l'indemnité du préjudice qui est une suite immédiate et
directe de l'acte dont il s'est rendu coupable, et ne
peut pas être rendu responsable des dégâts commis,
dans les mêmes circonstances, par d'autres personnes.
La mise en cause de tous les auteurs et complices du
désordre est nécessaire, pour que la commune puisse
recouvrer le montant intégral des réparations qui lui
sont imposées : cette condition sera, le plus souvent,
impossible, car on ne peut pas connaître tous les fauteurs de troubles qui composaient les attroupements.

Ce recours que la loi reconnaît aux communes est
très rigoureux pour certaines personnes. Les attroupements sont, en général, composés d'individus peu for-

tunés ; mais, s'il s'en trouve dans le nombre quelques-uns qui possèdent un certain bien-être, ils peuvent être ruinés. En effet, aux termes de l'art. 55 du Code pénal : « Tous les individus condamnés pour un même « crime ou pour un même délit seront tenus solidai-« rement des amendes, des restitutions, des dom-« mages-intérêts et des frais. » Or, si parmi les auteurs et complices des désordres, quelques-uns sont riches, la commune se prévaudra de cette solidarité pour leur faire payer l'intégralité des condamnations, et il leur sera impossible de se soustraire à cette obligation, car ils sont tous coupables des mêmes délits, en raison de l'indivisibilité des faits dommageables ; le recours qu'ils auront contre leurs complices condamnés avec eux sera illusoire.

L'application de l'art. 109 de la loi de 1884, suppose que la commune déclarée responsable par la loi, ne peut pas se prévaloir de l'une des exceptions énumérées par l'art. 108, car toute action suppose un intérêt. Mais alors, comme la loi n'impose plus à la commune l'obligation de réparer les dommages, comme elle la soustrait aux conséquences de la responsabilité, nous revenons aux règles du droit commun : toute personne lésée peut agir contre les auteurs et complices des désordres. Ce n'est plus ce recours en garantie dont nous avons refusé l'exercice aux habitants de la commune, c'est l'action qui appartient à toute personne victime de violences dont elle demande justice.

Il faut remarquer que la loi autorise la commune à exercer son recours contre les auteurs et complices du désordre, quel que soit le rôle qu'ils aient joué dans les attroupements; alors même qu'ils se seraient bornés à vociférer, sans se livrer à des violences contre les personnes et au pillage des propriétés, ils n'en seraient pas moins soumis à l'application de l'art. 109, qui ne fait aucune distinction. Observons encore que ce recours appartient à la commune, quelle qu'ait été l'attitude des autorités municipales, en présence des attroupements, qu'elles les aient tolérés ou s'y soient associées, car l'action est accordée à la commune considérée comme être moral.

CHAPITRE VI

PROCÉDURE, COMPÉTENCE, PRESCRIPTION, MODE D'EXÉCUTION DE LA CONDAMNATION

PREMIÈRE SECTION. — *Procédure.* — La loi du 10 vendémiaire an IV avait organisé une procédure toute spéciale, destinée à assurer aux victimes des attentats commis par les attroupements la réparation du préjudice qu'elles avaient souffert. D'ordinaire, le ministère public n'agit que par voie de réquisition et comme partie jointe ou intervenante sur la demande de la partie privée. La loi de vendémiaire avait donné au ministère public une action d'office, indépendante de celle de la partie lésée, et l'art. 3 du titre V lui faisait un devoir d'agir directement contre la commune et de poursuivre devant le tribunal civil la réparation et les dommages-intérêts : la condamnation était prononcée contre la commune sans même qu'elle eût été appelée.

La poursuite en réparation exercée d'office contre le ministère public ne faisait pas obstacle à l'action de la partie lésée ; mais la loi de l'an IV n'ayant établi de règles spéciales que pour le cas où la demande était formée par le ministère public, l'action des parties intéressées restait soumise aux règles du droit commun (1).

L'art. 168-3° de la loi du 5 avril 1884 a abrogé les titres I, IV et V de la loi de vendémiaire, il a fait disparaître de la législation les dispositions exceptionnelles qu'elle contenait : le ministère public n'a plus ni le droit, ni le devoir d'agir contre la commune responsable, il peut seulement poursuivre les auteurs et complices des crimes ou délits et de requérir contre eux l'application des dispositions du Code pénal. Le législateur de 1884 n'a pas reproduit ce texte de la loi de vendémiaire qui contenait une dérogation grave aux principes du droit commun. Dans la période de troubles pendant laquelle la loi de l'an IV a été édictée, il fallait qu'on assurât d'une manière certaine le recouvrement de l'indemnité ; il fallait que le gouvernement lui-même, par l'intermédiaire de ses représentants, intervînt en faveur des parties lésées. Comme le dit Dalloz (2), « le législateur a voulu sans doute venir en « aide aux parties lésées, et leur donner un défenseur « capable de faire réparer leurs pertes, auxquelles la « crainte des inimitiés locales pourrait les porter à re- « noncer, en même temps que par la puissance dont

(1) Cass., 4 juillet 1834 ; S., 34, 1, 816 ; D., 34, 1, 296.
(2) Dalloz, *Répert.*, v° *Commune*, n° 2746.

« il l'investissait, il forçait les corps municipaux et les
« citoyens à la prompte répression des attroupements
« par la menace des condamnations qui les atten-
« daient. » En effet, en l'an IV, la désorganisation
était partout, et la loi de vendémiaire était d'une grande
hardiesse ; il eût été imprudent de la part d'un citoyen
d'en exiger l'application. Aujourd'hui, le principe de
la reponsabilité communale est entré dans nos mœurs,
l'intervention du ministère public se comprend beaucoup moins. Il appartient donc à la partie lésée seule
d'agir, elle seule a droit de demander à la commune
la réparation des dommages qui lui ont été causés par
les attroupements ; quant au ministère public, il reprend le rôle qui lui est conféré par l'art. 83-1° du Code
de procédure civile ; au lieu d'attaquer la commune, il
devient son défenseur.

Cette action de la partie lésée est soumise aux règles
générales des art. 121 et suivants de la loi municipale
relatifs aux actions judiciaires des communes. Il n'y a
rien d'exceptionnel dans la loi de 1884, sinon le principe de la responsabilité communale : mais ce principe
une fois posé, le droit commun reprend son empire pour la mise en œuvre de la responsabilité. Aux
termes de l'art. 124, « aucune action judiciaire, autre
que les actions possessoires, ne peut, à peine de nullité, être intentée contre une commune qu'autant que
le demandeur a préalablement adressé au préfet ou au
sous-préfet un mémoire exposant l'objet et les motifs

de sa réclamation. Il lui en est donné récépissé ». Cette
formalité a pour but de mettre l'administration en mesure de répondre à la demande d'autorisation de plaider
formée par la commune, et de lui éviter, en la déterminant à une transaction ou à un acquiescement, l'aggravation de charges que lui imposerait une résistance
mal entendue. « A quoi bon ce mémoire, dit Serri-
« gny (1)? C'est pour essayer une tentative de concilia-
« tion. Le préliminaire de conciliation, tel qu'il est
« réglé par le Code de procédure, ne peut s'appliquer
« aux communes et aux autres personnes incapables
« de disposer librement de leurs droits, parce qu'il
« n'aboutirait à rien devant le juge de paix, en raison
« même de cette incapacité ; on y a donc substitué un
« essai de conciliation par la voie administrative, la
« seule qui puisse avoir un résultat : car la commune
« pourra soit acquiescer, soit transiger, avec l'inter-
« vention de l'administration ». La raison qui fait
exiger le dépôt du mémoire implique que l'Etat et le
département, comme toute autre personne, soient
soumis à cette formalité, car il y a les mêmes motifs
de tenter la conciliation organisée par la loi, elle aura
même beaucoup plus de chances de succès (2); nous
ne nous laisserons pas arrêter par les termes de la cir-

(1) Serrigny, *Compétence en matière administrative*, t. I,
n° 428, p. 548.

(2) Reverchon, *Des autoris. de plaider nécessaires aux communes*, n° 16.

culaire du ministre de l'intérieur du 15 mai 1884, qui décide que les art. 124 et 125 ont pour objet les actions que les *particuliers* veulent intenter contre une commune. Ajoutons qu'il est conforme à l'esprit de la loi de n'imposer cette formalité qu'autant que la commune est soumise à la nécessité de l'autorisation pour ester en justice.

L'art. 124 de la loi municipale exige que le mémoire expose l'objet et les motifs de la réclamation. Ce mémoire ne doit-il pas contenir en outre la somme des dommages-intérêts réclamée par la partie lésée. Si on s'en tient aux termes de l'art. 124, à leur stricte interprétation, cette indication ne peut pas être rendue obligatoire ; mais, si on s'inspire des motifs qui justifient le dépôt du mémoire, on doit reconnaître l'utilité, la nécessité même pour l'administration de savoir quelles sont les prétentions de la partie lésée, car si la demande est immodérée, au lieu de pousser la commune à une transaction ou à un acquiescement, le conseil de préfecture devra l'autoriser à se défendre.

Le mémoire est transmis par le préfet ou le sous-préfet au maire de la commune intéressée, avec l'invitation de convoquer le conseil municipal dans le plus bref délai pour en délibérer. La délibération du conseil municipal est transmise au conseil de préfecture qui décide si la commune doit être autorisée à ester en justice (art. 125).

La commune ne peut pas défendre à l'action en res-

ponsabilité sans une autorisation du conseil de préfecture : l'art. 125, § 2, est formel, il ne fait aucune distinction. Avant la loi de 1884, la question de savoir si
les communes, poursuivies en exécution de la loi de
vendémiaire, avaient besoin d'autorisation pour ester
en justice était très discutée dans la jurisprudence et
dans la doctrine, quand l'action était intentée par la
partie lésée. La Cour de cassation admettait que l'autorisation n'était pas nécessaire, lorsque l'action était
exercée d'office par le ministère public ou lorsque la
partie lésée se joignait à lui pour obtenir la réparation
du dommage qu'elle avait éprouvé. Trois arrêts du
19 novembre 1821, du 28 janvier 1826 et du 24 juillet 1837 (1) constataient que les formes spéciales et
d'exception auxquelles était soumis l'exercice de la loi
de vendémiaire ne pouvaient se concilier avec la nécessité d'obtenir l'autorisation prescrite par l'édit de
1683 et par l'arrêté du 17 vendémiaire an X. Mais, la
loi de l'an IV n'ayant posé de règles spéciales que pour
l'action intentée d'office par le ministère public, lorsque la partie lésée agissait seule, elle devait être soumise aux règles du droit commun. Cependant l'arrêt
du 24 juillet 1837 admettait que l'autorisation n'était
pas nécessaire, même lorsque la personne lésée atta-
quait directement la commune. En effet, cet arrêt reje-

(1) Cass., 19 novembre 1821, 28 janvier 1826. Dalloz, *Répert.*, v° *Commune*, n° 1553. Cass., 24 juillet 1837; D., 37, 1,
428 ; S., 37, 1, 657.

tait le pourvoi formé contre une décision de la Cour de Toulouse du 19 juin 1834 (1) ainsi conçue : « Attendu que *celui qui exerce* contre une commune l'action ouverte par la loi du 10 vendémiaire an IV, ne peut être tenu à en provoquer l'autorisation ». La Cour suprême, en rejetant le pourvoi, a consacré ce système.

La loi du 18 juillet 1837 ayant substitué à l'obligation de demander pour la commune l'autorisation de plaider le dépôt d'un mémoire exposant l'objet et les motifs de la réclamation, on pouvait se demander si cette formalité était nécessaire lorsqu'une action était intentée en exécution de la loi de l'an IV. Presque tous les auteurs (2) admettaient que les règles de procédure rapide établies par la loi de vendémiaire étaient inconciliables avec la nécessité de demander l'autorisation et les délais prescrits par les art. 52, 53 et 54 de la loi du 18 juillet 1837 (3). Mais cela n'était vrai que lorsque la poursuite était exercée par le ministère public. La loi de l'an IV ne s'étant pas occupée de l'action de la partie lésée, cette action était soumise aux règles ordinaires, et n'était pas affranchie de la formalité du mémoire.

(1) Toulouse, 19 juin 1834 ; D., 37, 1, 428 ; S , 37, 1, 657.

(2) Cormenin, *Droit admin.*, t. I, n° 43. Serrigny, *Compét. adm.*, t. I, n° 433 ; Dalloz, *Répert.*, v° *Commune*, n° 1556. — *Contra*, Reverchon, *Des autor. de plaider*, n° 17.

(3) Nous avons dit précédemment que la formalité du dépôt du mémoire n'était exigée qu'autant que la commune était soumise à la nécessité de l'autorisation.

La loi du 5 avril 1884 a abrogé les dispositions exceptionnelles de la loi de vendémiaire, elle a supprimé l'intervention du ministère public ; désormais, il n'y a plus place que pour l'action de la partie lésée et pour l'application des règles ordinaires (art. 121 et suiv.).

Le conseil de préfecture, dans le délai de deux mois à dater du dépôt du mémoire, décide si la commune doit être autorisée à ester en justice (art. 125) ; la partie lésée ne peut introduire son action que deux mois après la date du récépissé du mémoire (art. 124). A l'expiration de ce délai, quelle que soit la décision du conseil de préfecture, qu'il accorde l'autorisation, qu'il la refuse ou qu'il ne statue pas, le demandeur peut exercer son action. L'assignation sera faite en la personne ou au domicile du maire, conformément aux art. 59 et 69 du Code de procédure civile.

Deuxième section. — *Compétence.* — La loi du 10 vendémiaire an IV consacrait expressément la compétence judiciaire : « Les dommages-intérêts dont les communes sont tenues, aux termes des articles précédents, seront fixés par le *tribunal civil du département,* sur le vu des procès-verbaux et autres pièces constatant les voies de fait, excès et délits. » La loi de 1884 n'a pas reproduit cette disposition, mais l'art. 107 reconnaît la compétence judiciaire, lorsqu'il décide que « si les attroupements ou rassemblements ont été formés d'habitants de plusieurs communes, chacune d'elles est responsable des dégâts et dommages causés, dans la proportion qui sera fixée par *les tribunaux*. » La demande en réparation doit être portée devant le tribunal civil de l'arrondissement dans lequel la commune est située.

Ces dispositions des lois de l'an IV et de 1884 ont été critiquées ; M. Laferrière, dans son *Traité de la juridiction administrative et des recours contentieux* (1), s'exprime à cet égard dans les termes suivants : « Il est « permis de douter que les lois de vendémiaire an IV « et de 1884 se soient inspirées ici des véritables prin- « cipes de la compétence. La responsabilité pécuniaire « des communes et de leurs habitants, dans le cas « d'attroupements séditieux, n'est point une responsa- « bilité *civile*, quoique ces textes l'aient ainsi qualifiée. « Elle ne dérive pas du droit commun ; elle a été créée « par des lois politiques dans un intérêt supérieur de « sécurité publique ; elle est étroitement liée à l'appré- « ciation d'actes d'administration, de mesures de police, « de fautes administratives commises par l'autorité « municipale ; elle n'est pas de celles qui relèvent de « plein droit de l'autorité judiciaire, elle ne lui appar- « tient qu'en vertu d'une attribution expresse de la loi « dérogeant aux principes généraux. Cette dérogation « se comprenait en l'an IV, car les corps administra-

(1) Laferrière, *Traité de la juridiction administrative*, t. I, p. **633**.

« tifs locaux, qui exerçaient alors la juridiction admi-
« nistrative à l'égard des communes, étaient à bon
« droit suspects au législateur, quand il s'agissait de
« réprimer des désordres dont ils étaient trop souvent
« les complices et même les instigateurs. Mais il n'en
« était pas de même en 1884, et peut-être la question
« aurait-elle mérité un nouvel examen, lorsque la loi
« de vendémiaire an IV a été l'objet d'une revision. »

Cette critique ne nous semble pas fondée. D'abord,
lorsque M. Laferrière dit que la responsabilité des communes n'est pas *civile*, non seulement il va à l'encontre
des termes de la loi, mais il heurte le principe même
qu'elle a voulu consacrer. En quoi consiste donc la responsabilité civile ? La responsabilité civile consiste à
réparer, au moyen d'une indemnité pécuniaire, le dommage que l'on a causé aux individus. N'est-ce pas là le
caractère de la responsabilité communale ? Qu'importe
la nature de la loi qui l'a établie. Sans doute, elle a été
créée dans un intérêt supérieur de sécurité publique,
mais ce n'est pas là son caractère dominant, surtout
dans la législation nouvelle ; ce caractère, qui est inhé-
rent au principe de responsabilité collective sous l'ancien régime, est moins apparent dans la loi de vendémiaire, il a disparu complètement avec la loi de 1884,
car c'est moins une punition que le législateur impose
aux habitants des communes qu'une juste réparation
du préjudice causé.

D'autre part, quand M. Laferrière dit que cette responsabilité est liée à l'appréciation d'actes d'administration, de fautes administratives commises par l'autorité municipale, il nous semble confondre les effets et la cause, qui n'ont ici aucun rapport. Le rôle du juge se borne à constater les faits et à en tirer les conséquences en se conformant à la loi : il doit examiner si les dommages causés l'ont été dans les conditions déterminées par l'art. 106, puis apprécier l'étendue du préjudice subi par les parties lésées, et fixer le montant des dommages-intérêts dont il peut être amené à faire une répartition entre plusieurs communes. Mais, en quoi les tribunaux ont-ils à apprécier des actes administratifs, des fautes des municipalités qui ont occasionné les émeutes ? Ne sortiraient-ils pas complètement du cercle des attributions qui leur sont conférées par les art. 106 et suivants de la loi de 1884 ? Qu'importe au juge l'origine des troubles. On pourrait croire que cette intervention est nécessitée par l'art. 108-1° qui soustrait la commune à l'obligation de réparer les dommages, lorsqu'elle prouve que toutes les mesures qui étaient en son pouvoir ont été prises pour empêcher les désordres ; mais, ce n'est là qu'une question de fait que le juge appréciera souverainement.

Quant à dire que la responsabilité des communes n'est pas de celles qui relèvent de plein droit de l'autorité judiciaire, et qu'elle ne lui appartient qu'en vertu d'une attribution expresse de la loi dérogeant aux principes généraux, ceci nous semble fort contestable.

Les tribunaux judiciaires ont été établis pour statuer sur les difficultés qui s'élèvent entre les particuliers et sur tout ce qui touche à la propriété ou à la liberté des personnes. N'y a-t-il pas dans l'action en responsabilité exercée contre les communes, ces caractères qui doivent faire admettre l'intervention de l'autorité judiciaire? Pour les matières de la compétence administrative, elles sont de plusieurs sortes : celles qui sont attribuées aux tribunaux administratifs par un texte formel de loi, celles qui leur sont déférées à raison même de leur nature et les recours pour excès de pouvoir, pour incompétence, pour interprétation des actes administratifs. La seconde classe est la plus importante. Pour que les tribunaux administratifs puissent connaître de ces affaires contentieuses à raison de leur nature, deux conditions sont nécessaires : il faut 1° que la difficulté soit née d'un acte administratif proprement dit ; 2° que la réclamation soit fondée sur la violation d'un droit (1). Or, si dans notre matière, il y a certainement une violation de droit, on ne peut pas dire que la difficulté soit née d'un acte administratif quelconque : il eût donc été contraire aux principes du droit commun d'attribuer aux tribunaux administratifs la connaissance de ces affaires. Ce qui peut faire naître un doute, c'est la disposition du § 3 de l'art. 4 (titre II) de la loi du 28 pluviôse an VIII, qui donne au conseil

(1) Ducrocq, *Cours de droit administratif*, t. I, n° 246.

de préfecture la connaissance des réclamations des particuliers, à raison des dommages qui leur sont causés
par les entrepreneurs de travaux publics ; la compétence est administrative, bien qu'il s'agisse d'un préjudice souffert à l'occasion de l'exécution d'un acte administratif. Mais, comme nous venons de le faire remarquer, parmi les matières attribuées au conseil de préfecture, il en est qui lui sont confiées, non pas à raison de leur nature, mais par un texte formel de loi : si
c'était une application des règles du droit commun,
aurait-il fallu une disposition spéciale, et la précision
de l'art. 4, § 3 du titre II, ne prouve-t-elle pas que ce
texte, en donnant à la juridiction administrative la
connaissance de ces affaires déroge aux principes généraux qui auraient conduit à la compétence judiciaire ?

La demande en réparation doit donc être portée devant le tribunal civil de l'arrondissement dans lequel
la commune est située. Le demandeur peut justifier sa
prétention par tous les moyens de preuve. Une enquête
peut être ouverte sur la demande des parties lésées,
pour prouver les faits allégués, les habitants de la commune poursuivie peuvent être entendus comme té-
moins, sans qu'on puisse dire qu'ils ont déposé dans
leur propre cause ; car, comme le constate un arrêt de
la Cour de Colmar du 15 germinal an XIII (1), leur in-

(1) Colmar, 15 germinal an XIII ; Dalloz, *Répert.*, v° *Commune*, n° 2780.

térêt n'est que secondaire à celui de la commune, parce que c'est la commune, personne civile, distincte de ses habitants, qui est mise en cause. Du reste, comme il s'agit des suites d'un délit qui intéresse l'ordre public, c'est plutôt le droit criminel qu'il faut consulter à cet égard que le Code de procédure civile. Lorsque les faits sont prouvés, le tribunal fixe le montant des dommages-intérêts; le plus souvent, il ordonne une expertise, à l'effet d'apprécier les dégâts pour en déterminer les réparations (1).

Les communes et les parties intéressées peuvent interjeter appel du jugement quand les dommages-intérêts dépassent le taux du dernier ressort. Elles peuvent aussi se pourvoir par voie d'opposition, de requête civile ou de recours en cassation dans les délais ordinaires (2).

Ces recours doivent être exercés par la commune déclarée responsable, car c'est elle qui est condamnée : les habitants entre lesquels les dommages-intérêts sont répartis n'ont pas le droit d'agir en leur nom personnel. Même sous la loi de vendémiaire, ce droit était refusé aux vingt plus forts contribuables qui avaient fait l'avance des dommages-intérêts (3).

Troisième section. — *Prescription de l'action en res-*

______

(1) Colmar, 26 avril 1834 ; D., 37, 1, 257.
(2) Sourdat, *Traité général de la responsabilité*, t. II, n° 1420.
(3) Cass., 12 thermidor an VII ; Devill., 1791, an XII, 1, 231.

ponsabilité. — Après avoir examiné les conditions auxquelles est soumis l'exercice de l'action en responsabilité, les formes |dans lesquelles elle doit être introduite et jugée, nous devons nous demander pendant combien de temps la partie lésée peut l'exercer, par quel laps de temps elle se prescrit. Quand il s'agit d'un délit de droit civil, l'action en réparation que donne l'art. 1382 du Code civil est soumise à la prescription de trente ans, car aucun texte ne déroge à l'art. 2262 du Code civil. Les faits incriminés par la loi pénale donnent lieu à deux actions : l'action publique, pour l'application des peines aux coupables, qui n'appartient qu'aux fonctionnaires auxquels elle est confiée par la loi, et l'action civile ou action en réparation du dommage causé par les crimes ou délits (art. 1er, I. C.). Le système de la loi, relativement à ces deux actions, consiste à les associer l'une à l'autre, de sorte qu'elles naissent et finissent au même instant ; ceci est rationnel, l'action publique et l'action civile ont leur cause dans les mêmes faits, elles doivent avoir la même durée ; dans une bonne législation, il ne faut pas qu'on puisse, par une action civile, remettre en question des faits que la société n'aurait plus le pouvoir de punir. « Le législateur, dit Demolombe (1), a voulu empê- « cher que la révélation de faits délictueux, prévus par « la loi pénale, pût se produire judiciairement, à une

(1) Demolombe, t. XXXI, p. 602.

« époque où la justice se trouverait impuissante à les
« atteindre. » Ainsi s'expliquent les dispositions des
art. 2, 637 et 638 du Code d'instruction criminelle.
L'action civile s'éteint par l'expiration du temps fixé
pour la prescription de l'action publique, c'est-à-dire
par le délai de trois ans s'il s'agit d'un délit de droit
criminel, par le délai de dix ans s'il s'agit d'un fait
qualifié crime par la loi pénale. La même règle s'applique à l'action en responsabilité civile; l'action en dommages-intérêts ne peut plus être exercée contre la personne civilement responsable, lorsqu'elle est éteinte à
l'égard de l'agent direct. Ces deux actions ont leur origine dans les mêmes faits, il serait contraire à l'esprit
de la loi de leur assigner des termes d'existence différents. Ce sont là les règles générales.

Quel est le délai de prescription de l'action en responsabilité communale? Faut-il faire ici l'application
des principes du droit civil; faut-il, au contraire, soumettre cette action aux règles des art. 637 et 638 du
Code d'instruction criminelle, et limiter à trois ou
dix années le temps de la prescription. La question
était vivement discutée avant la loi de 1884. La loi de
vendémiaire avait, disait-on, organisé deux actions
publiques : l'une, dirigée contre les auteurs des crimes
et délits, avait pour but la punition des coupables;
l'autre, exercée par le ministère public contre la commune, tendait à la faire condamner au payement de
l'amende. L'action civile était l'accessoire de cette

deuxième action publique. Or, ces deux voies de recours étaient portées devant le tribunal civil, et comme l'action en recouvrement de l'amende qui pouvait être prononcée contre la commune ne se prescrivait que par trente ans, l'action civile qui en était l'accessoire devait être soumise à la même prescription (1). Cette opinion était généralement rejetée par la jurisprudence (2) et la doctrine (3).

L'intérêt de cette discussion a complètement disparu; l'argument qu'on invoquait, et que nous avons essayé de reproduire, demeure désormais sans fondement par la suppression des dispositions relatives à l'amende. L'action en responsabilité civile ne saurait plus être que l'accessoire de l'action publique qui peut être exercée contre les auteurs directs des crimes ou délits; il n'y a aucune raison de ne pas appliquer les règles des art. 637 et 638 du Code d'instruction criminelle. Il y a une corrélation nécessaire entre les deux actions; elles se prescriront par trois ou dix années, suivant la nature des faits sur lesquels ils seront fondés.

Une question d'une certaine importance s'est présentée dans la pratique. Les crimes ou délits prévus par l'art. 106 de la loi municipale donnent lieu à deux

(1) Merlin, *Répert.*, *pres.*, sect. iii, § 9, n° 2.

(2) Angers, 13 juillet 1850 ; S., 50, 2, 422. Cass., 14 mars 1853; S., 53, 1, 342. Cass., 6 mars 1855; S., 55, 1, 333.

(3) Sourdat, t. II, n° 1425.

actions : une action publique exercée par le ministère public devant les tribunaux de répression, et une action civile qui peut être introduite par la partie lésée devant les tribunaux de répression, accessoirement à l'action publique, ou devant les tribunaux civils. Que la demande en réparation soit intentée devant un tribunal de répression ou devant un tribunal civil, les juges, avant d'admettre la responsabilité communale, doivent se livrer à l'examen des conditions que nous avons déterminées et dont le concours est nécessaire; or, la première de ces conditions est que les faits dommageables doivent être qualifiés crimes ou délits par la loi pénale. Voici la question qui se pose alors : Quel sera le délai de la prescription, si les faits, qualifiés *crimes* par le tribunal civil saisi de la demande en réparation, ne sont considérés que comme des *délits* par le tribunal correctionnel? L'action en responsabilité se prescrira-t-elle par trois ou dix années? L'hypothèse s'est déjà présentée, et la Cour de cassation (1) a décidé que l'action en responsabilité, ouverte par la loi de l'an IV contre les communes, à raison des dévastations commises sur leur territoire, ne se prescrivait que par dix ans, si les faits qui y avaient donné lieu étaient qualifiés *crimes* par la juridiction civile saisie de l'action en dommages-intérêts, alors même que les individus poursuivis à raison de ces faits auraient été,

______

(1) Cass., 28 février 1853 ; S., 53, 1, 330.

comme prévenus de simples délits, renvoyés en police correctionnelle et condamnés à des peines correctionnelles. Le 28 mars 1855, la Cour de Colmar (1) rendait un arrêt dans le même sens.

Cette hypothèse semble invraisemblable, lorsqu'on tient compte des termes de l'art. 3 du Code d'instruction criminelle et des motifs qui ont inspiré cette disposition. En effet, la règle qu'elle consacre, et qu'on exprime en disant que *le criminel tient le civil en état*, a pour but d'éviter que deux juridictions, saisies de deux actions, distinctes sans doute, mais nées d'un même fait, ne prononcent des jugements contradictoires.

Cependant, cette règle ne doit pas recevoir son application dans notre matière, et, alors même que le ministère public dirigerait ses poursuites contre les auteurs des crimes et délits, l'action en responsabilité exercée contre la commune devrait suivre son cours, car ce sont deux actions distinctes qui ne mettent pas en cause les mêmes personnes. Il ne faut donc pas s'étonner de rencontrer sur ce point des décisions contradictoires de deux tribunaux. Le tribunal civil saisi d'une demande en responsabilité apprécie les dommages qui ont été causés, les circonstances qui les ont accompagnés, et les qualifie d'après ces données, sans s'occuper des actes isolés de tel ou tel auteur des dé-

(1) Colmar, 28 mars 1855 ; S., 55, 2, 385.

sordres. Au contraire, la chambre des mises en accu-
sation statue sur des faits isolés, personnels à chacun
des individus alors poursuivis; si elle les qualifie de
simples délits et renvoie les prévenus devant les tribunaux correctionnels, faut-il dire que cette décision
rendue contre *quelques-uns des auteurs des troubles* a un
caractère général, et doit déterminer la nature des
actes qui ont été commis par les *attroupements entiers*?
De ce que quelques prévenus ont été condamnés à des
peines correctionnelles, faut-il en conclure que les pillages et les dévastations commis dans la commune ne
constituent que des délits? Ce serait une déduction
singulièrement abusive, et qui serait toujours inexacte,
car, si considérable que soit le nombre des fauteurs de
troubles qu'on a mis en cause, on n'arrivera pas à
prouver qu'on les a tous fait comparaître. Il n'y a
donc nulle impossibilité que les faits soient qualifiés
crimes par le tribunal civil, *délits* par le tribunal correctionnel; les appréciations des juges peuvent être contradictoires et parfaitement logiques.

Cependant ce système a été critiqué par certains
auteurs (1). « *Le fait collectif*, dit Carette, peut-il avoir
« un autre caractère que les *faits individuels* dont il se
« compose? Sans doute aussi, tout pillage, tout dégât
« de denrées ou marchandises est un *crime*, aux ter-
« mes de l'art. 440 du Code pénal, s'il a été commis

_____

(1) Carette, S., 55, 1, 330, note.

« en réunion ou bande et à force ouverte. Mais ce
« crime sans criminel, où est-il, si personne n'en a été
« reconnu coupable, si personne même n'en a été
« accusé ? »

Non, le fait collectif n'a pas d'autre caractère que
les faits individuels dont il se compose; non, il n'y a
pas de crime sans criminel ; mais, l'action en responsabilité civile sur laquelle le tribunal civil doit statuer
n'est pas indissolublement liée à l'action publique que
le ministère public exerce au nom de la société. Si on
ne découvre que certains auteurs des attroupements,
à la charge desquels on ne relève que des faits que la
loi punit de peines correctionnelles, dira-t-on que le
fait collectif qu'on reproche à la commune n'a qu'un
caractère délictueux ? Allons plus loin, et pour tirer
les dernières conséquences de cette idée, nous dirons
que si on ne découvre pas les auteurs et complices des
attroupements, la commune sera irresponsable, parce
qu'il n'y a pas de crime sans criminel ! Nous croyons
que non seulement il n'y a pas un lien indissoluble
entre l'action en responsabilité et l'action publique,
mais il n'y a pas de rapport entre ces deux modes de
poursuite. La loi déclare la commune responsable,
lorsque les attentats dont elle lui impose la réparation
présentent certains caractères qu'elle détermine: le
juge se borne à examiner si ces conditions sont remplies. Nous admettons donc que la juridiction civile,
saisie de l'action en dommages-intérêts, peut qualifier

crimes des faits à l'occasion desquels certaines personnes, poursuivies pour y avoir participé, ne seraient
condamnées qu'à des peines correctionnelles. Dans ce
cas, à quel délai doit-on soumettre la prescription de
l'action en responsabilité dirigée contre la commune?
Nous croyons que la prescription sera triennale; nous
n'admettons pas le délai de dix ans pour les mêmes
motifs qui nous ont fait exclure la prescription trente-
naire; il ne serait pas bon qu'on pût remettre en question des crimes dont le ministère public ne pourrait
plus poursuivre la répression. En outre, cette action
en responsabilité communale a pour conséquence
presque inévitable l'action récursoire de la commune
contre les auteurs et complices des désordres : si l'action publique est prescrite au bout de trois ans, l'action récursoire devient impossible après ce temps. Ce
motif seul nous paraîtrait suffisant pour faire admettre
la prescription triennale.

L'exercice de l'action en responsabilité devant le
tribunal civil a pour effet d'interrompre la prescription.
Mais, cet effet n'est produit qu'autant que l'instance
est introduite d'une manière régulière, conformément
aux règles tracées au chapitre II du titre IV de la loi
du 5 avril 1884. Du reste, aux termes de l'art. 124 de
cette loi, la présentation du mémoire exigé de toute
personne qui intente une action contre une commune
suffit à interrompre la prescription, si elle est suivie
d'une demande en justice dans le délai de trois mois.

Tout acte d'instruction, toute poursuite dirigée par le ministère public contre les auteurs et complices des désordres qui donnent lieu à l'action en responsabilité interrompent la prescription. Les procès-verbaux dressés par les officiers municipaux ou par les officiers de police pour la constatation des crimes et délits sont des actes d'instruction qui rentrent dans les termes de l'art. 637 du Code d'instruction criminelle.

Quatrième section. — *Mode d'exécution des condamnations prononcées contre les communes responsables.* — L'art. 106, § 2, que nous avons déjà rencontré, porte que « les dommages-intérêts dont la commune est responsable, sont répartis entre tous les habitants domiciliés dans ladite commune, en vertu d'un rôle spécial comprenant les quatre contributions directes. » Cette disposition remplace les art. 8, 9, 10, 11 et 12 du titre V de la loi de vendémiaire qui avaient établi un mode particulier de recouvrement et de répartition des indemnités.

L'art. 8 fixait un délai de dix jours pour le versement du montant des dommages-intérêts, et la commune était tenue de cette obligation malgré l'appel. Aujourd'hui, aux termes de l'art. 548 du Code de procédure civile, les jugements prononcés contre les communes ne sont exécutoires, même après les délais de l'opposition ou de l'appel, que sur le certificat de l'avoué de la partie poursuivante, contenant la date de la signification du jugement faite à la personne ou au domicile du maire, et sur l'attestation du greffier constatant qu'il n'existe contre le jugement ni opposition ni appel.

Au lieu d'imposer aux vingt plus forts contribuables de la commune l'avance du montant des dommages-intérêts, l'art. 106 fait supporter cette charge à la commune elle-même; mais, comme nous avons eu l'occasion de le constater, cette somme est ensuite répartie entre les habitants domiciliés en vertu d'un rôle comprenant les quatre contributions directes.

Aux termes des art. 11 et 12 du titre V, le préfet devait, à défaut de payement dans les dix jours, requérir une force armée suffisante et l'établir dans les communes contribuables avec un commissaire pour opérer le versement de la contribution; les frais du commissaire du département et de séjour de la force armée étaient ajoutés au montant des condamnations prononcées et supportées par la commune contribuable. Le législateur de 1884 n'a pas reproduit ces dispositions.

L'exécution des condamnations reste administrative; les règles du Code de procédure civile relatives aux saisies sont inapplicables aux communes. Le payement ne peut se faire qu'en se conformant aux règles de la comptabilité publique : le maire doit inscrire la dépense au budget, sur la demande du créancier, car il s'agit d'une dépense obligatoire (art 136, n° 17). Si le conseil municipal vote le crédit, le maire ordonnance le montant des condamnations (art. 90 et 152); s'il refuse de le faire, il est prononcé par le préfet en conseil de préfecture, et l'arrêté du préfet tient lieu de mandat du maire (art. 152, § 2). Le conseil municipal peut refuser d'inscrire la dépense au budget; le décret du président de la République ou l'arrêté du préfet qui règle le budget doit inscrire d'office cette dépense qui est obligatoire (art. 148). En cas de refus du préfet, le créancier a son recours devant le ministre de l'intérieur et devant le Conseil d'État. L'inscription d'office sera généralement accompagnée d'une imposition d'office (1) (art. 149, § 5) ou d'une vente de biens mobiliers ou immobiliers si la commune n'a pas de fonds libres.

CONCLUSION

La loi du 10 vendémiaire an IV était empreinte des préoccupations qui avaient guidé le législateur de l'époque; rendue dans une période de troubles poli-

______

(1) Le maximum est fixé depuis longtemps par les lois annuelles de finances à dix centimes pour les dettes exigibles ordinaires, et à vingt centimes pour l'exécution de condamnations judiciaires (Loi de finances du 3 juillet 1846, art. 2; loi de finances du 14 août 1884, art. 11). — Laferrière, *Traité de la juridiction admin.*, t. I, p. 308.

tiques que le gouvernement ne se sentait plus en mesure de réprimer, elle avait eu pour but de faire cesser
les désordres. Après avoir posé le principe de la responsabilité collective des communes, le législateur
s'occupait de le mettre en œuvre, et, à cet effet, il
édictait des mesures précises dont la rigueur tendait à
mieux en assurer l'exécution ; il ne fallait pas moins, à
cette époque de notre histoire attristée par des événements si malheureux. Mais, si les dispositions de la loi
de vendémiaire étaient nécessaires pour atteindre le
but qu'on s'était proposé, elles étaient excessives en
des temps ordinaires. Aussi, bien que cette loi ait été
en vigueur jusqu'en 1884, bon nombre de ses dispositions étaient tombées en désuétude : l'art. 9 du titre IV,
qui rendait les habitants d'une commune responsables, lorsque des cultivateurs tenaient leurs voitures
démontées ou n'exécutaient pas les réquisitions qui
leur en étaient faites légalement pour transports et
charrois, l'art. 10 et l'art. 12 du même titre, qui con-
tenaient des mesures non moins vexatoires, n'étaient
plus appliqués, ainsi que le constatait déjà, en 1836,
le procureur général Dupin, dans les conclusions qu'il
déposa relativement à l'application de la loi de vendémiaire à la ville de Paris : « Cette loi porte, en plu-
« sieurs de ses dispositions, le cachet de la situation
« et des événements révolutionnaires qui l'ont fait
« naître. Quelques-uns de ses articles sont évidem-
« ment poussés jusqu'à une injuste exagération contre

« les communes, et implicitement abrogés aujour-
« d'hui tant par le bon usage que par le changement
« de situation. Tel est l'art. 10 du titre IV, d'après le-
« quel..... Qui oserait prétendre qu'un tel article fût
« encore applicable aujourd'hui ? Tels sont aussi les
« art. 9 et 12 du même titre » (1). Pour la fixation des
dommages-intérêts, les tribunaux tendaient à s'éloi-
gner de plus en plus des données que leur imposait la
loi de l'an IV, cherchant à proportionner l'indemnité
au préjudice causé; l'amende au profit de l'Etat
n'était plus prononcée; la prescription de l'art. 5 du
titre V qui fixait un délai de dix jours pour le règle-
ment des dommages-intérêts, l'obligation pour les
vingt plus forts contribuables d'en verser le montant
n'étaient plus observées; ces règles rigoureuses n'a-
vaient pas survécu aux événements politiques qui les
avaient motivées.

Cet aperçu rapide de l'état de la jurisprudence, sur
l'application de la loi de vendémiaire, suffit à montrer
que les innovations de la loi du 5 avril 1884 ne sont pas
considérables. La loi nouvelle a consacré législative-
ment des situations qu'on pouvait considérer comme
définitivement acquises dans la pratique, elle a fait
disparaître certaines dispositions qui n'avaient plus
qu'un intérêt historique; on doit lui rendre grâce
d'avoir déblayé le terrain de la législation de ces dé-

______

(1) Dalloz, *Répert.*, v° *Commune*, n° 2657.

tails inutiles qui ne pouvaient qu'embarrasser le juge.
Mais le législateur de 1884 ne s'en est pas tenu là : il a
tranché des questions vivement discutées dans la jurisprudence et la doctrine. Obéissant à des considérations de justice et d'équité, il a permis aux communes
de s'exonérer de la charge qu'il leur imposait à des
conditions moins rigoureuses que celles auxquelles les
soumettait la loi de l'an IV. A la disposition incertaine
de l'art. 9 du titre V, relative à la répartition et à la
perception des sommes avancées par la commune, il a
substitué le texte précis de l'art. 106, § 2, faisant ainsi
disparaître les différents systèmes qu'on avait imaginés
pour arriver à une répartition équitable des dommages-
intérêts. L'art. 3 du titre IV de la loi de vendémiaire,
prévoyant le cas où les attroupements seraient composés d'habitants de plusieurs communes, les déclarait toutes responsables, sans fixer une base de répartition : les difficultés qu'avait fait naître ce défaut de
précision cessent désormais de se produire ; l'art. 107
a donné aux tribunaux pleins pouvoirs pour déterminer la proportion dans laquelle chaque commune est
obligée. L'art. 5 du titre IV qui permettait à une commune de se soustraire à la responsabilité avait donné
lieu à de vives controverses : des auteurs et des Cours
d'appel admettaient qu'il suffisait que la commune eût
pris toutes les mesures qui étaient en son pouvoir à
l'effet de prévenir les troubles, d'autres exigeaient une
deuxième condition, que les attroupements eussent

été formés d'individus étrangers à la commune sur le territoire de laquelle les délits avaient été commis. L'art. 108-1° supprime cette deuxième condition; il décide encore que le principe de la responsabilité communale est inapplicable à Paris, à Lyon et aux communes où la municipalité n'a pas la disposition de la police locale ni de la force armée. Ajoutons, pour terminer ce rapprochement, que tandis que l'art. 4 du titre IV accordait aux habitants de la commune une action récursoire contre les auteurs et complices des attroupements, l'art. 109 ne donne ce recours qu'à la commune elle-même.

En détruisant le monument délabré de la loi de vendémiaire, le législateur de 1884 a fait disparaître un grand nombre de dispositions inutiles et a tranché de grandes controverses qui divisaient les esprits les plus éclairés; il a maintenu le principe de la responsabilité des communes, mais il l'a tempéré par des exceptions légitimes, il lui a enlevé le caractère trop rigoureux que lui avait donné la loi de l'an IV, et que nos meilleurs jurisconsultes lui reprochaient. Cependant son œuvre n'est pas parfaite; nous avons rencontré dans notre étude certains points très discutés sous la législation ancienne et sur lesquels l'incertitude plane encore; que faut-il entendre par attroupements? Les communes sont-elles responsables des dommages résultant des mesures prises par la force publique pour rétablir l'ordre? Est-il nécessaire que la commune ait pris toutes les mesures qui étaient en son pouvoir à l'effet de *prévenir* les attroupements, pour qu'il lui soit permis d'invoquer l'exception de l'art. 108-1°? Les étrangers ont-ils le droit d'exercer l'action en responsabilité? Autant de questions qui n'ont pas été résolues et sur lesquelles la jurisprudence et la doctrine hésiteront comme par le passé.

Nous adresserons à la loi de 1884 une critique beaucoup plus grave. La loi de vendémiaire donnait au ministère public le droit, elle lui faisait même un devoir d'agir directement, dans l'intérêt de la partie lésée, contre la commune responsable : elle donnait aux victimes des attentats commis par les attroupements un défenseur capable de les protéger et de leur faire obtenir les réparations auxquelles la crainte des inimitiés locales les aurait forcées à renoncer. Le législateur de 1884 n'a pas reproduit cette disposition; depuis longtemps déjà elle n'était plus appliquée, on laissait aux parties intéressées le soin de se faire rendre justice. Cependant, il faut reconnaître que les motifs qui avaient fait édicter cette mesure existent encore de nos jours; souvent, les parties lésées n'oseront pas user du droit qui leur appartient de réclamer la réparation des dommages qui leur ont été causés, pour ne pas exciter contre elles la haine de leurs concitoyens. Au mois de juillet 1884 des troubles éclatèrent à Alger; des attroupements mirent au pillage des magasins et causèrent des dégâts importants. Les victimes de ces désordres n'ont pas réclamé d'indemnité à la ville d'Alger et la raison pour laquelle elles s'en sont abstenues n'est pas douteuse : elles ont craint d'éveiller dans l'esprit des populations des sentiments hostiles et de les pousser aux violences dont elles avaient déjà souffert. N'eût-il pas été juste que le ministère public vînt à leur secours et leur fît obtenir les réparations qui leur étaient dues ?

TITRE II

**Responsabilité civile des communes pour faits de guerre ou
réquisitions de guerre.**

En traitant dans le titre précédent des exceptions
que la loi apporte au principe de l'art. 106 de la loi
du 5 avril 1884, nous en avons rencontré une qui,
bien que nouvelle dans la législation, avait toujours
été reconnue, celle de l'art. 108-3° : « Les dispositions
des art. 106 et 107 ne sont pas applicables lorsque les
dommages causés sont le résultat d'un fait de guerre. »
Nous avons eu l'occasion de nous expliquer sur cette
disposition et les motifs qui la justifient : la responsabilité communale reposant sur une présomption de
faute établie par la loi à la charge des autorités municipales et des habitants, il est logique d'en exonérer
la commune, toutes les fois que cette présomption de
faute disparaît ; or, en cas de guerre étrangère, la commune est-elle en mesure d'opposer une résistance aux
armées ennemies, de mettre une barrière à la haine
destructive des envahisseurs ? Ce serait imprudent. Les
faits de guerre sont des événements de force majeure

qui ne doivent être mis à la charge ni des communes, ni de l'État (1). Mais, si la commune n'est pas responsable des actes de dévastation et de pillage commis en temps de guerre, elle peut être tenue vis-à-vis de ceux de ses habitants qui ont satisfait seuls aux réquisitions faites par l'armée ennemie.

Si l'ennemi s'empare par violence de vivres et denrées appartenant à quelques habitants, ces actes constituent des faits de guerre dont la commune n'est pas responsable. Mais, lorsque les autorités municipales ont donné à ces particuliers, détenteurs des objets réquisitionnés, l'ordre de les délivrer, cette contribution imposée à toute la commune ne saurait être supportée par eux seuls : « Attendu, porte un arrêt de la Cour « de cassation du 2 juin 1874 (2) que, dans les rapports « du maire et du sieur X..., les réquisitions ont établi « les droits et les obligations qui naissent d'*un mandat* « *régulièrement accepté*, et engendre au profit du « sieur X..., une créance que la caisse municipale doit « acquitter. »

Il n'est pas nécessaire, pour que la commune soit engagée, que l'ordre ait été donné régulièrement et expressément par le maire ; la responsabilité est assumée même si les réquisitions ont été adressées par les chefs de l'armée ennemie. Mais la commune n'est en-

____

(1) Conseil d'État, 11 février 1824 (aff. Moget).

(2) Cass., 2 juin 1874 ; S., 74, 1, 293. Cass., 25 mars 1874 ; S., 74, 1, 265.

gagée qu'autant que les personnes réquisitionnées lui ont fourni le moyen d'acquitter une charge qui lui était imposée, et qu'elles n'ont pas exécuté une obligation personnelle (1). Ainsi il a été décidé qu'une commune était responsable de la prise de possession par l'ennemi de pailles appartenant à un fournisseur, lorsque cette prise de possession, ayant eu lieu en vertu d'une réquisition adressée au propriétaire, n'avait pas constitué un fait de guerre ou de pillage (2).

L'habitant réquisitionné n'a droit à une indemnité que s'il a agi sur l'ordre du maire, ou si, obéissant aux autorités ennemies, il a fait un acte de gestion d'affaires, dans l'intérêt et pour le compte de la généralité des habitants : il a été jugé qu'un habitant qui avait livré des fourrages aux soldats de l'armée ennemie campés dans une autre commune où ils les avaient emportés, n'avait aucun recours contre cette commune, car on ne pouvait pas dire que les fourrages avaient été requis et fournis pour le compte de cette commune et qu'elle en avait profité (3).

Toutes ces décisions de jurisprudence se fondent sur les articles du Code civil relatifs au mandat (articles 1998, 1999 et 2000, C. civ.) et à la gestion d'affaires ; mais elles puisent surtout leur autorité dans des

(1) Cass., 12 avril 1880 ; S., 81, 1. 67. 17 novembre 1880; S., 81, 1, 127 ; 7 février 1882 ; S., 82, 1, 159.

(2) Cass., 15 mars 1882 ; S., 82, 1, 270.

(3) Cass., 23 mai 1881 ; S., 82, 1, 62.

motifs de justice et d'équité. A côté des grands malheurs qui forment le cortège nécessaire de la guerre, en dehors des pillages et dévastations qui en sont la suite, l'invasion étrangère entraîne des charges qui, bien qu'imposées par la force, ont acquis par la coutume un caractère de légalité. Les usages de la guerre ont attribué aux armées envahissantes le droit de s'approvisionner sur le pays occupé, au moyen de réquisitions, des objets nécessaires à l'entretien et au service des troupes. Ces charges doivent être supportées par la commune tout entière, car elles sont la rançon du vaincu au vainqueur ; c'est le mode de libération des communes envahies par les armées ennemies qui consentent à ne pas se procurer elles-mêmes les approvisionnements qui leur sont nécessaires, pourvu qu'on satisfasse à leurs réquisitions. « En assurant, dit « M. Sourdat (1), la répartition de ces charges excep-« tionnelles, entre les membres d'une même commu-« nauté d'habitants, elle (la jurisprudence) constitue « une application très opportune des principes du « droit des gens moderne, qui répudie les pillages et « extorsions de la propriété privée ». La commune, mise en demeure de satisfaire aux réquisitions qui lui sont faites par l'armée ennemie, s'adresse aux personnes qui, par la nature de leur commerce, l'objet de leur industrie, sont en mesure de faire face immédiate-

______

(1) Sourdat, t. II, n° 1370 *bis*.

ment à ces exigences. Il ne serait pas équitable de laisser supporter définitivement à ces personnes une charge qui était imposée à la commune entière. Leur situation particulière dont tous ont profité ne saurait être retournée contre elles et devenir la cause de leur ruine. Répétons-le, ces charges ne frappent pas individuellement les habitants possesseurs des objets réquisitionnés, et lorsque ces habitants, sur l'ordre du maire ou des chefs de l'armée ennemie, ont remis les choses qui leur étaient réclamées, ils doivent avoir un recours contre la commune qu'ils ont libérée.

TITRE III

Responsabilité civile des communes en cas d'incendie.

Il ne s'agit pas ici de la responsabilité que fait encourir à la commune l'incendie causé par des attroupements; cet acte constitue un des crimes prévus par l'art. 106 de la loi municipale. La question qui doit nous occuper est tout autre; nous devons examiner certaines hypothèses dans lesquelles la commune est tenue vis-à-vis de personnes auxquelles elle a causé un préjudice en prenant les mesures propres à l'extinction d'un incendie.

L'art. 97 de la loi du 5 avril 1884, qui est relatif aux pouvoirs de police du maire, énumère au nombre de ses attributions : « 6° le soin de prévenir, par des précautions convenables, et celui de faire cesser, par la distribution des secours nécessaires, les accidents et fléaux calamiteux, tels que les incendies..... » Quand un incendie s'est déclaré, le maire doit se rendre sur les lieux pour organiser et diriger les secours : la loi ne limite pas ses pouvoirs, il peut prendre telle mesure qu'il juge convenable, donner les ordres que la

situation lui semble comporter. Cependant, il en est
de cette attribution comme de beaucoup d'autres ; le
maire a surtout un droit de surveillance, les détails de
l'exécution sont confiés aux agents compétents qui
sont placés sous ses ordres. Ceci explique l'art. 20 du
décret du 29 décembre 1875 relatif à l'organisation et
au service des corps de sapeurs-pompiers : « En cas
d'incendie, la direction et l'organisation des secours
appartiennent exclusivement à l'officier commandant
ou au sapeur-pompier le plus élevé en grade, qui
donne seul des ordres aux travailleurs. L'autorité locale conserve ses droits pour le maintien de l'ordre
pendant le sinistre. » Cette disposition détermine
d'une manière précise les attributions des sapeurs-
pompiers, parce que le danger que présentent les incendies exige cette réglementation ; mais il ne faudrait
pas y voir une dérogation au droit de police supérieur
et général dont le maire est investi. Comme nous l'a-
vons dit au début de notre étude, parmi les attributions du maire, il en est certaines qui supposent des
connaissances techniques et qui sont confiées à des
agents spéciaux placés sous la surveillance et sous
l'autorité du maire ; l'art. 20 du décret de 1875 a fait
application de ce principe, il n'y a pas dérogé. Le
maire peut requérir le concours de tous les citoyens ;
l'art. 475, n° 12 du Code pénal punit d'une amende,
depuis 6 francs jusqu'à 10 francs inclusivement,
« ceux qui, le pouvant, auront refusé ou négligé de

faire les travaux, le service, ou de prêter le secours dont ils auront été requis, dans les circonstances d'accidents, tumultes, naufrage, inondation, incendie.... » La loi n'a pas tracé les pouvoirs du maire ; elle ne le pouvait pas sans risquer d'entraver son action. Le maire prendra donc toutes les mesures que lui dicteront les circonstances, pour éteindre le feu avec les moyens dont il dispose ; il devra, si ses efforts sont vains, tenter de restreindre le foyer de l'incendie, en faisant abattre les maisons directement menacées, afin d'éviter que les flammes ne s'étendent et prennent des proportions trop considérables. Le maire peut prendre de l'eau où il en trouve, au risque de faire chômer une usine, de détruire une industrie ; il peut faire enlever la toiture d'un bâtiment, pénétrer dans les habitations à l'abri des atteintes du feu, si leur situation est plus favorable pour le jet des pompes. Mais, tous ces actes qui sont légitimés par la nécessité, s'ils n'engagent pas la responsabilité personnelle du maire, font naître à la charge de la commune l'obligation de réparer les dommages qui, dans la promptitude des secours, ont été causés aux maisons qui étaient à l'abri des flammes.

Nous allons examiner les cas dans lesquels la commune est responsable, les personnes envers lesquelles elle est obligée et l'étendue de son obligation, le recours qui lui est ouvert contre ceux qu'elle a secourus.

§ 1. *Dans quels cas la commune est-elle responsable?* — La commune est responsable lorsque le maire, en vue de combattre un incendie, a imposé à une propriété qui était à l'abri des atteintes du feu des sacrifices d'où il est résulté des dommages pour elle (Cass., 15 janvier 1866) (1) ; c'est là le principe, nous verrons qu'il comporte une extension. Plusieurs conditions sont nécessaires, il faut : 1° que des dommages aient été causés à des personnes ou à des propriétés ; 2° à des propriétés qui étaient à l'abri des atteintes du feu ; 3° en exécution d'actes ordonnés par le maire.

1° Il faut que des dommages aient été causés à des personnes ou des propriétés. C'est la condition essentielle de la responsabilité de la commune. Peu importe, du reste, la nature du préjudice souffert ; la commune est tenue de réparer toutes les dégradations faites aux bâtiments, telles que l'enlèvement d'une toiture et autres détériorations. Il a été jugé qu'une commune était tenue d'indemniser le propriétaire d'un parc à huîtres, à raison de la perte des huîtres occasionnée par la prise d'eau nécessaire pour l'extinction d'un incendie (2). Une commune serait responsable si les sapeurs-pompiers avaient brisé la porte d'une propriété, pour se procurer l'eau nécessaire à l'alimentation de leurs pompes (3).

(1) Cass., 15 janvier 1866 ; S., 66, 1, 51.
(2) Même arrêt.
(3) Cass., 3 janvier 1883 ; S., 83, 1, 348.

2° Il faut que les dommages aient été causés à des propriétés à l'abri des atteintes du feu. Cette condition sur laquelle reposent toutes les décisions de jurisprudence qui ont été rendues en cette matière, est de nature à soulever de graves difficultés; il est peu de propriétaires qui ne soient tentés de prétendre que leurs immeubles ne couraient aucun danger, et que les détériorations qui y ont été faites n'ont eu d'autre but que de favoriser l'extinction de l'incendie qui dévorait un bâtiment voisin. Ce sont là des questions de fait abandonnées à l'appréciation souveraine des tribunaux. Si cette condition est établie, la commune est tenue de réparer le dommage souffert par un seul habitant dans l'intérêt de l'association communale. A diverses époques, la Cour de cassation s'est prononcée en ce sens (2); tous ses arrêts subordonnent la responsabilité de la commune à cette condition, c'est que les propriétés dégradées aient été placées hors des atteintes du feu. Mais, lorsque les détériorations ont été subies par un immeuble contigu à celui dans lequel l'incendie a éclaté, aucune indemnité n'est due par la commune au propriétaire, parce que, dans ce cas, les mesures exécutées ont eu pour objet la préservation du bâtiment contigu; le propriétaire atteint ou menacé ne saurait donc se plaindre de dégradations dont il a pro-

(2) Cass., ch. civ., 9 janvier 1866 ; S., 66, 1, 49. Ch. civ., 15 janvier 1866 ; S., 66, 1, 51. Req., 3 janvier 1883 ; S., 83, 1, 348. Ch. civ., 1er juin 1886 ; S., 86, 1, 253.

fité (Cass., 1er juin 1886). Peu importe, du reste, qu'il s'agisse d'une propriété bâtie ou d'un champ dont la récolte était sur pied, d'immeubles ou de meubles.

3° Il faut que les dommages aient été causés en exécution des ordres donnés par le maire. La commune ne peut être responsable que des actes de ses agents. Cependant la commune serait encore engagée, si les dommages avaient été occasionnés en exécution des ordres donnés par l'officier ou le sapeur-pompier le plus élevé en grade. En effet, si le maire est présent sur le lieu du sinistre, les actes qui sont faits en sa présence sont censés l'avoir été de son consentement; s'il ne s'est pas rendu sur les lieux, les pompiers, agissant en vertu de l'art. 20 du décret du 29 décembre 1875, sont les agents de la commune dont ils servent l'intérêt collectif, en remplissant la mission d'utilité publique dont la loi les a investis. C'est ce qu'a décidé la Cour de cassation dans son arrêt du 3 janvier 1883 (1). La Cour suprême a donné la même solution, lorsque les dégâts ont été occasionnés par des pompiers qui, n'appartenant pas à la commune sur le territoire de laquelle l'incendie a éclaté, y ont été momentanément appelés; on peut dire qu'ils agissent, dans l'ordre de leur service, comme représentants ou agents de la commune qui les emploie (Cass., 3 mars 1880; S., 80, 1, 219; 3 janvier 1883). Nous allons plus loin encore et nous

(1) Cass., 3 janvier 1883; S., 83, 1, 348.

admettons que si les pompiers d'une commune voisine s'étaient rendus sur le lieu du sinistre sans en avoir été requis, les dégâts qui auraient été causés aux propriétés à l'abri des flammes engageraient la localité qu'ils seraient venus secourir. Les secours à donner aux incendiés constituent une dette de la commune vis-à-vis de ses habitants; si cette dette a été acquittée par la personne dont l'habitation a servi dans les opérations de sauvetage, n'est-il pas naturel de l'indemniser?

§ 2. *Personnes envers lesquelles la commune est obligée.* - En cas d'incendie, le maire a le droit de requérir le concours de tous les citoyens: l'art. 475, n° 12, du Code pénal punit, d'une amende de 6 à 10 francs ceux qui refusent leur assistance en cette occasion. Si ces personnes étaient blessées, une indemnité leur serait due; en cas de mort, leurs veuves ou leurs enfants auraient droit à un secours.

La commune peut encore être obligée envers les personnes qui, habitant les immeubles voisins du lieu de l'incendie, auraient eu à souffrir des actes d'imprudence des pompiers ou des citoyens agissant sous la direction du maire. Mais les personnes les plus exposées sont les sapeurs-pompiers que leur devoir appelle à l'endroit du danger, et qui succombent souvent victimes de leur dévouement.

Enfin, la commune est responsable à l'égard des propriétaires des bâtiments voisins du lieu du sinistre, et qui étaient à l'abri des atteintes du feu, à raison des dégradations qui y ont été commises.

§ 3. *Étendue de la responsabilité de la commune.* — Pour les deux premières catégories de personnes qui ont droit à une indemnité, les tribunaux doivent appliquer les art. 1382 et 1383, en tenant compte des fautes commises par les personnes blessées et des circonstances dans lesquelles les malheurs sont arrivés.

Quant aux sapeurs-pompiers, l'art. 6 du décret du 29 décembre 1875 dispose que toute commune qui veut obtenir l'autorisation de former un corps de sapeurs-pompiers doit s'engager à subvenir, pendant une période minimum de cinq ans, aux dépenses énumérées par l'art. 29. Parmi ces dépenses, l'art. 29, § 8, mentionne les secours ou pensions alloués aux sapeurs-pompiers victimes de leur dévouement, ainsi qu'à leurs veuves et à leurs enfants, conformément aux dispositions de la loi du 5 avril 1851. Cette loi règle le mode de fixation et de liquidation des secours ou pensions.

Pour l'indemnité due à raison des dommages causés aux propriétés, les tribunaux en déterminent le montant.

§ 4. *Recours de la commune responsable contre les personnes qu'elle a secourues.* — Les secours qui, en cas d'incendie, sont fournis par les autorités municipales, sont une dette de la commune vis-à-vis de ses habitants, et les dépenses en restent dès lors à la charge de celle-là (Cass., 3 mars 1880 ; S., 80, 1, 219). (Lois des 16-24 août 1790, titre XI, art. 3, § 5 ; du 11 frimaire an VII, art. 4, § 9 ; 12 messidor an VIII, art. 24 et 43 ; 5 avril 1884, art. 97). Ce point n'est pas contesté ; il a été jugé qu'on ne pouvait pas réclamer à l'incendié le prix de l'eau employée à l'extinction de l'incendie (Cass., 9 janvier 1866 ; 3 mars 1880) (1). Ces deux arrêts déclarent que l'art. 4, § 9, de la loi du 11 frimaire an VII, en rangeant les frais relatifs aux incendies dans la classe des dépenses communales, leur a imprimé, à l'égard des administrés secourus, un caractère de complète gratuité. L'autorité municipale, en donnant ces secours, fait moins l'affaire de l'incendié que celle des habitants dont les propriétés pourraient être atteintes par le feu, si les progrès n'en étaient pas arrêtés. L'incendié n'est donc tenu d'aucune indemnité, alors même que, en cas d'insuffisance des moyens dont la commune dispose, on ait dû requérir le concours de pompiers appartenant aux communes voisines, car ces pompiers, en venant au secours des sinistrés n'ont fait qu'acquitter, vis-à-vis de ceux-ci, la dette de la commune où l'incendie a éclaté (Cass., 3 mars 1880).

Mais la jurisprudence, en consacrant ce principe, excepte de son application le cas où une faute aurait

(1) Cass., 9 janvier 1866 ; S., 66, 1, 49. Cass., 3 mars 1880 ; S., 80, 1, 219.

été commise par l'incendié et prouvée contre lui (**Cass.**, 9 janvier 1866, 15 janvier 1866, 3 mars 1880). Une difficulté se présente ici : l'art. 1733 du Code civil qui déclare le locataire responsable de l'incendie, « à moins qu'il ne prouve que cet incendie est arrivé par cas fortuit, force majeure ou vice de construction », doit-il s'appliquer à notre matière? Nous ne le croyons pas : l'art. 1733, en imposant au locataire l'obligation de prouver que l'incendie a eu lieu par suite d'un fait dont il n'est pas responsable, est conforme aux règles du droit commun ; le bailleur, en rapportant la preuve du contrat de louage, établit son droit à la restitution de sa maison, il appartient au locateur de prouver le cas fortuit. Dans les rapports de la commune et de l'incendié, il faut aussi appliquer les règles ordinaires en matière de preuve ; la commune invoque un droit qui n'a d'autre fondement que la faute de l'incendié, elle doit prouver cette faute pour établir la légitimité de sa prétention. Du reste, il a été jugé que la présomption de faute établie par l'art. 1733 n'avait d'effet que dans les rapports de locataire à propriétaire ; il a été décidé notamment qu'elle n'avait pas lieu entre propriétaires voisins (Cass., 1er juillet 1834 ; S., 34, 1, 559. Limoges, 23 novembre 1838 ; S., 39, 2, 405).

Il est une question d'une autre nature qui se pose en cette matière : l'art. 1733, en établissant une présomption de faute à la charge du locataire auquel il impose la preuve de sa non culpabilité, est conforme aux principes du droit commun ; mais l'art. 1733 s'écarte des règles ordinaires, en ce que le locataire ne peut échapper à la responsabilité qui pèse sur lui qu'en prouvant l'un de ces trois faits : 1° que l'incendie est arrivé par cas fortuit ou force majeure ; 2° qu'il résulte d'un vice de construction ; 3° ou que le feu a été communiqué par une maison voisine. D'après les règles ordinaires du droit, le débiteur d'un corps certain est libéré par la seule preuve que la chose a péri sans sa faute (art. 1147, C. civ.). Faut-il appliquer ici l'article 1733 ou l'art. 1147? Nous croyons que la disposition de l'art. 1733 est restrictive, et, comme elle déroge au droit commun, il ne faut pas l'étendre au delà du cas qu'elle a prévu, en dehors des rapports du propriétaire et du locataire ; on doit faire en cette matière application de l'art. 1147 du Code civil.

POSITIONS

DROIT ROMAIN

I. Les municipes sont pénalement responsables des crimes ou délits commis par leurs magistrats ou leurs habitants.

II. Les municipes sont civilement responsables des actes de leurs magistrats.

III. L'accession n'est pas un mode d'acquisition de la propriété.

IV. Un droit réel de servitude ne peut pas être constitué par stipulation dans le droit de Justinien.

V. La stipulation de peine est une stipulation conditionnelle soumise à des règles spéciales ; c'est d'après l'intention des parties qu'on doit décider si la condition est accomplie.

VI. La mise en demeure du débiteur ne résulte pas de la seule échéance de la dette ; il faut une interpellation.

VII. On ne peut pas déterminer au mariage par une stipulation de peine.

VIII. On ne peut pas détourner du divorce par une stipulation de peine ; on peut en détourner par une libéralité conditionnelle.

DROIT CIVIL

I. Les enfants naturels reconnus peuvent être adoptés par leurs auteurs.

II. Le remploi effectué dans les conditions de l'article 1435 constitue un acte de gestion d'affaires.

III. Les époux qui exercent leurs reprises doivent subir le concours des créanciers de la communauté.

IV. Le mobilier, exclu de la communauté par une clause expresse de réalisation, demeure la propriété de l'époux du chef duquel il provient.

V. La constitution de dot doit précéder le mariage : elle ne peut pas être augmentée pendant le mariage ; elle peut être diminuée.

VI. La dot mobilière est aliénable.

DROIT ADMINISTRATIF

I. Les communes sont soumises au droit commun en matière de responsabilité (art. 1382 et suivants du Code civil).

II. Il appartient au juge de déterminer ce que l'on doit entendre par attroupement.

III. Une commune ne peut invoquer l'exception de l'art. 108-1° de la loi du 5 avril 1884, que si elle a fait tous ses efforts pour prévenir les troubles, et si ses habitants ont prêté leur concours à la municipalité.

IV. Les étrangers ont le droit d'exercer l'action en responsabilité de l'art. 106.

V. La loi du 5 avril 1884 donne un caractère nouveau aux attributions de police locale du maire.

VI. L'inhumation en propriété privée ou dans un cimetière autre que celui de la commune ne peut pas avoir lieu sans l'autorisation du maire.

VII. Les libéralités faites aux pauvres d'une commune sont acceptées par le maire.

VIII. La subvention que l'État est appelé à fournir pour le service des enfants assistés n'est pas subsidiaire.

DROIT CONSTITUTIONNEL

I. Le scrutin uninominal est plus conforme au principe de la représentation que le scrutin de liste.

II. Le pouvoir de revision de l'Assemblée nationale peut être limité d'avance par les Chambres.

SCIENCE FINANCIÈRE

L'impôt sur le revenu ne doit être qu'un impôt complémentaire.

Vu par le Président de la thèse,
TH. DUCROCQ.

Vu par le Doyen de la Faculté,
CH. BEUDANT.

Vu et permis d'imprimer,
Le Vice-Recteur de l'Académie de Paris,
GRÉARD.

TABLE DES MATIERES

DROIT ROMAIN

DE LA RESPONSABILITÉ DES MUNICIPES

DROIT FRANÇAIS

DE LA RESPONSABILITÉ DES COMMUNES

<hr>